Christopher Hope

MOSKAU! MOSKAU!

Aus dem Englischen übersetzt von
Joachim Kalka

Klett-Cotta

Verlagsgemeinschaft Ernst Klett Verlag –
J. G. Cotta'sche Buchhandlung
Die Originalausgabe erschien unter dem
Titel „Moscow! Moscow!" im Verlag
William Heinemann, Ltd., London

Printed in Germany
Schutzumschlag: Klett-Cotta-Design
Im Bleisatz gesetzt aus der 10/12 Punkt Janson
von Alwin Maisch, Gerlingen
Auf säure- und holzfreiem Werkdruckpapier
im Buchdruck gedruckt
von Verlagsdruck, Gerlingen
Gebunden von Lachenmaier, Reutlingen
2. Auflage, 1991

CIP-Titelaufnahme der Deutschen Bibliothek
Hope, Christopher:
Moskau! Moskau! / Christopher Hope.
Aus dem Engl. übersetzt von Joachim Kalka. –
2. Aufl. – Stuttgart: Klett-Cotta, 1991
Einheitssacht.: Moscow! Moscow! ⟨dt.⟩
ISBN 3-608-95763-4

Liebe Gäste, schlaft nun ein,
selig mögt ihr träumen!
Vergeßt, daß sich das Dunkel senkt
auf den Käfig, wo wir zappeln ...

Alexander Blok

Da alles schon im voraus festgelegt und bezahlt worden ist, könnte man meinen, daß alles glatt ablaufen sollte. Tatsächlich ist dies nicht unbedingt der Fall.

Baedeker, Moskau

Für Nina, Katja und Wolodja

Inhalt

Einleitung ... 9
1 Ganz wie ein Walfisch ... 15
2 Was lest Ihr, mein Prinz? ... 43
3 Mein Vetter Hamlet ... 81
4 Luftmahlzeiten ... 121
5 Hochzeitschüsseln ... 155
6 Geläut und Grabesstätte ... 201

Einleitung

Das erste Mal kam ich ganz zufällig nach Moskau und fühlte mich dort merkwürdig wohl. Zu meinem Erstaunen trat ein Gefühl großer Erleichterung; fünfzehn Jahre, nachdem ich Afrika verlassen hatte, war ich in eine fremde Stadt gekommen, die mich an Zuhause erinnerte.

Es war wohl die hohe Qualität der Lügen, die mich anzog – so üppige Lügen, so zahlreich, die über Nacht unter den bemoosten, eingewurzelten Füßen offizieller Sprecher hervorwuchsen. Es gibt Lügen zum lokalen Verbrauch (über Lebensmittel und Fernsehapparate); und es gibt die auf weite Reisen gehende Lüge, die Lüge, die sagt, daß in der Sowjetunion eine wirtschaftliche Umwandlung stattfindet, daß außenpolitische Erfolge die Menschen glücklich machen, daß die Reformen von Präsident Gorbatschow denen von Peter dem Großen gleichkommen.

Ich kehrte verschiedentlich nach Moskau zurück, im Sommer, Herbst, Winter, ohne irgendeine ordentliche, respektable Absicht, herumzureisen, das Land zu erforschen, die Komplexitäten der sowjetischen Politik zu studieren, die Sprache zu lernen, die Sehenswürdigkeiten zu betrachten oder Berichten über die bedeutenden Veränderungen zuzuhören, die sich jetzt im Lande ereignen, oder irgend etwas von den nützlichen Dingen zu tun, in deren Namen solche Reisen oft gerechtfertigt werden. Ich kehrte immer und immer wieder dorthin zurück, weil ich es genoß, zu wissen, wo ich war, ohne zu begreifen, warum.

Es war alles sehr seltsam und doch wunderbar vertraut. Es las sich wie ein Buch, an das ich mich zu erinnern schien – von jemand, mit dessen Werk ich seit der frühesten Kindheit vertraut war, vielleicht nicht mit diesem Band im besonderen, doch stammte alles von der Hand desselben Autors. Das stärkste Gefühl, welches mich in Moskau befiel, war nicht Liebe, Wut, Spannung – wenn ich auch all dies von Zeit zu Zeit empfand; meine hauptsächliche, mich tragende Empfindung war die der Erleichterung, die eines perversen Trostes. Ich fühlte mich an den Ort erinnert, den ich am besten kannte: Südafrika. Die Ähnlichkeit war schattenhaft, in vieler Hinsicht unrichtig, und doch gab es Momente der Erinnerung, des Wiedererkennens, die so lehrreich, so beruhigend und entsetzlich waren, daß ich in einen hypnotischen Zustand resignierter Entspannung, einen Zustand fast des Genusses verfiel, etwa wie ein schläfriges Kind, das befürchtet, von Alpträumen geweckt zu werden, und diese doch in eigenartiger Weise willkommen heißt, weil es sie gut kennt, weil es *seine* bösen Träume sind, seine ureigensten vertrauten Schrecknisse. Ich wußte: endlich hatte ich einen Ort gefunden, wo der breite Blödsinn, der grobe Schwindel, die wundervoll grotesken Phobien einer kleinen, verwöhnt thronenden herrschenden Klasse beobachtet, vermerkt und ausgekostet werden konnten, ohne spezielle Erlaubnis und ohne daß sich irgend jemand groß darum gekümmert hätte. Daß diese Klasse dabei war, sich aus sich selbst heraus zu „reformieren", genau wie die weiße herrschende Klasse in Südafrika, der ich entstammte, war ein unerwarteter günstiger Umstand. Es gab in der Sowjetunion sogar „Homelands", von Moskau aus regiert, doch als souveräne Republiken bezeichnet. Daß die Massen, die diese Herrenklasse regierte, es – wenn irgend möglich – vorgezogen hätten, daß die Herrscher sich nicht reformieren, sondern zurücktreten und verschwinden sollten (und dies auch oft und deutlich sagten), war ein weiterer vertrauter Ton in der politischen Symphonie, in meiner Art Musik. Moskau war eine Stadt der Gaben – sie bot ihren Bewunderern die Möglichkeit, vor Gram zu sterben oder lachend ins Grab zu steigen. Was sie einem vorenthielt, war die Fähigkeit, den Unterschied wahrzunehmen.

Die Leute im Ausland schauen ins Fernsehen und sagen: Oh! Wahlen und Demonstrationen und herumreisende Intellektuelle und Pressekonferenzen, und man redet vom Frieden und vom gemeinsamen europäischen Haus, und alles ist wirklich wunderbar! Unter den Leuten im Ausland ist das Faible für all das ebenso groß wie damals, als Stalin ein großer Reformpolitiker war. Man sagt, daß in Moskau eine Liste herumgereicht wird — unter denen, die sich an die alten Namen zu erinnern versuchen: die Namen nicht von den Millionen von Opfern Stalins oder von seinen Folterern, sondern von seinen ausländischen Freunden von Shaw bis Aragon, die seine radikale Umstrukturierung der Revolution begrüßten. Nirgendwo habe ich, seit ich Südafrika verließ, eine Gesellschaft gesehen, wo so viel von Reform geredet wurde, von Veränderung; nirgendwo ein Land, wo weniger davon zu sehen war.

„Umstrukturierung" ist das am häufigsten gebrauchte Wort, *perestroika*, und man spricht von einer legalen Revolution. Die Gesetzestafeln des neuen Rechts sind von oben herabgereicht und in den Zeitungen nachgedruckt worden. Zweifellos eine wünschenswerte Sache, doch habe ich sie nie zu Gesicht bekommen. „Was", fragt Viktoria, eine Bibliothekarin, schwarzhaarig, nicht unterzukriegen, „kann man denn da umstrukturieren?" Ich habe danach gesucht und nichts gefunden, von den Gesprächen unter Intellektuellen abgesehen. Die neue Freiheit findet sich im Reden, in Wörtern: die sind *freier*, ohne jemals gänzlich frei zu sein, da es selbst im Gespräch noch Tabuzonen gibt — Lenin zum Beispiel oder Trotzki. Aber anderswo habe ich eine Gesellschaft vorgefunden, die immer mehr zerfällt — wenn man über das Gewebe fährt, spürt man, wie sich die Nähte lösen. Nachts platzen sie eine nach der anderen auf.

Inzwischen versucht irgendwer, irgendwo, Stroh zu Gold zu spinnen. Und wir werden wissen, es ist gelungen, wenn uns die, die uns jetzt erzählen, man versuche es, sagen werden, daß es geklappt hat. Zu keiner Zeit werden sie dabei die Meinung derer einholen, bei denen sich angeblich das Ganze abspielt. „Das ist nicht die russische Art", erklärte mir der bucklige Iwan. „Wohlgemerkt, ich sage: die russische Art, ich sage nicht: die sowjetische Art." Er überlegte einen Augenblick und sagte dann: „Nicht daß die russische und die sowjetische Art verschieden wären, aber ich halte irgendwie gerne an der Unterscheidung fest." Und Nadja, eine Übersetzerin, fragte, als sie hörte, daß ich aus Südafrika stammte: „Und wie fühlen Sie sich in Moskau?" Die Methode moskowitischer Fragestellung besteht oft in der Formulierung unbeantwortbarer Fragen, aber ich antwortete dennoch: „Es wirkt alles vertraut. Die an der Macht reden immerfort von ‚Veränderung', aber ich merke gar nichts davon."

„Es gibt gewisse Veränderungen", sagte Nadja. Ihre grünen Augen waren groß und unschuldig (ein sicheres Zeichen, wie ich entdecken sollte, von subversiver Absicht). „Wir haben jetzt einen gewählten Kongreß von Volksdeputierten, aber etwa achtzig Prozent davon sind Parteimitglieder."

Als ich eine Regierungssprecherin fragte, wie das bei freien Wahlen möglich sein konnte, sagte sie bloß: „Das zeigt das Vertrauen des Volkes zur Partei." Als ich dies Nadja erzählte, lachte sie.

„Wollen Sie sagen, daß Sie sich hier zuhause fühlen?" fragte sie. „Wie seltsam für einen Engländer."

„Ich komme aus Südafrika."

„Willkommen in Moskau", sagte sie.

Die Perestroika, die Umstrukturierung, scheint keine Revolution zu sein, nicht einmal eine Reform, sondern eine Reaktion. „Was tun?" hat Lenin gefragt. Heute kommt die Antwort auf diese Frage kurz und knapp: „Viel. Und das schnell." Weil alles zusammenbricht. „Wir tun so, als ob wir arbeiten, und sie tun so, als ob sie uns bezahlen würden", heißt der Arbeiterwitz – und solche Witze sind kein Witz. Die Wirtschaft liegt in Trümmern, die Provinzen des Imperiums setzen sich ab, und jedes Mal, wenn ich wieder nach Moskau komme, sind die Schlangen länger.

„Träume!" sagte Andrej der Romancier mit unendlicher Verachtung. „Heute träumen wir davon, ein Paradies zu schaffen. Früher hatten wir die Hölle und wußten es auch. War das nicht genug? Jetzt müssen wir das Paradies aufbauen! Aber ich habe Angst vor diesem Paradies. Das, was ich will, ist kein

Paradies. Warum können wir kein gewöhnliches Leben haben wie die Leute anderswo? Keine großen Veränderungen, keine großen Geschichten. An die Hölle hatten wir uns wenigstens gewöhnt. Wenigstens war's unsere eigene."

Hühner, ein Muezzin, leichte dunkle Schatten um die Augen mancher meiner Informanten, wie Spuren von Schlägen oder schlaflosem Kummer – das sind die Bilder, in denen ich träume, träume ich von Moskau. Die Hühner waren tot, der Muezzin abgereist, die Schlagmale metaphorisch, aber sie sind alle da – soweit irgend etwas in Moskau *da* sein kann.

Aber das kam später. Was später kam, warf kein Licht auf das Vorausgegangene. Natürlich erwartet man ein lineares Forschreiten, erwartet, daß sich Erfahrung zu Erkenntnis vertieft. Aber das ist mir nie passiert. Für mich gab es Moskau, und wieder: Moskau. Materieller Wohlstand, wissenschaftlicher Fortschritt, Modernität und fortschrittliche Technik – das sollten einst die typischen Züge der neuen Welt sein, die die Bolschewiki bauen wollten. In Moskau ist wenig davon zu sehen. Statt dessen gibt es Köpfe, Sensibilitäten, manche so fein und so gestählt, daß sie unter den Attacken der wenigen, die alles kontrollieren, sich zwar biegen, aber nicht brechen. Es kommen neue Zeiten, heißt es, mit Glasnost und Perestroika. Die Leute im Ausland scheinen sich dessen gewiß, daß sie schon da sind. In Moskau sind sie nicht zu sehen. Daß sich etwas von größter Wichtigkeit in der Sowjetunion begibt, läßt sich nicht leugnen. Aber die Gründe, die man dafür angibt, die Erklärungen dafür sind wenig plausibel.

Besser Schnappschüsse machen, Skizzen von Moskowitern zeichnen – was ich tat, wenn ich glaubte, sie merkten es nicht. Ich wußte, später würden manche protestieren: So sehe ich aber nicht aus! Schlimmer noch, andere werden sagen: Das bin ich – genau getroffen! Beides wird nicht stimmen. Ich habe diese Bilder gemacht, damit ich glauben konnte, was ich sah und hörte. Sie sind, wenn man so will, Glaubenshilfen. Ich setze als wahr den Rat des Dichters Tjutschew voraus, der vor hundertundzwanzig Jahren warnend bemerkt hat, daß man sich auf Rußland keinen vernünftigen Reim machen kann, daß es der Vernunft unzugänglich ist, daß es ein Ort ist, an den man glauben muß.

Zur Zeit der Niederschrift (1988–1989) war die offizielle sowjetische Umtauschquote für den Rubel 1 Englisches Pfund zu 1 Rubel. Die Schwarzmarktrate schwankte zwischen 5–7 Rubel zu 1 Pfund.

1

Ganz wie ein Walfisch

Es war wohl angemessen, daß ich bei Nacht auf dem Moskauer Scheremetjewo-Flughafen landete. Dieser Flughafen verfügt über all die Elemente, welche die Stadt so natürlich dramatisch – oder so mühelos theatralisch – erscheinen lassen, wo jede Nacht Premierenabend auf der erdabgewandten Seite des Mondes ist. Das Dach des Terminals schien aus Blumentöpfen zu bestehen, Tausenden von braunen Plastikkübeln, in denen hier und dort wie eine einsame Blüte ein schwaches kleines Licht leuchtete, was dem Ganzen einen Unterwasserschein gab, der zur Atmosphäre düsterer Melodramatik beitrug. Puschkin hat einmal erklärt, daß über den Toren Moskaus die Inschrift stehen müßte: *Ihr, die ihr eintretet, laßt alle Intelligenz fahren!* Doch ist es nicht die Intelligenz, die einem verloren geht, sondern eher der Realitätssinn. Man stolpert in ein Drama hinein, in dem man eine Rolle spielen soll, für die man sich nicht beworben hat, und wenn man im Publikum Zuflucht sucht, merkt man, daß es aus Komparsen besteht. In ihren Memoiren hat Galina Wischnewskaja dieses Gefühl hervorragend festgehalten: „Wir sind Schauspieler – aus Zwang, nicht, weil wir uns diese Laufbahn erwählt hätten, und wir treten in Amateuraufführungen auf, bei denen niemand Regie führt. Und unser ganzes Leben geben wir unsere endlose, peinliche Komödie. Es gibt keine Zuschauer, nur Mitspieler. Auch keinen Text, nur Improvisation. Und weil wir weder die Handlung noch deren Ende kennen, spielen wir."

Der Paßbeamte wird Sie lange Augenblicke mustern; ein durchdringender, doch beunruhigend blinder Blick, er scheint durch einen hindurchzusehen – und er tat es, wie ich später entdeckte, in gewisser Weise auch: Er las meine Größe an einem ins Glas seiner Kabine geprägten Maßstab ab und verglich das

Ergebnis mit den Angaben in meinem Visum. Scheremetjewo tat, als ob er ein Flughafen wie irgendein anderer irgendwo auf der Welt wäre, doch alles – der Garten aus erleuchteten Blumentöpfen droben, die Touristen, die auf ihr Stichwort warteten, die uniformierten Beamten, zu jung für ihre großen Mützen, ihre wie ausgeliehenen Uniformen – fand sich zusammen, dem zu widersprechen. Überarbeitet, geheimnistuerisch, unsicher pressen die Beamten das Kinn gegen die Brust und lassen sich nur selten einen direkten Blick entschlüpfen. Ich habe mich nie daran gewöhnt – das wäre etwas, was Moskau einem nicht gestattet. Und doch strahlte um diese eigenartig mit sich selbst beschäftigten Beamten wider Willen etwas wie eine Aura von Freundlichkeit. Wie kann die aus dem Mißtrauen hervorgehen? Schließlich fand ich eine Antwort, dank dem Land, aus dem ich kam: Man mißtraute allen, es war nicht persönlich, nur üblich.

Als ich mit der Rolltreppe zur Erdgeschoßebene hinauffuhr, um nach dem Wagen zu schauen, welcher mich nach Moskau hineinfahren sollte, sah ich meine erste Aufsichtsdame – wie sie jede Etage jedes großen Gebäudes kennt. Reglos auf einem grüngestrichenen Holzstuhl am oberen Ende der Rolltreppe sitzend, beobachtete sie, wie jeden Tag Hunderte neuer Passagiere emporgetragen wurden. Sie trug porzellanblaue, selbstgestrickte Wollstrümpfe mit Zopfmuster, die über ihre Knöchel hinauf zu den Hügeln ihrer Knie stiegen; ihre Hände lagen still gefaltet im Schoß, ihr graues Haar war straff zurückgekämmt, und ihre Augen waren unerwartet jung. In dem behäbigen Gesicht mußte die unablässige Gymnastik des Hin- und Hersehens die Augen so jugendlich gehalten haben. Sie wollte einem nichts Böses; wie alle hatte sie ihren Platz, sie tat nur ihre Arbeit. So viele Tausend Arbeitsplätze, soviele Leute, die es zu beaufsichtigen galt, soviele Augen, soviele Knie, soviele selbstgestrickte Wollstrümpfe. Wie merkwürdig, daß in der Hauptstadt der UdSSR, siebzig Jahre nach der am tiefsten greifenden Umwälzung, welche die Welt je gesehen hat, entfesselt im Namen der Freiheit, jedermann genau seinen Platz kennt. Für den eben in Moskau angekommenen Reisenden liegt der größte Schock in der Entdeckung, wie massiv und sicher die Ruhe aller Dinge ist; die Leute scheinen bis zur Unbeweglichkeit an ihrem Ort seßhaft. Wer mag es ihnen verdenken? Die Revolution kämpfte darum, Rußland zu einem sicheren Ort für die Aufsichtsdamen (beiderlei Geschlechts) zu machen. Nach einer so langen Regierungsdauer, nach einem gemütlich im Sitzen verbrachten Leben – warum sollte irgend jemand seinen Platz aufgeben? Außerdem war lange Zeit jegliche Bewegung, insbesondere die politische, sehr gefährlich und unter Stalin geradezu tödlich. Gefährlich ist sie nun nicht mehr, aber unbequem, so daß es nicht verwunderlich ist, daß die Fortschrittsrufer auf Widerstand stoßen. Die Erben der Revolution sind die Angehörigen der seßhaften Klasse. Die Nutznießer der Perestroika sind die Angehörigen der schwatzenden Klasse.

Die junge Frau am Intourist-Schalter im Moskauer Flughafen trug eine magentarote Seidenbluse, aprikosenfarbene Hosen und stahlglänzenden Lippenstift. Ihr Outfit war nicht mehr modisch, aber erkennbar modern, „westlich"; die begehrenswerten Farben und Formen waren dem ständigen Umgang mit ausländischen Touristen entlehnt. Sie war sehr überlegen, und sie saß – die beiden Dinge gehen zusammen, in der Tat sind sie oft ununterscheidbar. Gelegentlich stellte sie sich auf die Zehenspitzen und musterte uns, als trennte sie eine unsichtbare Wand von den Ausländern. Über ihre Schulter hinweg sah ich ein Hinterzimmer, gedrängt voller Männer, die um einen Tisch gähnten, sich reckten, rauchten. An den glatten Ecken der Schaltertheke standen noch mehr, gekleidet in ein buntes Wirrwarr aus Pelz, Leder, Wollmänteln und Wollmützen, alle mit hungrigen Augen und sorgenvollen Schnurrbärten, alle den Blick auf die junge Frau gerichtet um Beistand und Rettung, alle zu einer Szenerie des gebändigten Chaos beitragend. Die ausländischen Touristen müssen sich am Intourist-Schalter melden, daß sie ihren Wagen bekommen, und die junge Dame wird die Chauffeure aufrufen.

„Kyrill!" rief sie gebieterisch, ungeduldig, ohne von der Namensliste aufzusehen, die sie in der Hand hielt, um unsere Vouchers zu kontrollieren.

Kyrill kam nicht, und die hungrig dreinschauenden Männer drängten dichter heran, während die im Hinterzimmer sich herüberlehnten und die Ohren spitzten. Sie sahen aus wie Pokerspieler oder Taxichauffeure zwischen Fahrten, oder Wachsoldaten, die darauf warten, herausgerufen zu werden. Und immer noch kein Kyrill, aber das tat nichts, denn an seiner Statt kam Mischa oder Lew oder Wolodja. Die Chauffeuraspiranten bildeten einen Fischteich hin und her zappelnder, sich drängender Kreaturen. Einen fing sich die kühne Fischerin und warf ihn in den Schoß des verwirrten Ausländers.

Der Fahrer, den sie mir fing, hieß Wassilij. „Ich spreche wenig Englisch", sagte er entschuldigend in höflichem, akzentfreiem Englisch zu mir, und deklamierte dann mit musikalischem Bariton: "*They bore him barefaced on the bier, hey non nonny, nonny, hey nonny.*"

„Shakespeare", sagte ich hilfsbereit.

„*Hamlet*", korrigierte er mich sanft. Er pochte auf das Kassettengerät neben dem Steuer und fügte auf Russisch hinzu: „Das ist meine Schule. Ich lerne Englisch vom Band. Es ist schwierig."

Er blieb mit dem Wagen auf der schnellen, offiziellen Spur und blinkte die Fahrer an, die nicht rasch genug vor uns Platz machten. Die großen Würfel der Wohnblocks an der Flughafenstraße sausten vorüber. Es lebten Leute dort, ich sah das an den hellen Lichtern, die hinter jedem Fenster von der Zimmerdecke strahlten, Standardbeleuchtung im Standardblock. Nur die verschiedenfarbigen Vorhänge an den Fenstern zeigten, daß die Bewohner nicht standardisiert waren; sie hatten nach dem Abzug der Bauarbeiter die Wohnungen übernommen und ihre verschiedenen Zeichen gesetzt. Auf dem Dach eines Gebäudes deutete eine kleine, grellbunte Neonreklame auf irgendeine überraschend flotte bulgarische Importware hin.

In Moskau sind die meisten Leute kurz nach Einbruch der Dunkelheit in den Häusern. Zuerst dachte ich mir, daß das etwas mit der politischen Kontrolle in der Stadt zu tun hätte, aber tatsächlich haben sich Reisende seit dem frühen achtzehnten Jahrhundert mit einigem Erstaunen über die leeren Straßen Moskaus nach Einbruch der Nacht geäußert. In den öden Vorstädten, aber auch näher am Stadtzentrum steht man dem gegenüber, was einmal jemand „die Stille, die nach zehn Uhr herrscht" genannt hat. Im achtzehnten Jahrhundert brachten die Huren, die an der Schmiedebrücke herumhingen (wo die französischen Putzmacher ihr Viertel hatten), ein wenig Abwechslung ins Bild der Stadt, aber diese kleine Welt ist mit der Putzmacherei und den Straußenfedern versunken. Doch ist die Dunkelheit trügerisch. Viel ist im Dunkel zu entdecken, wenn man bereit ist, sich in ihm zu verlieren.

Wassilij lieferte mich in meinem Hotel in der Innenstadt ab. Ich wünschte ihm gute Nacht.

"Good night – *sweet* ladies", zitierte Wassilij unnachgiebig.

"Good night, sweet ladies."

„Keine Ursache", sagte Wassilij.

Die Moskauer Hotels, ob groß oder klein, tarnen sich nur mit diesem Namen, denn tatsächlich sind es Verwahranstalten für Touristen. Kaum jemand wird je die erste Begegnung mit einem dieser einzigartig schrecklichen Etablissements vergessen – die Erinnerungen bleiben einem wie die an frühe, unglückliche Liebesgeschichten, wo spätere Erfahrungen nur die bittersüße Verblüffung der ersten bestätigen.

Wassilij der Shakespearekenner lud mich im Hotel des singenden Muezzins ab. Ich denke stets mit einer gewissen düsteren Zuneigung an dieses Hotel zurück. Zunächst einmal hatte ich Schwierigkeiten, an der Armee von Türstehern in grünen Jakken vorbeizukommen, die den Eingang bewachten. Zuerst hielt ich sie für ein meinem Hotel eigenes Hindernis, doch da täuschte ich mich: Sie finden sich im Foyer aller Hotels. Dann dachte ich mir, daß ihre Funktion darin bestünde, den Hotelgästen das Leben schwer zu machen – eine scharfe Mahnung an die dekadenten Touristen, daß es im Kuchen des Lebens nicht nur Rosinen gab. Daß es hier keine Rosinen gab und auch keinen Kuchen. Diese Theorie kam der Wahrheit näher. Doch schließlich ging mir auf, daß ihre eigentliche Bestimmung darin lag, die Armee von Uneingeladenen zurückzuhalten, die gerne in das Hotel vorgedrungen wären, das als ein Zentrum ausländischen Luxus erscheint, harter Währung, guter Stimmung, voller Investitionskapital, Wärme, Licht, Schnaps und Aufregung, was es alles im Rest der Stadt einfach nicht gibt.

Diese Invasoren bewohnen die großen Hotels, als wären es Termitenhügel mit verborgenen Korridoren und Gängen. Tatsächlich *gibt* es verborgene Korridore und Gänge, da alle offiziellen Eingänge (von denen die meisten nach Laune der Türsteher geöffnet werden, so daß entweder durch die linke oder die rechte Tür ein Strom von Menschen hereindrängen kann) irgendwo ihr schattenhaftes Pendant haben – an der Seite des Gebäudes, hinten, auf dem Dach (durchaus möglich), in den Kellern –, und es ein ständiges Kommen und Gehen gibt, wo sich der legale Besucher, der halb legale, der Tourist, die Freunde des Touristen, die Dolmetscher und Polizisten kreuzen.

Taxifahrer bilden den wirbelnden äußeren Kreis verdächtiger Figuren. Dann kommen junge Männer mit flottem Haarschnitt und Kamelhaarmantel, welche die Türsteher zu umgehen wissen und sich in den Hotelhallen spreizen – vielleicht kontrollieren sie die Mädchen, die sich an die Touristen hängen, tauschen schwarz, versuchen ihr Glück an den Spielautomaten, vielleicht (es kann gut sein) sitzen sie nur herum und tun so, als wären sie selber Touristen. Und dann die Mädchen: die lassen sich unterteilen in vorbeischauende Prostituierte, Touristengroupies und „Personal". (Alle Moskauer Hotels verfügen über ein riesiges Personal, doch dieses ist nicht dazu da, die Gäste zu bedienen; die Idee eines Hotelservice ist bis jetzt unbekannt.) All diese Durchzügler bilden eine eigene Welt. Je größer das Hotel ist, desto reicher das Hotelhallenleben, und am Ende wird es unmöglich, zwischen Gast und Besucher zu unterscheiden, zwischen genuinen und Pseudo-Angestellten (von den Uniformierten abgesehen, und selbst die verleihen ihre Uniformen ein

Stündchen oder so an Freunde, Verwandte oder zahlende Fremde).

Schließlich gibt es das bezahlte Personal wie die jungen Intourist-Damen, die tagsüber die Rezeption, die Telexanlagen und Blumenstände besetzen; die Kellner und die Freunde der Kellner und ihre Vettern, Brüder, Tanten und Onkel, ganz abgesehen von jenen, die man nicht zu Gesicht bekommt: das Küchenpersonal, wiederum mit seinen Verwandten und Klienten. Was auf den ersten Blick aussieht wie ein normales Hotel, löst sich bald auf in ein Schattenspiel aus Profiteuren, Schwindlern, Zuhältern, verwirrten Touristen, Nutten und Schaulustigen und jenen Schutzsuchenden, welche diese blassen Simulationen westlicher Vergnügungsarenen unwiderstehlich finden.

Solcherart war mein erstes Hotel, der Ort, wo ich dem Muezzin begegnen sollte. Im Bad waren die Kacheln rosa, fleischfarben, von der Farbe einer britischen Haut, die von der afrikanischen Sonne überrascht worden ist, und in den Ecken, wo der Boden auf die gekachelten Wände traf, stieg der Staub empor wie der Sand in einem Stundenglas. Kein irdischer Staub, wurde mir mit einem Gefühl leichter Kälte klar, sondern menschlicher Staub, Staub zu Staub, Hautpartikel längst abgereister Touristen, herrischer Ausländer, tot schon und zur Erde zurückgekehrt – und all ihre Kleider, Hamburger, ihre Sonnenbräune waren am Ende nur dies: Staub, der „verstopft ein Loch wohl vor dem rauhen Norden".

Ein Klopfen an der Tür lenkte mich zu meiner Erleichterung ab. Es war die Aufsichtsdame meines Stockwerks, klein, dunkel, geschmeidig, mit einem kirschroten Kopftuch und den dreisten, doch vorsichtigen Augen des einstigen Wegelagerers, der nun von Haus zu Haus Bibeln anbietet.

„Guten Abend, möchten Sie etwas verkaufen?"

„Woran hätten Sie denn gedacht?"

„Zigaretten, Devisen, Kleider, Batterien. Irgend etwas, es wäre alles willkommen."

Als würde sie für einen Wohltätigkeitsbasar sammeln. Aber die Wohltätigkeit ist in Moskau den Weg der Putzmacherei gegangen, verschwunden mit den Bären und Zwergen und Narren, die einst die Zaren erheitert haben. Ich war in der Hauptstadt des Landes, das sich zum Vorkämpfer einer Gesellschaftsordnung ausgerufen hatte, in welcher der Profit keine Rolle spielt — in welcher Güte und Dienstleistungen den Bedürfnissen entsprechend und nicht dem Einkommen, ohne ein System der Konkurrenz zugeteilt werden sollten. Aber hier machte mich eine als Rotkäppchen verkleidete Frau an, mit Augen, die den Wolf in Panik versetzt hätten. Diese kleinen Schockerlebnisse gehören zum Moskauer Leben und stellen zumindest für mich sicher, daß es bei jedem neuen Besuch wie beim ersten Mal ist und nichts je dasselbe bleibt. Doch war ich da noch naiv genug, vor Geschäften zurückzuschrecken, und als ich das Wort hörte, zog ich meine Wohltätigkeit hervor. Ich reichte ihr eine Stange amerikanischer Zigaretten.

„Wieviel?"

„Gar nichts."

„Umsonst!"

Ohne Vorwarnung stand sie auf den Zehenspitzen und preßte die Lippen gegen meine Wange. Der Kuß war vorbei, ehe ich mich besann, und fast sofort, immer noch auf Zehenspitzen, wischte sie mir den verräterischen Lippenstift aus dem Gesicht. Dann war sie fort, und ich fragte mich, ob es wirklich geschehen war — doch: Ich hielt eine Touristenbroschüre in der Hand, die von Farbphotos starrte, die wie mit wilden, unerwarteten Pflanzenfarben getönt schienen — salatgrüne Rasenflächen, paprikagelbe Paläste und Radieschenkirchen. Die Broschüre machte keine Umschweife: *Willkommen in Leningrad!* stand da.

In meinem kleinen Zimmer stand ein unnatürlich großer und vollkommen leerer Eisschrank. Dies war in einem Hotel, das eine Anzahl sowjetischer Gäste beherbergte, von denen ich wußte, daß sie wichtige Leute waren, einfach, weil sie hier wohnten. Weniger bedeutende einheimische Reisende kamen in fernen Vororten in einem der schäbigeren Hotels unter, wo grimmige Portiers niemand durchließen. Die Namen dieser Häuser waren irritierende kleine Scherze wie Die Morgendämmerung oder Der Osten. Sibirische Industrielle und rumänische Schuhvertreter wurden, wenn sie Glück hatten, dort einquartiert; wenn sie noch mehr Glück hatten, dann nicht. Ein polnischer Industriemanager zahlte immer für sein Hotelzimmer und tauchte dann für die Dauer seines Aufenthalts bei Freunden unter. „Glück" ist in Moskau oft eine Klassenfrage – deshalb haben viele Leute nur wenig davon. Die meisten bleiben, wenn sie nach Moskau kommen, die Nacht über bei Verwandten oder Freunden, oder sie schlafen aufrecht sitzend in einem Plastiksessel im Bahnhof.

Irgendwann an diesem Abend begann mehrere Stockwerke unter mir ein moslemischer Kantor, ein Muezzin oder Muezzinlehrling, die Gläubigen zum Gebet zu rufen. Es schien der falsche Zeitpunkt, aber ich begriff, weshalb er sang: Er brauchte Übung. So war das Hotel gebaut – nackter Beton und minimale Isolierung ergaben eine bemerkenswerte Resonanz, welche den Muezzin, von seiner Leiblichkeit abgesehen, direkt neben mein Bett brachte.

Gegen Mitternacht erreichten mich andere Stimmen. Sie kamen aus dem Luftschacht, der in der Wand über meinem Bett eine Öffnung hatte. Ich merkte, daß dieser Schacht mit einem Raum in Verbindung stand, wo sich spät in der Nacht Hotelpersonal und beschwipste Gäste trafen, Geschichten erzählten, Nüsse knackten und Gläser zerschmissen. Der Muezzin hatte größere Kraft, sein dünner schriller Sang war bemerkenswert durchdringend. Aber die Partygäste waren irritierender, und das ganze Volumen ihres Festlärms schien durch den Schacht allein in meinen Raum geleitet zu werden. Ich brauchte einige Zeit, bis ich einen Weg fand, das Geräusch zu ersticken. Am Ende schaltete ich den Eisschrank an, dieses enorme arktische Wunder mitten im Zimmer, den mechanischen Eisberg. Er hörte sich so an, daß ich begriff, warum die Panzerstärke des Warschauer Pakts die Militärstrategen des Westens um den Schlaf bringt. Aber wenigstens hatte er einen steten Rhythmus, er wurde nicht betrunken, zerbrach kein Glas und lachte nicht über seine eigenen Witze. Ich setzte meinen Eisschrank so ein, wie moderne Jagdflugzeuge Leuchtraketen benutzen, um die Sensoren feindlicher Abwehrgeschosse zu verwirren, als eine Art Sonar-Ablenkung. Mitten in der Nacht war sein polares Grollen seltsam beruhigend.

So hätte es immer weitergehen können. Aber der Muezzin war ehrgeizig, oder er packte es einfach nicht. Einige Nächte später versammelte er eine ganze Gruppe von Freunden in seinem Zimmer, und sie hielten einen gemeinsamen Gottesdienst ab, eine Art moslemischen Sängerwettstreit für den geistlichen Nachwuchs. Sie probten bis in den frühen Morgen. Jemand hatte den Entschluß gefaßt, daß sie es richtig hinkriegen würden oder aber weitermachen, bis sie umfielen.

Das Hotel war voll auswärtiger hoher Partei-Tiere, viele aus Osteuropa, doch wo immer sie herkommen mochten, es war ein ganzes Stück weiter westlich als die Heimat der moslemischen Chorsänger. Überall im Hotel erhoben sich zornige Rufe: „Zurück nach Taschkent!" oder „Ruhe, verlauste Usbeken!" Schlaflose Gäste setzten sich mit Schuhen und Flaschen zur Wehr und hieben auf den bloßen Boden ihrer kleinen Zimmer, bis das Hotel — wie ein Betongefängnis, was es ja auch war — von den Stimmen gequälter Seelen widerhallte. Doch der Chor sang nur noch lauter, und erst gegen vier kam die Polizei und machte der Vorstellung ein Ende. Ich erfuhr nie, was aus dem Muezzin geworden war, und irgendwie fehlte er mir. So weckte mich sein Gesang nie mehr am Morgen. Ich fragte in der Hotelhalle nach ihm. Die junge Dame an der Rezeption ließ ihre Nagelfeile sinken und streckte die Nase in die Höhe. „Die moslemische Belegung hat Moskau verlassen." Wie kalt es einem bei diesen Worten wurde. An welchen Ort konnte man von Moskau aus gehen, der nicht noch unendlich schlimmer sein würde?

Weder ein Zufall noch ein überlegtes Urteil können als Erklärung dafür dienen, wie mich Moskau verzauberte — es war eher eine Art fataler Zwang. Ich war erst ein paar Tage in der Stadt gewesen, als ich gegen neun Uhr abends noch etwas spazierenging und entdeckte, daß alle anderen nach Hause gegangen zu sein schienen. Der Rote Platz war verlassen, die Posten vor dem Leninmausoleum waren zu wachsamer Unbeweglichkeit erstarrt, nur ihre Wimpern regten sich unter den Schildmützen. Die Tür zum Mausoleum, die tagsüber offensteht, um die endlose Reihe der Pilger einzulassen, war nun fest verschlossen, das Tabernakel für die Nacht versiegelt. Die kleine rote Blüte der Revolution schlief im gläsernen Sarg.

Der Rote Platz war winddurchweht, einsam, leer. Ich wußte, daß es nicht immer so gewesen war. Als Lord Curzon die Stadt in den fünfziger Jahren des 19. Jahrhunderts besuchte, machte er Photographien, die den Roten Platz gedrängt voll Passanten und gesäumt von eleganten Straßenlampen mit anmutig gekrümmten Hälsen wie Stahlschwäne zeigen. Kutschen flogen über das Kopfsteinpflaster, und ein Blumenmarkt blühte neben der Kremlmauer. Heute sind solche offenen Räume für Touristen bestimmt, für Truppen und Geschützlafetten, Paraden, Reden und Mengen. Hoch über den gelben Mauern gelang es der steifen Abendbrise, die sich mit dem Scheinwerferlicht vermischte, die Staatsflagge irgendwie zu verflüssigen, daß sie sich wie heiße rote Sahne kräuselte. Ich spürte die Gespenster des Platzes laut rufen, wie Hamlets Vater: nach Rache. Der Rote Platz war immer eine Hinrichtungsstätte gewesen. Durch die Jahrhunderte hindurch wurden routinemäßig die Opfer ausgepeitscht, gehängt, geköpft, gerädert, verstümmelt, gegeißelt vor gaffender Menge. An der Kremlmauer liegen die sterblichen Überreste von Parteigrößen, von Lenins Gattin zu Stalin, der bis 1961 neben Lenin in Schtschusews stabilem Mausoleum lag; Mörder, Helden und Opfer, alle zusammen beerdigt. Auf der Gegenseite des Platzes waren die Arkaden des GUM, des riesigen staatlichen Kaufhauses, leer. In den Schaufenstern lagen Zwiebackpyramiden; ihre saharische Trockenheit schien durch die Scheiben zu mir zu dringen und machte mich durstig.

Ich ging in mein Hotel zurück und saß im Speisesaal unter Leuten, die ihr spätes Abendessen beendeten. Moskowiter essen nie ohne Musik, wenn es geht; am anderen Ende des großen Saals spielte eine Jazzband: ein paar elektrische Gitarren mit

Verstärkern, ein Schlagzeuger und eine Sängerin mit weißen Stiefeln, weißen Hosen und einem nicht weiter überraschenden Polystyrol-Popstil. Gegen halb elf traten die Kellner in Streik, schlossen die Türen des Restaurants und weigerten sich, noch etwas zu essen oder zu trinken zu servieren. Dann begann das langwierige Abschieben der Gäste. Neue Hotelbesucher, immer noch an westliche Zeitverhältnisse gewöhnt, kamen vor den verschlossenen Türen an und klapperten vergeblich mit den Klinken. Zu spät.

Es gesellten sich unerwarteterweise drei junge Leute zu mir, zwei Mädchen und ein junger Mann, alle Mitte zwanzig oder so, die sich als Galina, Olga und Alexander vorstellten. Sie wollten sich ein wenig unter dem sogenannten „Abendpublikum" amüsieren – der vergleichsweise kleinen Fraktion, die nach Einbruch der Dunkelheit noch essen geht. Galina war die älteste, zierlich, sie machte eine Ausbildung als Röntgenologin. Die mollige, schüchterne Olga war Schwesternschülerin und sprach recht gutes Englisch, während Galina die verwirrende Angewohnheit hatte, plötzlich zu Französisch überzugehen. Olga sah zu Galina auf, welche die Anführerin und Modeautorität war. Alexander war ein zerknitterter, liebenswürdiger Junge, der nur zwei Worte Englisch beherrschte – „killer bee"; die gebrauchte er, um Anerkennung oder Mißfallen auszudrücken. Er studierte Wissenschaft. Als ich fragte, welche Wissenschaft, sagte Olga: „Musik." Die Band gefiel ihnen nicht, erklärte Galina und schnitt der elektronisch verstärkten Musik eine kleine Grimasse, voll Verachtung für die fülligen Tänzer, die sich über die Tanzfläche schoben – die meisten, wie sie erläuterte, Einheimische. Es gab anderswo bessere Musik, sagte sie und schlug vor, daß sie mir ein wenig „Moskau bei Nacht" zeigen würden. Das richtige.

„Die Leute reden davon, daß man die Türen aufmachen und uns ungehindert in den Westen reisen lassen wird. Aber würdet ihr uns wirklich haben wollen? Wenn ich euch wäre, *die* wollte ich nicht haben." Und sie zeigte mit einem Daumenruck auf die Tanzfläche.

Es war nicht einfach, zu gehen – aber das ist es, wie ich lernen sollte, in Moskau nie. Konfuse Touristen warfen sich gegen die Glastür wie Motten gegen die Lampe. Wir versuchten es mit dem Hinterausgang, doch der war verriegelt. Mit einem ungeduldigen Kopfschütteln führte uns Galina durch den Küchentrakt, wo, wie es mir schien, Dutzende von Frauen in langer Reihe hinter Registrierkassen standen, die in einem Dutzend verschiedener Schellen- und Glöckchenlaute klingelten und mit dröhnendem Klirren ihre Schubladen bewegten. Moskau braucht Maler für solche Szenen, es braucht seinen eigenen Degas, um solch verborgene Schönheiten zu skizzieren: *Kassensturz in der Küche* und *Nach dem Abendessen.* Wir gingen lange Gänge hinunter und um eine Ecke nach der anderen, scheinbar kilometerweit, bis wir schließlich zu einer kleinen Tür gelangten, wo ein alter Mann im Halbdunkel mit einem Schlüssel wartete, und dieser, anstatt sich zu weigern, uns hinauszulassen, öffnete die kleine Tür und winkte uns lächelnd hinaus. Wir kamen auf der anderen Seite des Hotels hervor und verliefen uns sofort.

Wenn ich jetzt daran denke, wie überaus schwierig es ist, sich in Moskau zu verlaufen, wie viele es vergeblich versuchen, wird mir klar, welches Glück ich hatte. Es war eine Einführung, eine Einweihung in das, was das Moskauer Leben so überraschend, so fesselnd macht. Doch zuerst sah ich in jener Nacht, als wir aus dem Hotel traten, nur die vor uns liegenden Schwierigkeiten: die leeren Straßen ohne Autobus oder Taxi, den Fluß, stumm und leer. Die Moskwa ist einen großen Teil des Jahres leer – keine Schiffe oder Fischerboote, kein Treibgut, keine Enten oder Schwäne, Liebespaare oder Schwimmer wagen sich auf das schwarze schweigende Wasser. Bei Nacht ist sie noch abweisender und gleitet vorbei wie eine geheimnisvolle Schuld. Das ist das Antlitz, das Moskau dem Ausländer zukehrt – ein Gesicht, dessen Oberfläche nichts als Leere und Öde zeigt, wo alles verboten, ausverkauft oder unbekannt ist. Es ist nicht überraschend, daß die meisten diesem Mythos erliegen. Selbst am Tage ist es schwierig, sich in Moskau oberirdisch fortzubewegen, es sei denn mit offiziell organisierten Autos, Bussen oder Reisegruppen. Die Straßen sind breit, die Fahrer dem Geschwindigkeitsrausch verfallen, zwei von drei Taxis halten nicht an, und der Rest wird von Chauffeuren gefahren, die trotz aller Feilsch-, Bestechungs- und Drohversuche ganz ihrer Laune oder ihrer Gleichgültigkeit folgen und auf die meisten Fahrtziele, die man ihnen nennt, mit gespielter Unwissenheit oder grober Verachtung reagieren. In jener Nacht aber mit Galina, Olga und Alexander (dieser hatte zuviel Sekt getrunken und sang unaufhörlich die ersten Takte von Dave Brubecks „Take Five", wobei er sich zur Betonung auf die Knie klatschte) wurde mir eine der großen Wahrheiten des Moskauer Lebens enthüllt. Ja, an der Oberfläche ist alles „unmöglich" oder „kommt nicht in Frage" – der Grund ist stets „das System" –, doch einen Augenblick, nachdem Galina einen Schritt auf die Straße gemacht und ihre Hand ein paar Zentimeter von der Hüfte weg hochgehoben hatte, erschienen aus dem Nichts mehrere Privatautos und boten ihre Dienste an. Man einigte sich auf einen Preis, und wir rasten davon in die Nacht. Unter der Oberfläche ließ sich, wie es schien, über alles verhandeln.

In dem Café war der „Kaffee" synthetisch, schmeckte leicht nach Plastik und war sehr süß, aber trinkbar, wenn man ihn gründlich mit Wodka oder Kognak aufmöbelte. Daran sah man, sagte Olga, daß es ein „echtes" Café war: am falschen Kaffee. Den echten Kaffee gab's nur für Touristen. Ein stark mitgenommenes Tonbandgerät, dessen Chrom und schwarzes Plastik es aussehen ließen wie aus der richtigen Ära (die Audio-Entsprechung zu einem 50er Oldsmobile mit riesigen Heckflossen), stand auf dem Tisch und spielte amerikanischen Blues. Das Licht war gedämpft, das Publikum jung, Studenten, Dolmetscher und Lehrer, die rumsaßen, tanzten oder einfach dalehnten, während Blind Lemon Jefferson „Hangman's Blues" sang und Alexander den Daumen zufrieden hochstreckte: dies war „das Richtige".

All die jungen Leute hatten ein geliebtes Besitztum: einen Haarschnitt, eine Brosche, eine Lederjacke, ein Paar Jeans, ein

Paar Stiefel, ein wenig Englisch. Diesen einen Schatz trugen sie ostentativ und sorgten dafür, daß er voll zum Einsatz kam. Das mußte er: das Fehlen von Dingen, die hübsch sind, formschön, dekorativ, adrett, pfiffig oder bunt, ist äußerst frustrierend und führt besonders bei der Jugend zu einer ungeheuerlichen Begierde nach diesem Fehlenden. *Ein* Gegenstand ist alles, was du brauchst, um in die wirkliche Welt zu gelangen, und wenn der Staat ihn nicht zur Verfügung stellt, kannst du ihn dir selber machen. Ein goldener Ohrring, ein Halstuch, eine Weste – mit solcher Verve getragen, daß man nicht den Eindruck von Mangel, sondern von rasendem Stil hat.

In die Lücken des Lebens, die aus dem Mangel oder dem Verbot entstehen, ergießt sich das Gespräch wie ein rauschender Wasserfall. Hier traf ich Valentin, einen Linguisten, der mein Freund wurde – ein profunder Vertreter des wundervoll melancholischen Hamlet-Humors, den die Moskowiter wie niemand sonst beherrschen, der eines der großen Prinzipien des sowjetischen Lebens für mich definierte: „Was nicht ausdrücklich erlaubt ist, ist verboten." Ein junger Physiklehrer namens Dmitrij redete über Hegel, den Lyriker Alexander Blok, der kurz nach der Revolution starb, und über Fats Waller. Seine Freundin Lena wollte Tänzerin werden „Einstweilen arbeite ich in einer Bibliothek, aber nur einstweilen ..." Stimmte es, wollte Lena wissen, daß die Königin von England theoretisch vom Parlament abgesetzt werden könnte, und würde sie dann ins Ausland fliehen? Und könnte in diesem Fall irgend etwas die Premierministerin daran hindern, Rolle und Macht der Königin zu übernehmen? Dann redete Olga ausführlich über Sikhs und gestand, daß sie deren Turbane herrlich exotisch fand. Sie verstummte überrascht und verwundert, als ich ihr erzählte, daß die Sikhs sich nie die Haare schneiden, sondern sie in ein feinmaschiges Netz gehüllt unter dem Turban tragen. Dmitrij sagte, daß er sich sehr auf den bevorstehenden Besuch des amerikanischen Präsidenten freue. Ronald Reagans Gesicht hatte etwas, das ihn an den Dichter Blok erinnerte. Was meinte ich, hatte wohl schon jemand den Präsidenten hierauf aufmerksam gemacht? Galina erklärte, sie verabscheue alle russischen Männer über dreißig. Sie hätten vergessen, wie man lächelt. Vielleicht hatten sie es nie gelernt, meinte Lena. In einer Ecke tanzte Alexander allein. Gelegentlich hob er seine Tasse zu einem stummen Gruß und formte mit den Lippen die Worte: „Killer bee!“ Schließlich schlief er ein, und Galina entschied, daß dies das Zeichen zum Weiterziehen war.

Wir gerieten nun auf eine Schwarzlederparty der Heavy-Metal-Rocker, die, weit draußen in den Vorstädten, wie Erzklumpen an der Felswand des Moskauer Lebens zutagetreten. Die übliche ledergepolsterte Eingangstür, das helle Gezweige unnachsichtiger Deckenlampen, Ikonenplakate brüteten an den Wänden. Im Gegensatz zu der Caféjugend drüben wird von dieser Gang erwartet, daß sie der Welt in voller Montur entgegentritt. Lederjacken, Nietengürtel und Naziembleme sind selbst im Westen nicht gerade billig; hier müssen die Ausgaben bedeutend und die Nachschubschwierigkeiten unvorstellbar sein. Die Party fand in einer Wohnung im zweiten Stock eines vielleicht zwanzig Minuten Fahrt vom Zentrum entfernten Häuserblocks, statt, aber die Bewohner waren vollständig und perfekt in massivste Heavy-Metal-Klamotten gekleidet, klirrten von Hakenkreuzen und Ketten und waren mit Reißverschlüssen übersät. All der Stahl und das Leder wirkten in dieser Vorortwohnung bizarr, die Jungen und Mädchen in knisterndem Schwarz und glitzerndem Dekor waren wie Motorräder in einer Kapelle. Ich erfuhr nie, weshalb wir dort waren, wohl nur, um ein wenig zuzusehen. Die Lautstärke der Musik und der starke Geruch nach Hasch ließen erkennen, daß viele der Anwesenden schon über bloße angeregte Unterhaltung hinaus waren. So starrten wir sie an, sie starrten uns an, und es herrschte eine sehr freundschaftliche Stimmung. Galina sagte: „Sie mögen Drogen. Und nicht nur zum Rauchen.“ Sie formte eine Spritze mit den Fingern.

„Nehmen sie alle dieselbe Nadel?“

Galina lächelte liebenswürdig. „In der Sowjetunion teilen wir alles.“

„Sehr modern hier, nein?“ erkundigte sich Olga besorgt, stolz darauf, daß nicht alle in Moskau hinter dem Mond waren.

„Ja, ich fürchte schon. Sehr modern.“

Gegen drei Uhr morgens überließen wir die *heavy metalski* ihrer Séance. Um diese Stunde waren die Taxis verschwunden, und keiner der Privatchauffeure, die noch die Straßen abfuhren, schien bereit, die lange Fahrt zu meinem Hotel zurück zu machen, und so verbrachte ich die Nacht oder das, was von ihr noch übrig war, mit Galina und Olga in ihrer kleinen Wohnung am äußersten Rande der Stadt. Durch meinen Kopf pochten mit dem schmerzhaften, aber disziplinierten Rhythmus, den ein aus Anspannung geborener Kopfschmerz mit sich bringt, Audens Zeilen aus *Refugee Blues:* „Sagen wir: etwa zehn Millionen, die in dieser Stadt leben / Manche in Villen, und manche in Löchern direkt daneben.“ Es ging eine Treppe hoch, und Galina entschuldigte sich im voraus für die Enttäuschung, die mich – sie war sich gewiß – erwarten würde, und erinnerte mich wieder und wieder daran, daß sie nur sehr wenig hatten.

Die Wohnung war in der Tat klein, selbst nach Moskauer Maßstäben; ein Bad auf dem Treppenabsatz, ein Wohnschlafzimmer und eine Küche. Im Zimmer standen ein Schrank, ein Couchbett und ein absurd fröhlich wirkender Liegestuhl, dessen rot-weiß gestreiftes Segeltuch eher an den Strand oder an das Ufer eines Sees gepaßt hätte. Ein einziger Sessel stand an dem kleinen Wackeltischchen, und die beiden Mädchen schienen von Keksen und westlicher Popmusik zu leben. Ein Kassettengerät stand auf dem Boden, und es gab ein paar Regalfächer voll mit Musik mittelmäßiger englischer und amerikanischer Rockgruppen. Olga ließ sich nicht davon abbringen, ein paar Eier zu kochen. Dann räumte sie die Küche auf und legte sich auf einer Matratze unter dem Tisch schlafen. Ich glaube, sie wohnte illegalerweise hier, aber das war schwer zu sagen, da die Linie zwischen dem Verbotenen und dem Erlaubten so haarfein ist, daß der Ausländer sie oft nicht wahrnehmen kann. Schließlich machte Galina sich ihre Bettcouch zurecht, und ich legte mich in den gestreiften Liegestuhl. Sie legte ein Band auf, zur Beruhigung, wie sie erklärte, und damit sie besser einschlief. Vielleicht könnte ich so freundlich sein, ihr die Bedeutung der Worte zu erklären, da sie mit einigen Texten Schwierigkeiten hatte. Bitte, sagte sie, „was heißt das: *pump up the volume*?" Ich sah auf die Uhr – es war fast vier, es lohnte sich kaum mehr, zu schlafen, und so erklärte ich ihr in den nächsten Stunden, so gut ich konnte, die netten Unaufrichtigkeiten der Liebeserklärungen in den Schlagern und erforschte für sie die üppige, aber verwirrende Textur der amerikanischen Umgangssprache, wie sie in den Songs verschiedener Gruppen von den Pet Shop Boys bis zu Freddie Mercury vorkommt, während auf dem Küchenboden nebenan Olga, dieses vernünftige Mädchen, leise schnarchte.

Vielleicht war Galina in ihrem Innersten Proust verwandt, denn gegen sieben Uhr schlief sie ein. Mittlerweile war Olga wach, und nach einem Frühstück, das aus Keksen und Tee bestand, nahm sie mich mit hinunter an die Hauptstraße und rief mir ein Taxi, ein offizielles gelbes diesmal.

„Schönen Tag!" sagte Olga und winkte mir nach, bis ich sie nicht mehr sah.

Der Taxifahrer war ein Opernliebhaber, der die Kunst des großen Caruso, von Beniamino Gigli und Mario Lanza liebte, Helden, die er ehrte, indem er Auszüge aus seinen Lieblingsarien sang. Doch war sein musikalischer Geschmack durchaus umfassend.

„Sixteen tons", sang er, „and what do you get?"

Erst als er es einige Male wiederholt hatte, merkte ich, daß dies wie eine Rätselfrage gestellt wurde. Ich sang zurück: „Another day older and deeper in debt."

Dies entzückte ihn so, daß wir beinahe von der Straße abkamen. „Sie kommen aus Amerika? England?"

„Afrika."

„Sie sprechen gut Englisch für einen Afrikaner."

Er blätterte seine kulturellen Karten für mich hin. „Ich hab gelesen Graham Greene, *Unser Mann in Havanna*, sehr gut. Und Alan Sillitoe. Ich lerne. Man kann nicht einfach dumm bleiben."

Seine Ansichten über die politischen Veränderungen in der Sowjetunion waren scharf ausgeprägt. Er glaubte nicht an sie. Die Gründe waren unerwartet. Es gingen Gerüchte, erzählte er mir, tatsächlich hatte sein Bruder es von einem verläßlichen Freund gehört, daß Herr Gorbatschow sich am Schwarzen Meer ein Haus hingestellt hatte, das zwölf Millionen Rubel kostete.

„Ist das irgend so eine jüdische Perestroika?" wollte er wissen und fügte dann als bedeutsamen, melodischen Nachsatz hinzu, gesungen in seinem hübschen hellen Bariton: „Saint Peter don't you call me, 'cause I can't go. I owe my soul to the company store."

Am Hotel bezahlte ich und gab ihm einen Dollar Trinkgeld. Er rollte den Geldschein zusammen und führte ihn wie eine dicke Zigarre an die Nase.

„*In God we trust* – auf Gott vertrauen wir. Und auf den Dollar!"

Was die Hotels anging, so irrte sich mein Freund Valentin, der Linguist, der gewöhnlich über alle Dinge so gut Bescheid wußte, vollkommen. Es überrascht kaum, daß er so wenig über die Ausländerhotels wußte. Ausländer wissen, daß es schwierig für Russen ist, in andere Länder zu reisen, aber nur selten sind sie sich darüber im klaren, daß es auch mit großen Schwierigkeiten verbunden ist, wenn Russen ausländische Freunde in russischen Hotels besuchen wollen. Besucher, die weder eine Spezialerlaubnis noch einen geklauten Hotelausweis vorweisen können noch bereit sind, den Portier zu bestechen, werden mit einer brüsken Grobheit abgewiesen, welche überall charakteristisch für die Haltung der kleinen Machthaber in Läden, Amtsstuben, auf Flughäfen und in Krankenhäusern ist, wenn sie mit schlichten Angehörigen der Öffentlichkeit umgehen. Kunden, Reisende und Verkehrsteilnehmer existieren, damit diese privilegierte Klasse ihnen sagen kann, was sie zu tun haben. Der „Übermut der Ämter" ist in der Sowjetunion kein beleidigender Begriff, sondern eine Prämie, die zur Stellung gehört.

Valentin liebte Gerüchte, die in Moskau die Stelle der Nachrichten einnehmen. Bezüglich der Hotels sagte er mir, das beste läge irgendwo in der Innenstadt, erbaut für die Moskauaufenthalte der Mitglieder des Zentralkomitees der Kommunistischen Partei. Er malte ein Bild von Marmorböden, goldenen Wasserhähnen und elfenbeinernen Balustraden. Mehr als einmal suchte ich nach diesem Gebäude – erfolglos. Ich bestreite seine Existenz nicht geradezu, aber dieses Hotel hat für mich denselben Phantomcharakter angenommen wie des Präsidenten imperiale Villa am Schwarzen Meer.

Valentin versicherte mir, daß die Hotelzimmer aller Ausländer abgehört würden. Auch das will ich nicht allein deshalb bestreiten, weil ich keine Anzeichen dafür finden konnte. Wenn aber die verschiedenen Zimmer, in welchen ich während meiner Aufenthalte in Moskau gewohnt habe, elektronisch überwacht wurden, dann würde dies auf ein Ausmaß an Effizienz hindeuten, das mir nirgends sonst begegnet ist. Wenn die Wanzen funktionierten, dann waren sie außergewöhnlich, denn im Hotel funktionierte sonst nichts.

Valentin sprach aus einer langen Tradition. Das Belauschen aller ist etwas, das unabhängige Beobachter seit Jahrhunderten über das Leben in Moskau berichten. Ein unfreundlicher, aber zuverlässiger Zeuge war der Reverend Samuel Collins, der im siebzehnten Jahrhundert dem Zaren neun Jahre lang als Leibarzt diente. Collins gefiel sehr wenig an den Moskowitern, nicht die Sitten und Gebräuche, nicht die Moral, nicht die Musik, aber seine Berichte sind überzeugend, wenn er darlegt, was für ein Nest von Spionen die Stadt war. Der Zar schickte seine Geheimagenten routinemäßig zu Beerdigungen, Festmählern und Hochzeiten, jedes Treffen wurde infiltriert, und seine Untertanen konnten sich nichts zuflüstern, was nicht zu den Ohren des Autokraten drang. Russische Herrscher von Iwan dem Schrecklichen bis zu seinem gleich infamen Nachfolger Josef Stalin haben die Hauptstadt mit Spionen und Spitzeln übersät. Die Herrscher und die Geheimpolizei bildeten traditionell eine Allianz gegen das Volk. Wenn schon die Moskowiter damit rechnen, daß ihre Bewegungen überwacht und ihre Unterhaltungen kontrolliert werden, wieviel wahrscheinlicher ist es dann, daß man die Ausländer beobachtet! Ich bin mir nicht sicher, daß die so entstandene Erwartungshaltung nicht besser funktioniert als der Kontrollprozeß selbst, und das kann nur zu seiner Macht beitragen. Ein Moskowiter wird also einen speziellen Nachweis bei sich tragen, wenn er ein Ausländerhotel legal betreten will; außerdem hat er einen Stempel in seinem Paß, der ihm gestattet, in Moskau zu wohnen und zu arbeiten. Dieser Stempel, *propiska* genannt, ähnelt dem in dem „Ausweisbuch", welches die Schwarzen bis 1986 in Südafrika mit sich führen mußten. Als Stalin in den dreißiger Jahren den Inlandspaß einführte, dieses verhaßte Symbol zaristischer Kontrolle, welches Lenin so verdammt hatte, bekräftigte er, daß er ein Autokrat der orthodoxen Tradition war.

Es spricht viel dafür, das Hotel in Moskau überhaupt nicht zu verlassen, was das Schicksal vieler Touristen ist. Hat man eine Führung, beispielsweise, durch den Kreml mitgemacht, unter der Aufsicht einer verachtungsvollen Intourist-Führerin, die auf der Weite des Roten Platzes ihre Schäflein sammelt, indem sie eine kleine rote Fahne oder ein Hals- oder Taschentuch schwenkt wie eine gereizte Pfadfindermatrone, werden die Touristen verständlicherweise aufsässig und schwänzen. Man sieht sie dann daheim im Hotel, wie sie sich hinter den Spielautomaten verstecken oder trotzig im Foyer herumhängen, wenn sie eigentlich an den Zarengräbern vorbeischlurfen sollten.

Die Individualität der Hotels erschöpft sich rasch, da es im Grunde staatliche Gästehäuser für durchreisende Ausländer und die wichtigeren Mitglieder der sowjetischen Polithierarchie sind. Die Gäste zerfallen in drei Klassen: die gut aufgelegte, begeisterte politische Elite, die aus Gebieten wie Usbekistan oder Georgien zu Besuch kommen darf und es genießt; westliche Geschäftsleute, die Geschäfte machen wollen in einer Stadt, wo es bis vor ganz kurzem keinerlei Geschäft gab, und die rasch die angespannte Entschlossenheit hingebungsvoller, aber ziemlich vorsichtig gewordener Missionare ausstrahlen;

und schließlich die Reisegesellschaften, die morgens und abends in die Hotelhalle branden, hungrig und verwirrt, wie die Überlebenden einer fernen Katastrophe, als wäre das große Schiff KAPITAL gesunken und man hätte sie, immer noch mit rosa Hemden und Baseballmützen angetan, aus der See gefischt wie aufgeputzte Asylanten. So konnte man sie beobachten, unglückliche Versammlungen verwunderter Westler, die vor ihrem separaten Speisesaal hin- und herliefen, nach dem Frühstück immer noch hungrig und konfus. Ihre Hemden trugen Aufschriften wie *Helsinki My Love* oder *California Girl!*, merkwürdige, flotte Graffiti, die im Widerspruch zu ihren besorgten Gesichtern standen. Die frühmorgendliche Enttäuschung einst unschuldiger Touristen, denen langsam aufging, daß Moskau nicht wie Philadelphia oder Budapest war — schlimmer: nicht einmal wie Leningrad.

„Ich meine, verdammt, Leningrad ist irgendwie toll. Alt und schön. Man sieht, wieso die Zaren da hin sind. Ich würde selber hingehen, wenn ich ein Zar wär“, sagte ein amerikanisches Mädchen, dessen Haar zu einem verfrühten Weiß gebleicht war und von dessen Ohrläppchen ein einzelner goldener Ohrring in Form eines Notenschlüssels zornig baumelte. „Da gibt's also *Perspektiven* ...“

Ich umging die Gruppe vorsichtig, weil die Intourist-Führerinnen, die diese Touristen sammeln (Motto: „Unser Service für Ihre Herzen!“) die gefährliche Gewohnheit haben, die müßiggehenden Besucher zu sistieren und der nächstbesten vorbeiziehenden Reisegruppe einzugliedern, ostdeutschen Philatelisten oder Schweizer Botanikern. Sie hassen Unordentlichkeit, und westliche Touristen sind durch ihre bloße Präsenz unordentlich. Die junge Dame von Intourist sprach zu ihrer Gruppe mit offizieller Stimme, in einem Ton verächtlicher Befehlsgewalt, den sie wahrscheinlich noch nie im Leben gehört hatten, außer vielleicht in alten Kriegsfilmen — ein Ton, der eine Gruppe hilfloser Rekruten überfällt, ihre Haltung verhöhnt und daran verzweifeln möchte, jemals richtige Touristen aus ihnen zu machen.

„Heute“, verkündete sie, „haben wir den Roten Platz. Wer zu spät kommt, versäumt den Bus. Gehen Sie in die Hotelhalle und warten Sie.“

„Das Frühstück war nicht besonders“, beklagte sich das Mädchen mit dem goldenen Ohrring. „Nur so eine Art Quark, Brot und Wurst. Und ich esse kein Fleisch.“

Die Frau von Intourist schaute sie an, als wäre sie wahnsinnig. „Vielleicht würden Sie mir das Fleisch geben, das Sie nicht essen.“

Das in Moskauer Hotels erhältliche Frühstück läßt sich grob in zwei Kategorien einteilen. Die eine ist das recht seltsam benannte „Buffet (westliche Art)“, die andere ist der „Kellnerservice“. Beide haben ihre spezifischen Schwierigkeiten. In den größeren Hotels mit Buffetservice wird das Essen auf Tischen angerichtet, um ein von Indien bis Aserbeidschan reichendes Spektrum von Eßgewohnheiten abzudecken. Diese Methode ist für den, der früh ankommt, am besten. Die Kellner stehen die Wände entlang und sehen zu, wie die Gäste versuchen, sich etwas von den stetig schrumpfenden Ressourcen zu sichern. Beliebte Lebensmittel verschwinden rasch, und man ißt vielleicht mehr rote Beete oder Gemüsecurry, als man es gewöhnlich zum Frühstück tut. Die Schwierigkeit ergibt sich aus dem Gesetz von Angebot und Nachfrage, und viele westliche Touristen entdecken dies zentrale Problem der sowjetischen Wirtschaft zur Frühstückszeit, wenn das System eine unerwartete Überlastung erfährt – wenn, sagen wir, eine kleine Armee von Sikhs oder ein hungriges rumänisches Orchester unangekündigt in der Nacht zuvor angekommen und im Morgengrauen wie ein afrikanischer Heuschreckenschwarm durch das Buffet gerast ist, daß für den nächsten Schub Gäste, der, wie er feststellen muß, zu spät dran ist, nur die unidentifizierbaren Delikatessen der obskureren Sowjetrepubliken zurückgeblieben sind. Und zu spät heißt: zu spät. Was weg ist, läßt sich nicht ersetzen, und was übrig ist, nicht identifizieren, und die stummen Kellner sehen von ihren Plätzen an den Wänden mit dem Ausdruck militanten Desinteresses zu und warten nur darauf, daß sie alles abräumen und die Tische fürs Mittagessen decken können.

Wenn es bei diesem „westlichen“ Buffet das Essen ist, was verschwindet, so sind es bei dem Frühstück mit „Kellnerservice“ die Kellner. Doch ist das vorzuziehen, weil es bedeutet, daß man mindestens einmal bedient wird, wenn auch dann nie mehr, da die Tische schon in der Nacht zuvor mit allem zu Erwartenden gedeckt worden sind und der Gast mit eiserner Höflichkeit zu seiner Ration geführt wird. Das Kellnerservicefrühstück ist gewöhnlich für Einzeltouristen reserviert, Geschäftsleute, welche die exorbitanten Preise bezahlen, die Moskauer Hotels dem einzelnen Reisenden abverlangen. Private Arrangements gelten paradoxerweise als löblicher als die Gesellschaftsreisen. Westliche Gäste in Moskau stellen oft das überzeugendste Argument gegen den Kapitalismus dar. Will man sich für die Ideale des Sozialismus erwärmen, braucht man nur ein, zwei Stunden spät am Abend in der Devisenbar eines der Hotels zu verbringen, wo Bürger der Staaten mit harter Währung – Finnen, Deutsche, Italiener und Engländer – eine Schaumkrone auf einem Meer von Schnaps bilden. Es ist ein wenig wie ein Fischteich: Die Brut unter dem Wasserspiegel frißt alles, was man in ihre Richtung wirft – oder alle. Der überarbeitete Barkeeper haßt sie, man kann es sehen, aber es ist sein Job, ihnen die Devisen abzunehmen. Und die angesoffenen Gäste verachten ihn, aber sie brauchen seinen Schnaps. Eine wechselseitig profitable und zutiefst unglückliche Beziehung.

Die Zimmerknappheit bedeutet, daß man hingeht, wo man hingeschickt wird. Die Preise haben etwas damit zu tun, aber wieviel man auch zahlt, die Auswahl ist wie bei so vielen anderen Dingen auch strikt begrenzt (wenn es überhaupt eine gibt), und die Knappheit ist die Mutter der Entdeckungen. Vielleicht sogar der Vater der Demokratie – sowjetischen Stils. Valentin zitierte gerne seinen Vater zu diesem Thema: „Wer sagt, wir hätten keine Demokratie? Wenn Sie nicht in dieser Schlange anstehen wollen, können Sie jederzeit eine andere wählen.“

Da die Sprache des Tourismus natürlicherweise optimistisch

ist und eine globale Gleichmäßigkeit voraussetzt, ist es eine der hauptsächlichen Entdeckungen, die der Moskaubesucher macht, welcher Abstand bei den Hotels – wie bei sovielem anderen – zwischen den Worten und den von ihnen verhüllten Tatsachen besteht. Die wichtigsten Hotels in Moskau bemühen sich, sich durch Verschiedenheiten ihres Charakters und ihrer Atmosphäre voneinander abzusetzen. Das reicht von dem „modernen" Internationalen Hotel an der Moskwa bis zu dem grimmig türmestarrenden Ukraina. Das International ist ein ziemlich sinistres Gebäude, das sowjetische und amerikanische Planer zusammen als joint venture errichtet haben, und es wird von seinem alter ego begleitet, dem Internationalen Messezentrum, einem identischen Gebäude gleich nebendran. Es ist, als wären diese beiden Türme gebaut worden, um nicht die Freuden des Handels und des Tourismus zu feiern, sondern vor ihren Gefahren zu warnen. Doch ist die Wirkung immer noch milde, vergleicht man sie mit der drohenden Aura des Ukraina, eines riesigen Klotzes auf der anderen Seite des Flusses – die sowjetische Entsprechung des Typs von Gebäude, an dem King Kong hochkletterte. Touristen, die nach einem harten Tag voller Führungen ins Ukraina zurückkehren, glauben vielleicht – verzeihlicherweise –, sie litten an Augentäuschungen, weil solche Gebäude überall in Moskau herumzustehen scheinen. Sie haben recht. Man nennt diese Architektur manchmal stalinistisches Barock, gelegentlich neusowjetisches Rokoko, und ihr entstellender Einfluß umfaßt die ganze Stadt. Es ist eine Architektursprache von gigantesken Aussagen und brutalen Capricen, immensen Räumen, passend für Militärparaden, vulgären Bögen und triumphierenden Zinnen. Sieben dieser grotesken Bauten wurden in Moskau in Form eines riesigen Heptagons errichtet: zwei Hotels, zwei Ministerien, ein Wohnblock, und ein Gebäude gehört zur Moskauer Universität auf den Leninbergen (ehemals: Sperlingsbergen). Die Inspiration hinter diesen Mammutmonumenten – eine gewisse Entfernung hinter ihnen – mögen die Kremltürme sein, insbesondere der Erlöserturm, der schönste aller Türme in der Kremlmauer.

Das alte Hotel National stammt aus der Zeit vor der Revolution und bewahrt einen Hauch des einstigen Charmes. Zumindest ist das Gebäude als solches noch an seinem Ort. Das Metropol, wo soviele wichtige Bolschewiki unmittelbar nach der Revolution wohnten, als Lenin die Hauptstadt von Petrograd nach Moskau zurückverlegte, ist seit Jahren wegen „Renovierung" geschlossen.

Jüngere Angebote schließen das kolossale Rossija ein, das Intourist und das Kosmos, Hotels, die ihre Modernität wie eine recht locker sitzende Verkleidung tragen, die ständig verrutscht und zeigt (ob sie nun mit französischen Restaurants oder mit Spielhallen aufwarten), daß es sich auch um Orte der Umerziehung und Quarantäne handelt. Selbst das Belgrad, grau und unprätentiös, hat dieselbe Neigung zur Schizophrenie. Davon gibt es nicht nur eins, sondern zwei — anonyme graue Zwillinge zu beiden Seiten der Straße, Belgrad I und II. Sich mit der Oberfläche zu befassen, heißt jedoch, die Freuden Moskaus zu ignorieren: Die Etagendamen, den Muezzinlehrling, die verschwindenden Kellner.

Im Hotel des Muezzinlehrlings, wo ich oft wohnte, lag der Speiseraum für private Gäste hinter schweren Glastüren verborgen, die mit Vorhängen vor den Reisegesellschaften verdeckt wurden und vom Oberkellner bewacht. Der Einlaß unterlag strikter Kontrolle. Man wartete am Tisch des Oberkellners gleich hinter der Tür so lange, bis man Erlaubnis bekam, sich zu setzen. Eine kleine leuchtende Digitaluhr pulsierte unruhig an der Wand, die Minuten rückten unbehaglich vor, jede zerging mit einem kleinen Zittern, als litte die Uhr am elektronischen Äquivalent eines krampfhaften Gesichtszuckens. Nachdem man sich mit Zimmerschlüssel oder Hotelausweis vorgestellt hatte, rief der Oberkellner den Platzanweiser, ein alpines Massiv von einem Mann mit glänzendem schwarzem Haar und mit schwarzer Krawatte und Frackhemd, der das Gebaren eines Freistilringers mit dem eines Leichenbitters verband, wie er einst viktorianischen Begräbniskondukten voranschritt. Marschierte man hinter ihm her, so fiel es schwer, von der Würde seines Tritts und dem Ernst seines Benehmens nicht beeindruckt zu sein. Die Gäste wurden vom Leichenbitter gewaltsam zu irgendeinem leeren Stuhl an einem dichtgedrängten Tisch geführt. Dies reizte die Leute dort zu schlechtestem Benehmen; wie die Teegesellschaft des Verrückten Hutmachers breiteten sie sich über so viele Stühle wie möglich aus und gaben vor, es sei kein Platz mehr. Solche Frühstücksszenen bleiben im Gedächtnis haften: Silikonchipsimporteure, Drehbankvertreter und Aufsichtsräte von Drahtlostelephonfirmen, die sich genau benehmen wie Figuren aus *Alice im Wunderland.* Die Kellner ignorierten diese kleinen Inszenierungen, stellten das Essen auf den Tisch und verschwanden dann einer nach dem anderen. Wir starrten alle konzentriert auf die zwei rosa Würste, den Scheibenkäse, das Brot und die Erdbeermarmelade in kleinen Pastiktaschen, die ihren Inhalt erst nach wütenden Kämpfen preisgaben. Veteranen wußten, daß die Versiegelung oben an der Plastiktasche oft ohne Vorwarnung aufging. Neuankömmlinge trugen oft tagelang Spuren dieser Erdbeerbemalung an sich, eine Farbe, die, wie man so sagt, „läuft".

Wut nützt gar nichts. Ein Kellner lehrte mich das; er empfahl, die Dinge „aus anderer Perspektive" anzugehen. Ich kam eines Morgens zum Frühstück, und er erwartete mich mit dem trostlos abwesenden Gesichtsausdruck des ehrgeizigen Träumers, der noch weit vom Ziel entfernt ist. Ich bestellte Eier. Er informierte mich, daß er Viktor heiße, mit einem „k", sagte er, wie in „Kapitalismus". Ich versuchte, ein Tourist zu sein; er tat, als wäre er ein Kellner, doch eigentlich wollte er gern Börsenmakler sein — er sehnte sich danach, mit Junk Bonds zu handeln, er wollte in einer Eigentumswohnung leben. Er sollte eigentlich den Gästen beim Frühstück helfen, aber tatsächlich übte er sich als Devisenhändler. Ein junger Mann mit verschossener roter Jacke und Augen, die schon mittleren Alters waren; sein Schnurrbart sah aus wie mit einem verkohlten Streichholz aufgemalt. Zwei amerikanische Atomtestkontrolleure am Nebentisch, die sich mit einem Frühstück aus roten Beeten und Chilischoten behalfen, beklagten den Tag, an dem sie Atlanta verlassen hatten. Ein Blick auf das Buffet sagte mir, daß die exotischen Heuschrecken aus den fernen Republiken soeben durchgezogen waren, und nur noch ein wenig rosafarbener Kohl, eine Menge Butter und klebrige, erschöpfte Teichbetten, wo einst die Marmelade gelegen hatte, waren zurückgeblieben. Viktor sagte zu mir: „Verzeihung, Sie wollen Geld wechseln?"

„Eier", sagte ich, „Eier würde ich vorziehen, Viktor."

„Ich gebe Ihnen einen guten Kurs."

„Ich will nicht über Geld reden. Ich will kein Geld wechseln. Eier, oder auch nur ein Ei."

„Oder wenn Sie wollen, gebe ich Ihnen Kaviar."

„Setzen Sie sich bitte, Viktor"," sagte ich.

„Nun, wenn Sie keine Rubel wollen und keinen Kaviar, was wollen Sie dann?" Viktor setzte sich begeistert.

„Sie wollen ein Geschäft machen? Gut. Ich gebe Ihnen Geld, Dollars, wenn Sie mir erklären, wie dieses Restaurant funktioniert. Wie dieses Hotel funktioniert. Wie das Leben hier insgesamt funktioniert."

Viktor dachte nach. Er schaute mich lange an und sagte dann: „Rußland ist ein Mysterium, eingehüllt in ein Rätsel, das in einem Geheimnis verborgen ist."

„Eier, Viktor", sagte ich müde. „Keine Churchillzitate, Eier. Oder Tatsachen. Sagen Sie mir, nach welchem Prinzip der Laden hier funktioniert. Was tun Sie hier? Was machen die anderen Kellner hier? Wozu dienen all die Räume? Warum gibt es kein Frühstück?"

Viktor machte ein zufriedenes Gesicht. „Sie erkennen mein Zitat! Sie sind gebildet."

„Hungrig bin ich."

Viktor machte große Eulenaugen. „Im Zug der Perestroika lesen wir, wie ich sagen kann, alle mehr denn je. Und ich glaube wirklich, die Dinge haben sich verbessert, seit wir Autoren lesen durften, die verboten waren. Ja, in dieser Hinsicht kann ich sagen, daß die Dinge besser stehen."

2

Was leset Ihr, mein Prinz?

Die neuerdings freie Intelligenz hat die Freiheit, zu reden, und sie redet von „Demokratie". Tatsächlich wird davon soviel geredet, daß man die Diskussion darüber bereits für die Sache selbst halten könnte. Der unschuldige Ausländer könnte meinen, die Partei baue ihre Diktatur ab und lasse Macht an das Volk übergehen. Gut, sind also nun alle an der Macht, oder keiner? Oder ist, wie das Beispiel der lang erträumten Reformen in Südafrika nahelegt, die alte Firma noch im Geschäft und handelt weiter unter neuen Namen? In Wörtern und ihrem Gebrauch sucht man nach einem Schlüssel zum Verständnis.

Die großen zentralistischen Plankörperschaften für Landwirtschaft, Industrie, Bauwirtschaft und für die Künste sind Gegenstand von Hohn und Verachtung. Durch Erlaß des Zentralkomitees der Kommunistischen Partei werden diese Mammuts für veraltet erklärt – man hat ihnen befohlen, Programme zu beginnen, durch welche sie sich in moderne Wirtschaftsunternehmen verwandeln werden, die einer genauen Kostenrechnung unterworfen sind. Mit anderen Worten: Die Männer, die das alte, zentral planende System entwickelt haben, sind nun angewiesen worden, beschleunigt seine Zerstörung herbeizuführen. Keine Kleinigkeit, und die alteingesessenen Interessen, denen man befohlen hat, sich selbst zu reformieren, tragen durch fruchtbare Komplizierungen der Interpretationsprobleme zu den Schwierigkeiten bei, zu begreifen, was eigentlich vor sich geht. Solche Probleme lassen sich auf den Gebrauch dessen, was man Sklavensprache genannt hat, zurückführen, der Sprache äsopischer Fabeln, wie sie einst in gefahrvollen Zeiten so notwendig war: ein indirektes, lakonisches, anspielungsreiches, melancholisches Bezugsmuster, das mit Augenzwinkern, mit Andeutungen, subtilen Codierungen, historischen Analogien arbeitet. Ein Zeichen genuiner Erneuerung in der Sowjetunion ist der Zusammenbruch der Sklavensprache mit ihren kryptischen Anspielungen, die man immer seltener hört, je weiter man sich von den Zentren der Macht entfernt, von der Partei, ihren Organen, ihren Bürokratien, ihren geschlossenen Zirkeln von Favoriten. Und selbst von diesen entdecken manche die Genüsse der freimütigen Rede, wenn auch die Ministerien, denen man nun befohlen hat, sich zu reformieren, noch in die alte Sprache eingekapselt sind. Nehmen wir beispielsweise das Ministerium für Wohnungsbaumaterial – ein Widerspruch in sich, da es nie genügend Wohnungen gibt und das Material, aus welchem sie gebaut werden, zerfällt und sich zersetzt, während man zusieht. Die Existenz allein des Namens für dieses Ministerium ist zu einem vernichtenden, grausamen, peinlichen Witz geworden. In der neuen Reformära, da die Leute aussprechen dürfen, was sie denken, schreibt ein Ökonom in einer Moskauer Zeitung, daß das Wohnungsbaumaterialministerium seine Entscheidungskompetenzen bald an private Mieter abgeben wird, die dann sicherstellen werden, daß die kostbaren und vom Verfall bedrohten Materialien effizient und nutzbringend eingesetzt werden. Er sagt es nicht direkt, aber implizit, daß als Ergebnis des neuen Denkens das elende Ministerium dann, wenn es seine Arbeit richtig macht, nach und nach aufhören wird zu existieren.

An der nächsten Ecke, im Onega-Café auf der Gorkistraße, äußert sich Igor, ein junger Bauarbeiter, weniger verblümt über das Ministerium. „Es sollte verschwinden. Es kann sich nicht bessern, es kann sich nur verabschieden." Seit vielen Jahren sagen viele Arbeiter wie Igor so etwas daheim und bei der Arbeit. Das wirklich Neue an der Perestroika liegt darin, daß die vorsichtige, zurückhaltende Sprache der Anweisungen des ZK langsam dem zu ähneln beginnt, was viele Arbeiter unter sich schon seit Jahrzehnten gesagt haben.

Lassen wir das ZK selbst sprechen, wie in seinem Manifest für die Wahlen 1989: „Große Veränderungen kommen in der

Ökonomie zur Reife und zur Entwicklung. Kosten-Nutzen-Rechnungen, Selbstfinanzierung, Kooperationen und Mietverträge, verschiedene Formen des sozialistischen Eigentums werden Teil unseres täglichen Lebens." Igor hebt seine Bierflasche (tschechisches Bier) und läßt sie auf den Boden fallen, wo sie zerbricht. Die Männer in den Anoraks, mit den Pelzmützen drehen sich nicht um. „Einfache Sache", sagt Igor. „Die Flasche war leer. Wir müssen jetzt nur die Scherben aufkehren."

Inzwischen herrschte im Wohnungsbaumaterialministerium Bestürzung und eine gewisse Wut über die Andeutung, das Ministerium sollte sich am besten selbst auflösen. Das Mammut lehnt es ab, seine Verurteilung zum Aussterben selbst zu unterzeichnen. Das Ministerium gab eine Stellungnahme ab, die „gewisse Ökonomen" wegen ihres geschmacklosen Vorschlags abkanzelte. Gewiß würde es seine Verantwortung delegieren, es gehörte zu den eifrigsten Verfechtern „unserer Perestroika", aber es beabsichtigte, die Kompetenz der „Verwaltung" zu behalten.

Eine scheinbar entschiedene Offenheit gehört zu der neuen Redeweise, und oft versucht sie, die Wahrheit zu verbergen. So teilte mir der Redaktionsassistent eines der größten literarischen Magazine mit – nachdem ich erwähnt hatte, daß Bücher routinemäßig in Südafrika und gelegentlich sogar in England verboten werden –, daß „wir hier keinerlei Bücher mehr verbieten", mit glatter Dreistigkeit. Um uns her stand die Redaktion, deren höfliches Schweigen Bände sprach. Am Tag zuvor hatte ich mit einem Verleger gesprochen, in der Hoffnung, man könnte etwas, irgend etwas, von Solschenizyn veröffentlichen. Und davor hatte ich mir angehört, wie ein Beamter von Glawlit, der offiziellen Zensurbehörde, mir erklärte, welche Bücher an der Grenze eingezogen wurden: dazu gehörte alles, was russischsprachige Verlage im Ausland herausbrachten; Zeitschriften, die für ihre antisowjetische Haltung bekannt waren, darunter der „berüchtigte" *Index on Censorship;* religiöse Propaganda; Bücher von rehabilitierten Autoren wie Pasternak und Gumiljow, sofern sie im Ausland erschienen waren; Magazine, Zeitungen und Zeitschriften mit Karikaturen von sowjetischen Politikern; jegliches Buch, ganz einfach, das dem Zensor mißfällt und das dementsprechend als unerwünscht abgestempelt wird.

„Jahre habe ich versucht, meinen Roman zu veröffentlichen, und der Zensor hat ihn abgeblockt", erzählte ein Autor. „Er hat mir eine lange Rede gehalten und geschworen, daß mein Buch nie herauskommen würde, so lange er noch da wäre. Nun, vor kurzem ist es erschienen, und was meinen Sie? Den Zensor gibt es immer noch. Er macht nicht mehr dasselbe, kontrolliert nicht mehr, ob man verbotene Einzelheiten erwähnt hat wie das Gehalt eines Piloten oder den Gesundheitszustand eines Ministers. Heutzutage paßt er sich den neuen Zeiten an: Er reguliert die Lektüre im Interesse des Publikums. Immer noch sehr beschäftigt. Aber ich will von ihm bloß, daß er verschwindet!" Der Zensor aber, der anscheinend bereitwillig beklagt, daß es eine Zensur gegeben hat, ist auch entschlossen, seine Macht der „Verwaltung" festzuhalten.

Sicher lesen mehr Menschen denn je; es gibt mehr Bücher als je zuvor. Soziologen in der Sowjetunion prophezeien immer wieder, daß der Lesehunger in dem Maße abnehmen wird, in welchem elektronische Unterhaltungsformen wie Fernsehen, Rockmusik und Videospiele vordringen. Das scheint plausibel, wenn man der Masse junger Leute auf dem Leningrader Bahnhof mitten in Moskau zusieht. Die Videojagd ist höchst beliebt: ein Spiel, bei dem man sein Gewehr auf das Ziel richtet und auf einen repräsentativen Querschnitt des Tierreichs von Hirsch bis Hase feuert – das Wild stirbt mit einem eigenartigen elektronischen Wimmern, das die jungen Jäger anscheinend unwiderstehlich finden. Auf seinem riesenhaften Sockel in der Mitte des Platzes wendet Lenin den Blick ab. In der Sowjetunion, vielleicht nur in der Sowjetunion, sind die Videojäger auch Leser.

Jedenfalls bleiben solche Vergnügungen das Vorrecht weniger, und solange sich an diesem Zustand nichts ändert, wird das

Lesen weiter die private Leidenschaft und der Trost der Millionen sein. In Moskau wohnen auch subtile, scharfzüngige Gelehrte, welche die Bücher und ihre seltsamen Kräfte erforschen; die hellsichtigsten findet man in dem angemessen benannten Institut des Buches. Mein Lieblingsbeobachter verfügte über einen subtilen, gefährlichen Witz, über jene tödliche, aber eigentlich wunderschöne Moskauer Intelligenz, die es genießt, Argumente mit der Schwertspitze zu prüfen, und die sich mit einem trockenen, beiläufigen Humor verbindet, der sich mit grimmigem Genuß in das Absurde verbeißt.

„Ja", sagte der Mann vom Institut des Buches, „es stehen heute mehr Bücher denn je zur Verfügung, und die jungen Leute lesen eifrig, obwohl ich den Verdacht habe, daß sie es zunehmend aus gesellschaftlichen Gründen tun, aus modischen Motiven und mit dem Wunsch, die genuine Literatur in die Popkultur herüberzuziehen."

Ein Kardinalbeispiel war Michail Bulgakows *Der Meister und Margarita,* ein Roman, der unter Moskauer Oberschülern äußerst beliebt ist, eine Art Kulturtotem. Die Wohnung, die im Roman beschrieben wird, ist zum Mekka geworden, wohin die Pilger strömen – es kamen schließlich solche Massen von Schaulustigen, daß Polizei und KGB den Ort abriegelten und die Tür versperrten. Die Wand neben der Treppe zu Bulgakows einstiger Wohnung ist mit Bildern und Symbolen bedeckt, Hexen und Henkern und intimen Loyalitätserklärungen an den toten Schriftsteller und seine immer noch lebendigen diabolischen Kreaturen – hier zeigt sich, nehme ich an, wie sehr man diesen Roman liebt, weil er jenes freischweifende Phantasieren bietet, das, wie junge Leute instinktiv wissen, die Auto ritäten der Gesellschaft total irritiert. „Leser!" ruft Bulgakow. „Folge mir!" Und die Leser folgen ihm. Denkt man über das Phänomen Bulgakow nach (und es gibt viele Beispiele für eine solche Hingabe an Autoren, die außer-literarische Gründe hat), so scheint der Bücherhunger nicht nur der Liebe zum Lesen zu entspringen – er wurzelt in erregten Gefühlen, unglücklichem Bewußtsein, in Träumen; die Bücher bringen Trost, Vergessen und Frieden, doch sie können auch Krieg führen.

„Obwohl man einiges für größere verlegerische Freiheiten getan hat" – der Mann vom Institut des Buches schaut höflich zur Decke – „kann es natürlich nicht darum gehen, den Leuten das zu geben, was sie lesen wollen."

Zwei Faktoren haben sich verbündet, um den Zugang der Leser zu den erwünschten Büchern zu erschweren. Zunächst gibt es die üblichen Materialknappheiten – Papier zum Beispiel. Und bei dreihunderttausend öffentlichen Bibliotheken in der Sowjetunion und einer durchschnittlichen Auflage von etwa fünfzigtausend Exemplaren reicht es nie für alle. Das Haupthindernis, das zwischen den Lesern und dem Text steht, ist jedoch immer noch die amtliche Beschränktheit.

Das Recht, etwas zu verlegen, hängt in der Sowjetunion von einer Erlaubnis ab, die von oben erteilt wird. Sie wird den Staatsverlagen von dem sogenannten Staatsverlagskomitee erteilt. In der neuen Ära der Offenheit beschloß man, dieses Komitee um normale Leser zu bereichern, die man zu den Sitzungen einladen und um Vorschläge bitten würde. Dann würde man die Bücher, die veröffentlicht werden sollten, von einem ad hoc gebildeten Ausschuß von Beamten und Mitgliedern des Publikums auswählen lassen, „führenden" Kräften und „lesenden" Beratern. Als Belohnung für nützliche Vorschläge winkte dem glücklichen Leser die Möglichkeit, einen Titel zur Veröffentlichung auszusuchen, was automatisch bedeutete: einen Bestseller zu bestimmen.

Zu Anfang nahmen viele Leser regen Anteil an dieser neuen, demokratischen Einrichtung. Unter den allerersten Vorschlägen war der Aufruf, daß die offiziellen Mitglieder des Komitees sich zurückziehen sollten. Wenn der Staat ihnen keine Pensionen zahlen könnte, sagten die Leser, wären sie selbst gerne bereit, das Geld aufzubringen. Doch die Komiteemitglieder lehnten es ab, sich der Literatur zu opfern, und den kooptierten Lesern kamen ernste Zweifel an der neuen Offenheit – Zweifel, die sich zu bestätigen schienen, als die Verlagschefs auf die zahlreichen Titelvorschläge mit der Forderung reagierten, durch eine Meinungsumfrage die Bedürfnisse des Lesepublikums ermitteln zu lassen. Der Mann vom Institut des Buches lächelte fein. „Wir stellten dann eine Reihe von Fragen, deren Antworten uns bereits bekannt waren ..."

Dies ist eine Form des Spiels mit den Lesern. Eine andere sind die Umfragen – es kann drei Jahre dauern, bis Ergebnisse vorliegen, die von Anbeginn an klar waren. Manchmal aber dienen solche Nachforschungen doch einem Zweck. Die Entscheidung, Anatolij Rybakows großen Roman über die Stalinzeit, den Bestseller *Die Kinder des Arbat*, zu verlegen, kam nach langem Hin und Her im ZK der Kommunistischen Partei endlich zustande, als die Verleger mit Umfrageergebnissen den Nachweis führten, daß die meisten Leser dafür waren, das Buch freizugeben, das vor über zwanzig Jahren geschrieben worden war.

Heutzutage will man russische Autoren lesen und insbesondere die, welche unter Stalin verfolgt, vertrieben oder ermordet wurden, die politische Erinnerungen an die dreißiger Jahre geschrieben haben, an die Säuberungen, die Arbeitslager, an die Zeit von Blut und Eis. Die Leser haben die Empfindung, daß solche Autoren insgeheim dem Geist der Demokratie in den dunklen Jahren der Dreißiger und Vierziger Ausdruck verliehen haben. Sie zeigten, daß die Freiheit selbst dann, wenn sie überall sonst unterdrückt war, in der Phantasie zu finden war, daß die Einbildungskraft ein freies Land war, wo man ohne Paß und Sondererlaubnis reisen konnte. „Die russischen Leser", sagt der Mann vom Institut, „holen sich ihre Vergangenheit zurück. Deshalb könnte man ein Buch wie *Die Kinder des Arbat* morgen in einer neuen Auflage von fünf Millionen herausbringen, und die wäre sofort wieder ausverkauft. Die Lyrikerin Anna Achmatowa verkauft sich in Auflagen von Millionenhöhe."

Doch gibt es auch Schriftsteller, welche die Gunst des Publikums verloren haben, Autoren, deren Werk den stagnierenden siebziger und achtziger Jahren angehört, ehrenwerte Schreiberlinge, keine besonders schlechten Autoren, die der Parteilinie getreu gefolgt waren und sich über ein Zeitalter freuten, als – in der köstlichen Formulierung des Mannes vom Institut – „Homogenität eher entsprach". Sie schrieben solche Romane, die damals offiziell gebilligt und in vielen Millionen Exemplaren verbreitet wurden. Sie benutzten, wie die Moskowiter sagen, „die Prosa von Sekretären" und konstruierten damit eine „Literatur für Generäle". Solchen Autoren mißfällt die triumphale Rückkehr Nabokovs und die Wiederauferstehung Pasternaks, und zweifellos fällt der Vergleich für sie ungünstig aus.

Nicht alle der begehrtesten Bücher sind von liberalen oder alten sozialistisch-realistischen Autoren. Es gibt auch eine Literatur des weiten Landes, es gibt die „Dorfautoren", trotzig ländlich, leidenschaftlich ökologisch, doch auch mit nationalistischem und antisemitischem Tonfall, wildentschlossen gegen den Westen gewandt, misogyn und sentimental. Unter anderem entsetzen sich diese Schriftsteller vor Aerobics, bezeichnen Rock and Roll als „geistiges Aids" und nehmen den Frauen gegenüber eine Haltung ein, die den Beifall des Heiligen Paulus gefunden hätte.

Das soll nicht heißen, daß diese Autoren – gut, schlecht oder reaktionär – frei erhältlich wären. Man merkt bald, daß Buchhandlungen nicht der Ort sind, wo man Bücher suchen muß, da Läden in der Hauptsache dazu da sind, den Konsumenten daran zu erinnern, was er alles nicht kaufen kann. (Um der Bücherknappheit entgegenzuarbeiten, hat sich eine Kooperative gegründet, die gegen eine kleine Gebühr die Besitzer kostbarer und begehrter Bücher zusammenbringt – eine Art literarisches Bekanntschaftsbüro, wo der Leser dem Autor seiner Träume begegnen kann. Jedenfalls viel besser, als zu versuchen, die Bücher zu kaufen.) Die größte Buchhandlung in Moskau liegt auf dem Kalininprospekt und heißt Haus der Bücher; sie wird wie eine Strafanstalt geführt. In der fremdsprachigen Abteilung kann man *How To Be Polite in Japanese* kaufen, doch gibt es keine zeitgenössischen Autoren; selbst Klassiker wie Puschkin sind knapp – eine Tatsache, auf die die Verkäuferinnen ausgesprochen stolz sind. Doch am Eingang des Ladens drängt sich eine Gruppe junger Männer, die auf den ersten Blick wie Mafiosi wirken. Aber es sind Schwarzhändler, die Bücher anbieten – keine verbotenen Bücher, heißt das, sondern Exemplare sonst nicht erhältlicher Klassiker, Bulgakow, Pasternak, Mandelstam, die man für einen bestimmten Preis haben kann. Was für Qualen muß den Russen das Mysterium der marktwirtschaftlichen Angebotsdynamik bereiten! Und das Angebot wird in der Sowjetunion noch lange Zeit ein Geheimnis bleiben, während sich die Nachfrage mit schmerzhafter Deutlichkeit in den Schlangen auf allen Straßen ausdrückt.

Daß es Leute wie den Mann vom Institut des Buches gibt und andere, die ich auf meinen Moskauer Besuchen getroffen habe, tröstet über vieles hinweg. Ihre einsame geistige Unabhängigkeit setzt einen inneren Widerstand, an dem sich das „neue Denken" beweisen muß. All das Reformgerede, die Versprechungen und Verlautbarungen, die unter dem Namen der Perestroika daherkommen, dringen in das Bewußtsein solcher Menschen und werden dort in einem Säurebad behandelt, bis alles unedle Metall aufgelöst oder zum Vorschein gekommen ist. Sie reagieren ausgesprochen feinfühlig auf jede Beimischung von Lüge, da sie ein Leben lang mit deren Studium verbracht haben. Nun sind sie zu eisiger Skepsis abgekühlt und unterziehen alle Ankündigungen und Berichte von politischer Tugend und Reformangebote einer zersetzenden Prüfung. Und sie brauchen dazu nicht viel, sie müssen gar nicht das ganze Manifest lesen, nicht einmal das ganze Versprechen hören, es genügt ein Fragment, ein Wort, eine Phrase. Die Schwierigkeit für die neue Führung wird darin liegen, solche Leute für ihr Programm zu gewinnen. Sie sind so lange ausgeschlossen geblieben, daß dies für sie ein Grund bitteren Stolzes ist; was sie sich am meisten gewünscht haben: Genauigkeit, Skrupellosigkeit, offene Äußerung, das hat man ihnen verboten; jetzt sitzen sie am Rand des Geschehens und besitzen die Gabe (ihre einzige Belohnung), jeden Trug meilenweit zu wittern. Ob sich solche Leute mit der Regierung versöhnen lassen, läßt sich schwer sagen, doch bleibt es unwahrscheinlich, solange die Regierenden nur ihren eigenen Gesetzen unterworfen sind. Mir erscheint diese kalte, aber leidenschaftliche Integrität heldenhaft; auch ist sie das einzig gültige Maß für die gegenwärtigen politischen Veränderungen, und man muß es Gorbatschow und anderen zugute halten, daß diese Veränderungen es solchen Leuten gestatten, zu reden.

Die wahre Leistung von Glasnost und Perestroika liegt in der langsamen Befreiung der Sprache; eine engere Verbindung zwischen Wörtern und ihrer Bedeutung wird zum ersten Mal seit der Revolution ermutigt. Die brutale, gepanzerte Prosa der Parteischriftsätze, typisch für den Stalinismus, doch von seinen Nachfolgern fortgesetzt, macht einer neuen offenen Ausdrucksweise Platz. Bis vor kurzer Zeit bestand die „Wahrheit“ in endlos wiederholten offiziellen Lügen. Jetzt scheinen die Verlautbarungen der Partei auf höchster Ebene sich abzumühen, vielleicht nicht unbedingt die Wahrheit, doch auf jeden Fall Halbwahrheiten mitzuteilen, und bedenkt man die Strecke, die es zurückzulegen gilt, ist das kein schlechter Anfang.

Man lese Leonid Batkins brillante Analyse (in *Moscow News*) von Stalins offiziellem Prosastil, durchgeführt am Beispiel seiner Rede vor der achtzehnten Parteikonferenz 1939, auf dem Höhepunkt des Terrors. Batkin zitiert die folgende Perle: „Die Notwendigkeit der zügigen und mutigen Beförderung neuer und junger Kader ist besonders dringlich. Ich glaube, unsere Leute haben dieses Problem immer noch nicht zur Gänze erfaßt. Manche meinen, daß vor allem die alten Kader berücksichtigt werden sollten, wenn Stellen zu besetzen sind. Andere wollen sich mehr auf die jungen Kader hin orientieren. Ich glaube, daß sowohl die ersteren wie die letzteren im Irrtum sind.“ Batkin schildert eindringlich die Elemente von Stalins Rhetorik: „Die Großartigkeit eines bewußt pompösen Schamanen, die Rednertricks eines halbgebildeten Seminaristen, mörderischer bürokratischer Jargon ... ein drohender Ton bei großer Ausdrucksarmut." Die Logik solcher Rede ist es, daß sie nichts Logisches enthält; man konnte sie nicht begreifen, doch flößte sie erschrockene Gläubigkeit ein; wer sie hörte, wußte, daß sie etwas zu bedeuten hatte, einfach deswegen, weil sie gehalten wurde. Hätte Stalin erklärt, daß die Wolga ins Kaspische Meer fließt, dann, so Batkin, „wären alle von der schlichten Präzision dieser Wahrheit betroffen gewesen". Der Stalinismus war eine Gesamtatmosphäre, er war die Luft, welche die Menschen atmeten. Sie wußten, was Stalin wollte, ehe er es noch sagte. Als beim Parteikongreß 1949 Stalin kein einziges Wort sprach, machte sein Schweigen auf die Zuhörer einen ebenso großen Eindruck wie irgendeine Rede, und Batkin schließt, daß „die Abwesenheit von Text ebensoviel Bedeutung besitzt wie ein Text".

Batkin setzt seine erbarmungslose Analyse fort, indem er hervorhebt, daß Stalins Anti-Logik nicht einfach von selbst entstand, sondern auf das Modell früherer Parteiführer (was nur heißen kann: Lenin) zurückgeht, welche schließlich dafür verantwortlich waren, daß die Bedeutung der Wörter zum Privatbesitz der Partei wurde. Nachdem die Partei einmal diese Eigentümerrolle übernommen hat, überrascht es nicht, daß sie für viele Menschen nun untrennbar mit dem Bankrott und der Verlogenheit aller offiziellen politischen Erklärungen verbunden ist. Ein beleidigtes Bewußtsein dieser fast fatalen Ideenassoziation, welche Parteipolitik mit elendigen Zuständen zusammenbringt, zeigt sich in dem nahezu zärtlichen Tonfall des Parteimanifests für die Wahlen zum Volksdeputiertenkongreß 1989. Ein faszinierendes Dokument – nicht nur wegen seiner Wortwahl, sondern wegen des Tons: Es spricht wie ein Schäfer zu seiner Herde, und man muß sich immer wieder daran erinnern, daß hier keine päpstliche Enzyklika vorliegt, sondern die Stimme des ZK der KPdSU zu hören ist. „Genossen Wähler, die ganze Idee der Perestroika ist aus der Sorge um das Individuum geboren. Im Mittelpunkt der gesamten sozio-ökonomischen Politik der KPdSU steht das Anliegen, das Wohlergehen des sowjetischen Volkes zu erhöhen und sein Leben zu verbessern.

Die Lebensbedürfnisse des Volkes sind der Partei nahe und begreiflich, und sie arbeitet unablässig daran, daß die sowjetische Bevölkerung in kommenden Jahren besser lebt."

Die Bewegung von der mörderischen Diskussion über die Brauchbarkeit von „Kadern" unter Stalin zur Fürsorglichkeit des Zentralkomitees den „Genossen Wählern" gegenüber und noch weiter zu den klaren Forderungen eines kühnen Regierungskritikers wie Andrej Sacharow läßt einen langsamen Prozeß der Sprachreinigung erkennen. In Sacharows Wahlmanifest wird die Sprache zum Vehikel einer genuinen politischen Debatte, was so neu ist, daß es schockierend wirkt. Er fordert persönliche Freiheiten, die Abschaffung des Inlandpasses, und seine Forderungen erscheinen einfach deshalb kühn, weil sie so natürlich klingen. „Jeder sollte seiner Arbeit entsprechend bezahlt werden. Alle Begrenzungen der Einkommenshöhe sind abzuschaffen. Die Höhe des Gehalts aller Beamter ist öffentlich zu machen. Alle öffentlichen Institutionen sollen eine jährliche Rechnungslegung veröffentlichen." Mißt man die Parteiprosa an der Klarheit von Sacharows Forderungen und der Knappheit, mit der sie Ausdruck finden, sieht man, welchen Weg die vorsichtige Fürsorglichkeit des Zentralkomitees noch vor sich hat.

Doch geht all dies dem Fabrikarbeiter, dem Monteur noch nicht weit genug, oder dem Stahlarbeiter, der in der Schlange vor dem Eisstand im Gorkipark neben mir stand und schlicht und einfach sagte, daß es keinen Sinn hätte, irgend etwas über „die" zu reden, denn „die" seien eben „tot im Kopf". Tatsächlich ist es die ungestüme Ablehnung von „denen", die Boris Jelzin so ungeheuer populär gemacht hat. Die Tatsache, daß er früher einer von „denen" war, spielt keine Rolle. Als er Moskauer Parteichef war, hat er „die Kacke zum Dampfen gebracht", wie mein Freund in der Eisstandschlange erklärte. „Er ist in den Schlangen gestanden und hat sich über die Warenknappheit beschwert und den hohen Tieren gesagt, sie sollen zum Teufel gehen." Und als „die" ihn dann rauswarfen, wurde Jelzin unglaublich beliebt. Grob, zäh, vulgär und vor allem wütend war er die Art von Mann, mit dem man zu einem Hockeymatch geht; von einem von „denen“ wurde er einer von „uns“. Er war der Held des Volkes, und so ist es nicht weiter erstaunlich, daß die, welche behaupten, im Namen des Volkes zu sprechen, ihn hassen und fürchten lernten. „Sie haben ihm das größte Kompliment gemacht“, sagte der Mann in der Schlange vor dem Eisstand. „Sie haben angefangen, das Gerücht zu verbreiten, er sei ein halber Jude!“

Wie also soll man lesen, was geschieht? Wen soll man lesen? Berichte in den Zeitungen diskutieren Ereignisse, die erst noch eintreten müssen: Demokratie, Freiheit, Wahlmöglichkeiten für den Konsumenten, volle Regale und die Herrschaft des Gesetzes. Die Perestroika wird immer noch in der Zukunft konjugiert, aber Glasnost bedeutet, daß wir darüber reden können — jetzt.

In Moskau werden die Leute plötzlich still, wenn Besucher aus dem Westen meinen, es gehe doch voran, oder man sieht in ihren Augen Belustigung und ein wenig — was? Mitleid vielleicht? und dazu eine Spur Verlegenheit. Lachende Verwirrung bei Freunden und Fremden ist peinlich genug, doch der schmerzliche, ja zornige Blick ist es, der einem in die Glieder fährt. Man lernt es, keinen Anstoß zu erregen, wie man einmal gelernt hat, in guter Gesellschaft keine zweideutigen Bemerkungen zu machen. Seit einiger Zeit ist es schwieriger und schwieriger geworden, jemand zu finden, der bereit wäre, das bestehende System zu verteidigen. Was nicht so allgemein bekannt ist, ist vielleicht die Tatsache, daß es beinahe ebenso schwierig ist, Leute zu finden, die auf die Anzeichen einer neuen politischen Ordnung mit Enthusiasmus reagieren, von denen abgesehen, die dafür verantwortlich sind, daß die neuen Ideen sich möglichst gut verkaufen. Selbst diejenigen, die wirklich davon profitieren — Intellektuelle, Technokraten, Leser — zeigen keine Begeisterung.

Doch sind die vorteilhaften Veränderungen an gewissen Punkten deutlich sichtbar. Die politischen Kontrollen erschlaffen, und immer mehr Menschen gehören zur, sagen wir, verdienenden Klasse, die sich mit den materiellen Zeichen des Erfolges behängt und umgibt: dem japanischen Videorecorder, dem in seiner Halterung an der Wand zirpenden taiwanesischen Telephon, mit Talismanen und Totems – den verwischten Photokopien über die westlichen Satellitenprogramme von letzter Woche, den holländischen Kacheln in der Küche, dem Servierwagen, beladen mit Araratweinbrand, Dubonnet und Gin. Eine recht rührende Angewohnheit verstohlener Ostentation ist das Aufstellen von besonders interessanten Büchern in den Regalen mit der vorderen Umschlagseite zum Betrachter. Diese Präsentation gilt auch für Schallplatten, ausländische Zeitungen, selbst leere Weinflaschen. Die stehen stolz in den verglasten oder offenen Schrankkabinetten, die in den Wohnungen aufstrebender Leute sehr wichtig sind, ein Möbelstück, das die Russen eine „Wand" nennen. Es ist leichter geworden, ins Ausland zu reisen und sich die notwendigen Devisen dafür zu verschaffen, das höchste aller Privilegien. Doch mildern die materiellen Vorteile nicht die Schärfe der Kritik an den Unzulänglichkeiten des sowjetischen Systems, wenn sie auch zweifellos das Leben der Politiker, Schriftsteller, Filmemacher und Journalisten versüßen, die in ihren Genuß kommen; tatsächlich lassen sie die Kritik oft schärfer werden. Der junge Rocksänger, der Sonntag nachmittags vor der öffentlichen Sauna sein englisches Lenkradschloß am kostbaren Moskwitsch anbringt und dann sorgfältig die Scheibenwischerblätter entfernt – geliebt von den Dieben und mit Gold aufgewogen –, um sie in seine Nike-Sporttasche zu stecken, wird von Versprechen politischer Reform kaum beeindruckt sein. Er ist sich schmerzlich dessen bewußt, wie weit die Sowjetunion bei der Produktion solcher moderner Köstlichkeiten hinter anderen Ländern zurückliegt. Und seine Fähigkeit, einen solchen Vergleich anzustellen – vielleicht war er sogar im Westen und hat den Unterschied gesehen –, unterscheidet ihn von der Mehrheit der Moskowiter.

Auf der Suche nach einem Begriff zur Bezeichnung dieser

Leute erwog mein Freund Valentin, der Linguist, kurz „Kleinbürgertum“, um ihn gleich wieder zu verwerfen. „Eigentlich könnte man sie die ‚Kleinintelligenz‘ nennen.“ Valentin war ein Englischspezialist, er sprach Englisch mit eleganter Autorität und idiomatischer Genauigkeit, und er setzte die melancholische russische Begabung voll ein, nicht zu beantwortende Fragen im Ton schmerzlicher Verwunderung zu stellen.

„Finden Sie es nicht interessant“, bemerkte er, „daß wir in Moskau so viele linguistische Experten haben, die in den Sprachen von Ländern zuhause sind, die sie nie gesehen haben und nie zu sehen hoffen dürfen, weil man es ihnen nicht erlauben wird?“

Offene Klagen hört man selten unter den Moskowitern. Statt dessen haben Feststellungen und Fragen eine winterliche Scharfkantigkeit, und Valentin genoß die Fähigkeit zu selbstverletzendem Humor, eine traurige Zuneigung zum Absurden. Man lachte, während man zu Eis erstarrte. Seine Fragen waren so, daß ich keine Antwort wußte. Wenn ich Fragen stellte und eine Antwort erwartete, dann lachte er. Eine eindringliche pädagogische Erfahrung. Poetisch, pessimistisch, voll wilder Nostalgie nach dem „wahren“ Rußland, war er ein treues, aber entschieden illusionsloses Parteimitglied; er hielt die Partei für das größte Reformhindernis in der Sowjetunion heutzutage.

„Man stimmt ab. Ich hebe die Hand. Der Antrag geht durch.“

Was, frage ich, sollte ich lesen? Wen sollte ich lesen?

„Lesen Sie unsere Gedanken“, sagte er. „Nein – das gibt Ihnen nichts. Lesen Sie die Stadt, die Gesichter; lesen Sie die Metro.“

Die Moskauer Metrostationen, vom Marxprospekt zur Majakowskaja, sind eine lange Flucht von Volkspalästen, erbaut in etwa demselben Geiste wie die viktorianischen Bahnhöfe, als Tempel des Fortschritts, die den Einheimischen schmeicheln und die Besucher überwältigen sollen. Die ersten Katakomben aus Marmor, Porphyr, Bronze, Mosaiken und Stahl wurden in den dreißiger Jahren von Stalins Gefolgsmann Lazar Kaganowitsch ausgehoben; 70 000 Männer und Frauen arbeiteten rund um die Uhr. Aufseher Bulganin und Kolonnenführer Chruschtschow zogen das Projekt unter entsetzlichen Kosten an Menschenleben wie auch um den Preis weitgreifender Zerstörung alter Bausubstanzen der Stadt durch, um den Termin im Mai 1935 halten zu können, da die erste Strecke von Stalin eröffnet werden sollte. Doch sind die Moskauer Metrolinien sauber und schnell und imposant, wenn man die Gespenster vergißt, und für fünf Kopeken kann man fahren, soweit man will. Die Menge ergießt sich die hölzernen Rolltreppen hinunter, in Eile, doch ohne Hast, rasch, doch nicht eifrig, lebhaft und doch auch eigenartig gedämpfter Stimmung – ein unablässiges Hinabströmen der ordentlich sich reihenden Tausende, das zeigen soll, wie der sowjetische Staat die Massen in Bewegung hält. Gleichzeitig üppig und trostlos liegen die Stationen da; kein Schmutz, keine Farben, keine Gefahr, keine Trübsal. Keine Graffiti, kein Krach und – möchte ich beinahe hinzufügen – kein Leben. Als ich zusah, wie die schweigenden, reglosen Massen hinabfuhren, dachte ich an T. S. Eliots Beschreibung der Menge, die über die London Bridge drängt: „Ich hätte nicht gedacht, daß der Tod so viele übermannt hatte."

Das war, ehe ich gelernt hatte, genauer, sorgsamer hinzusehen, ehe ich wahrnahm, wie die Bettler eine segnende Geste machten, wenn sie ein Almosen erhielten – und viele Menschen geben etwas, neigen sich fast verstohlen nieder, um ein paar Münzen in eine ausgestreckte Hand fallen zu lassen, richten sich rasch wieder auf und bekreuzigen sich. Und die Blumenverkäufer mit den unvermeidlichen roten Nelken. Und die Zigeuner, vor denen sich in acht zu nehmen einem eingeschärft worden ist: Auf die Brieftasche aufpassen! „Darf ich fragen –?" fragen die Zigeuner immer und immer wieder und erhalten meist einen ablehnenden Bescheid; Frauen umklammern ihre Handtasche und Männer gestikulieren ärgerlich.

Es war auf paradoxe Weise ein Lebenszeichen, etwas, das der

scheinbaren Uniformität des Ganzen zuwiderlief, einer der bedeutsamen Makel oder Flecken auf der scheinbar glatten, ausdruckslosen Oberfläche des Moskauer Lebens.

Nehmen wir zum Beispiel den jungen Mann, der ungehorsam war. Manchmal stellten sie in Moskau eine Rolltreppe ab, um Strom zu sparen; dann war es verboten, sie zu benützen. Die bewegungslose Rolltreppe herunter kam ein etwa Zwanzigjähriger. Die Aufsichtsdame unten an der Treppe erhob sich ungläubig von ihrem Stuhl und begann, auf ihn einzuschreien. Warum nahm er nicht wie alle anderen die Rolltreppe, die in Betrieb war? Mehrere Hundert gehorsame Pendler, die mit der korrekten Rolltreppe hinunterfuhren, schauten vom Übeltäter zur Anklägerin, hin und her wie Zuschauer bei einem Tennismatch, spiegelten in ihren Gesichtern die Überraschung der Frau, nicht aber ihre Wut, beobachteten mit vorsichtiger Erwartung, wie der junge Mann nach unten sprang. Die Drohungen der Aufseherin wurden schriller und wilder. Der junge Mann war nun zu weit vorgedrungen, um noch umzukehren. Er bewegte sich vorwärts, machte sich nicht die Mühe, zu lächeln oder auch nur eine entschuldigende Miene aufzusetzen, ließ nicht einmal erkennen, daß er ihr Geschrei bemerkte. Würde sie irgendein Druckmittel einsetzen, um ihn zur Umkehr zu bewegen, eine spezielle Autorität herbeirufen, um diesen flagranten Verstoß gegen die Regel zu bestrafen? Wir warteten, sie schrie, es geschah nichts weiter. Und wir alle sahen nichts geschehen, und wir wußten, als wir uns gemächlich die orthodoxe Rolltreppe hinunterbewegten, daß der junge Mann, der den Weg eingeschlagen hat, den man nicht einschlagen darf, gezeigt hatte, was nach ihm andere tun könnten. Er verschwand in der sich drängenden Menge der U-Bahnstation. Die Aufsicht starrte ihm böse nach, dann setzte sie sich wieder auf den Stuhl und nahm ihre reglose Wacht am Fuß der Treppen auf. Alle Zuschauer begriffen. In dieser wundersam organisierten, in allen Einzelheiten überwachten, zurückhaltenden und servilen Gesellschaft hatte sich etwas geregt.

Wenn man Moskau besucht, bekommt man viel über die prächtigen Metrostationen zu hören, die niedrigen Preise, die Pünktlichkeit der Züge, 125 Meilen Streckennetz und ständige Erweiterungen. Weniger üblich ist es, daß man etwas über die Verheerungen erfährt, die beim Bau der Metro entstanden. Der Schmerz, den das Wissen um vergangene Zerstörung hervorrufen kann, ist in den Augen eines alten Archäologen deutlich zu sehen, wenn er von dem Moskau spricht, an das er sich erinnert. In seinen Augen und um sie herum liegt ein tiefer Schatten, fast wie ein Mal von Schlägen, als hätte man ihnen innerlich Gewalt angetan; er verzieht schmerzerfüllt das Gesicht, wenn er die Gespenster von Palästen, Kirchen und Häusern beschwört, die fortgefegt worden sind.

„Aber wir haben eine schöne Metro. Sie waren da? Ich benutze sie selber nie. Ja, verzeihen Sie, aber mir wird körperlich schlecht, Sie verstehen, wenn ich in die Metro hinuntergehe."

Mir schienen die Fortschrittstempel, die U-Bahnstationen mit ihrem Marmor und ihrer Bronze, erschreckend in ihrer aggressiven Architektur, doch war es mir nie in den Sinn gekommen, daß sie körperlich ekelerregend sein könnten.

„Sie sind es aber, für mich. Wissen Sie, daß es während des Baus der Metro einen Engpaß bei den Backsteinen gegeben hat und deshalb viele von den alten russischen Dörfern rings um Moskau abgerissen worden sind, damit man mit ihren Steinen die Stationen bauen konnte?"

Der alte Archäologe verfolgt die Wurzeln der Zerstörung in die Revolutionszeit zurück, wo loyalistische Truppen, welche die Kerenski-Regierung stützten, sich im Kreml verschanzt hatten, und der Kommandant der roten Artillerie mit dem Bombardement ihrer Positionen begann, da er wußte, Lenin hatte zum Zwecke der Revolution die Zerstörung alter Monumente erlaubt. Anerkennenswerterweise setzte Lenin diesen Befehl kurz nach dem Sieg der Bolschewiki außer Kraft, aber das Modell war gegeben, und nach seinem Tod begann die Zerstörung der historischen Denkmäler, Kirchen und anderer Gebäude in großem Maßstab.

„Aber es geht nicht nur um das, was wir abgerissen haben, es geht um die Dinge, die wir dort gebaut haben! Sind Sie unseren Gartenring entlanggefahren?"

Der Gartenring ist eine Straße, die rund um Moskau führt, und ich wußte, was er meinte: Bemerkenswert ist das Fehlen der Gärten, der beinahe tödliche Mangel an jeglichem Grün. Silberne Birken wachsen hie und da zwischen den Häuserblocks, aber Blumen werden in Moskau aus Georgien eingeflogen, und Gärten sind unbekannt.

„Lassen Sie mich Ihnen die Geschichte von der Erlöserkirche erzählen. Es ist eine berühmte Moskauer Geschichte, jedermann kennt sie. Ihnen als Ausländer wird sie vielleicht auch Vergnügen machen. Die Kirche Christi des Erlösers war die größte in Moskau. Sie wurde aus Spenden der Bevölkerung erbaut, um des Sieges über Napoleon zu gedenken, und hatte eine Bauzeit von über vierzig Jahren. 1880 wurde sie fertiggestellt. Eines Tages beschloß Stalin, sie abzureißen. Die Kolonnen traten an. Aber die Kirche sträubte sich. Tausende und Abertausende von Menschen hatten sie gebaut, und gut gebaut. Die Mauern widerstanden den Abbruchtrupps, sie wollten nicht einstürzen.

Also übertrug man diese Aufgabe der Tscheka, der Geheimpolizei, Vorgängerin des KGB. Strikter Befehl vom Chef: Weg damit. Die Tscheka zog einen Zaun um das ganze Gelände und legte Dynamitladungen. Die Explosion riß noch Meilen entfernt Fensterscheiben heraus, und die Mauern stürzten endlich ein."

Der alte Archäologe schenkte mir eines seiner wütenden, bitteren Lächeln. Ich hatte Pläne des Gebäudes gesehen, das Stalin an Stelle der Kirche errichten wollte: ein riesiger Rätepalast im grotesken Zuckerbäckerstil des stalinistischen Barock, und seine vielen Tortenschichten sollten dreihundert Meter aufragen, gekrönt von einer hundert Meter hohen Riesenstatue Lenins. Gerüchtweise heißt es, daß seine Augen einen roten Scheinwerferstrahl aussenden sollten, sichtbar auf Kilometer, wie ein ideologisches Leuchtfeuer. Aber diese Ziggurat wurde nie errichtet, der Boden war zu sumpfig, und statt dessen baute Stalin ein großes Freibad. In kalten Nächten steigt der Dampf aus seinem geheizten Wasser auf, und im Sommer kann man die Rufe der Badenden in der nahegelegenen Metrostation Kropotkinplatz hören.

„Was wir heute statt einer Kirche haben“, sagte der alte Archäologe, „ist ein riesiges Taufbecken, wo ganz Moskau sich badet, aber seine Sünden nicht abwaschen kann.“

Es liegt ein besonderer Reiz in der Erforschung alter Steine und der Rekonstruktion ihrer Geschichte. Steine, sagt der alte Mann, erzählen Geschichten, und manchmal nehmen sie Rache.

„Nachdem die Zerstörung der Erlöserkirche einmal durchgeführt war, wurden die Backsteine, aus der sie errichtet war, Eigentum des KGB, und manche davon wurden von ihren Eigentümern dazu verwendet, Häuser zu bauen. Ich habe mein Haus von einem KGB-Mann, der es 1931 gebaut hat, mit Backsteinen aus der Kirche. Es ist ein seltsames Gefühl, denn als Kind habe ich auf den Stufen der Erlöserkirche gespielt. Ich erinnere mich noch an die Bettler, den Priester und die Wappen. Jetzt wohne ich in einem Haus, dessen Fundament mit den Steinen der Kirche gebaut ist.

Die Leidenschaft für die Zerstörung ist seit einem Jahrzehnt oder länger vorbei, und heute bemüht man sich, zu erhalten, was noch existiert. Auch das bringt Probleme mit sich. Wir retten die alten Gebäude und renovieren sie. Dann weiß niemand, was man mit ihnen anfangen soll! Und dann gibt es ein paar nationalistische Organisationen, Faschisten, Antisemiten, die empören sich über die Rettung einer Kirche, wenn dann ein Büro oder ein Galerie daraus wird. Sie geben nicht den Stadtzerstörern die Schuld, sondern den Opfern. Sie suchen Sündenböcke. Sie halten laute Versammlungen ab, wo sie alle und jeden außer sich selber für die Veränderungen in der Stadt verantwortlich machen. Insbesondere die Zionisten.“

Ich meinte, daß wohl niemand seine eigene Hauptstadt stärker zerstört hätte als Stalin, außer vielleicht Nero. Der alte Archäologe sah mich einen Augenblick lang stetig an und sagte ruhig: „Ach, bitte, ich muß Sie ersuchen, unsere Leistungen nicht zu unterschätzen.“

Und wie stand es mit Ansichten der Stadt, klassischen Sehenswürdigkeiten, Touristenzielen? Könnte ich aus denen etwas lesen? Valentin bezweifelte es. „Es gibt keine Sehenswürdigkeiten, und gäbe es welche, würde die Luftverschmutzung von den Autos und den Fabriken sie zudecken.“ Ich ignorierte seine Proteste und kaufte mir ein Ticket für eine Intouristfahrt zu den Sehenswürdigkeiten der Stadt; ich fand ein Taxi, das mich zum Treffpunkt der Führung brachte, die um zehn Uhr begann. Es war mitten im Winter; in Fußhöhe fegte ein Wind direkt aus Sibirien die Schneeflocken zu schmutzigweißen Dünen. Ich suchte mir meinen Taxifahrer aus dem dichtgedrängten Pulk verstohlen herumstehender Männer heraus, die wie Karrengäule vor den großen Hotels stampfen und schnauben. Es sind selbständige kleine Geschäftemacher – wenn sie kein Taxi fahren, sind es vielleicht Falschspieler, Schwarzhändler, Dealer oder Zuhälter oder alles zusammen, und sie nutzen die Tatsache aus, daß sich die Fahrer der offiziellen gelben Taxis oft weigern, jemand zu irgendeinem Preis irgendwohin zu fahren. Ihre Taxis sind gewöhnlich zerbeulte Blechschachteln mit einem sorgfältig in einer dunklen Ecke unter den Armaturen verborgenen Taxameter.

Gennadij war jung und blickte wild drein. Obwohl die Temperatur deutlich unter dem Gefrierpunkt lag, trug er nur eine leichte Jacke, keinen Schal und keine Mütze. Die Abwesenheit einer Kopfbedeckung hätte mich stutzig machen sollen – halten Sie sich immer den Kopf gut warm im Moskauer Winter, hatten mich Freunde gewarnt –, aber Gennadij und sein Kopf waren, wie sich herausstellen sollte, schon lange verschiedene Wege gegangen. Sein Wagen war alt, grau und eiskalt. Sedimente von schmutzigem Schnee von den Stiefeln früherer Passagiere waren auf dem blanken Metallboden festgefroren. Der schüchterne kleine Taxameter unter dem Armaturenbrett zeigte zwanzig Rubel an. Ich wies Gennadij darauf hin. Er hieb mehrere Male mit der Faust darauf, aber der Taxameter blieb ungerührt bei zwanzig Rubel stehen. Gennadij zuckte die Schultern. „No problem“, sagte er. Ich stellte später fest, daß dies die einzigen

Wörter Englisch waren, die er beherrschte. Er schien auch nur sehr wenig Russisch zu sprechen. Als wir auf arg abgefahrenen Reifen in den Straßenverkehr schlitterten, fragte ich mich, ob Gennadij wohl ein richtiger Taxifahrer war. Vielleicht war er nicht einmal ein richtiger *angeblicher* Taxifahrer. Vielleicht war er einfach ein Verrückter, der mich kommen sah und sich eins von den am Straßenrand geparkten Taxis geschnappt hatte. Ich kritzelte unser Fahrtziel auf ein Stück Papier; er streckte den Daumen in die Höhe. „No problem!"

Ich hätte auch mit der Metro fahren können. Vielleicht hätte ich wirklich mit der Metro fahren sollen. Man hatte mir beim Kauf des Tickets versichert, daß der Sammelpunkt für die Tour nur „fünf Minuten entfernt" war. Aber diese Art Versicherung ist in Moskau, wo alles länger dauert, als man denkt, eine eindeutige Warnung, und deshalb gab ich Gennadij den Vorzug, mit einer guten Stunde Zeit. Katharina die Große war eine von denen, die Besucher vor Verkehrsproblemen warnte. Es könne einen ganzen Tag dauern, klagte sie in ihren Memoiren, die Stadt zu durchqueren, und sie fügte hinzu, daß es beinahe unmöglich sei, in Moskau irgend etwas zustandezubringen – die Stadt war, bemerkte sie, der „Sitz der Faulheit", alles war verschlampt, die Launen der Bevölkerung grausam und die Versuchung, ein tyrannisches Regiment zu errichten, größer als irgendwo sonst auf der Welt. Während ich mich, auf wenig verläßlichen Sprungfedern sitzend, zurücklehnte, dachte ich, sie hätte vielleicht Mitgefühl empfunden. Wir schoben uns langsam, langsam im dichten Verkehr auf dem Kalininprospekt vorwärts, zum Kreml hinüber. Eine Taube ließ sich auf dem Kühler nieder. Ihr Erscheinen schien Gennadij zu entzücken, denn er begann, rasch mit seinen Ellbogen zu rudern, als schlüge er mit Flügelstummeln. Die Taube flog weg. Dies schien ein unheilvolles Omen. Die Taube war für die Russen ein heiliges Geschöpf gewesen, verehrt wegen der Taubensymbolik des Heiligen Geistes. Ich dachte einen Moment lang, mir sei ein rascher Blick unter die Oberfläche der Dinge zuteilgeworden, zurück in jene andere, ältere Welt, welche die gegenwärtige Brutalität des Moskauer Lebens und so vieles an der russischen Gegenwart zu verbergen sucht — zurück in die Landschaft der traditionellen moskowitischen Leidenschaften, welche die Reisenden früherer Zeiten so beklagten: schnelle Fahrten, Schlitten, Zwerge, Gaukler, Prügelstrafen, Bären, öffentliche Hinrichtungen, Trunk, Kirchen und Schachspiel. In meinem romantischen Enthusiasmus interpretierte ich Gennadij als das bekannte, eigentümliche russische Phänomen: den heiligen Narren. Aber nur einen Moment lang.

Die Windschutzscheibe war überfroren. Gennadij begann, sie mit einem alten Stück Zeitung zu reiben. Es gelang ihm, einen kreisrunden Fleck, etwa so groß wie ein Tennisball, freizulegen, und er fuhr mit der Nase dicht an der schmutzigen Glasscheibe. Ich war froh, daß ich nichts von der Straße vor uns sehen konnte. Statt dessen sah ich durch das Seitenfenster den alten Männern zu, die auf den Gehsteigen das Eis weghackten. Andere Arbeiter schaufelten den Schnee an den Straßenrand. Ein Schneepflug schlich am Gehsteigrand entlang und sammelte den Schnee. Ein anderer Trupp Arbeiter streute Sand auf die freigefegten Gehwege. Ein Mann zog ein Wägelchen auf mageren Rädern, einem Kinderwagen ähnlich, das mit dunkelbraunem Sand beladen war, während sein Begleiter mit einem langen Spaten nebenherging, tief in den Sandhaufen stach und den Sand in einer schönen Kurve mit dem anmutigen Rhythmus eines Sämanns ausstreute; jede Kurve war in regelmäßigem Abstand geschleudert, so daß der Gehsteig zu einer langen Raupe mit dunklen Streifen wurde, die sich zwischen Schneehügeln wand. Es war wie eine Form von Gehsteig-Kleinkunst, ein kunstreiches Handwerk der neuen Stadtbauern.

Ich wußte, daß Gennadij sich verfahren hatte, als er anhielt, um einen Polizisten zu fragen. Drei Reihen Automobile überschritten in beiden Richtungen auf dem Kalininprospekt die zulässige Geschwindigkeit, und der Polizist in grauem Mantel und Pelzmütze regelte den lethalen Verkehr mit seinem langen weißen Stab und seinen hellen, durchdringenden Silberpfiffen. Es sind große, breite Männer, die Moskauer Milizionäre, und im

Winter sind sie so gut eingepackt, daß sie weniger zu gehen als bärenhaft einherzustapfen scheinen. Sie beherrschen die Straßenecken von Ausgucken über den Köpfen der Fußgänger, oder sie schreiten den weißen Strich mitten auf der Straße entlang und geben allen, die in die Nähe kommen, bellende Befehle, wirbeln ihre Stäbe an den Lederriemen herum und sehen wie riesige, gereizte Tambourmajoretten aus. Berühmt für ihre Dummheit, doch bewundert für ihren Mannesmut, der sie zu Helden manch einer romantischen Geschichte macht, Gegenstand des Respekts und des Spotts, macht sie ihre bloße Größe und Substantialität, verbunden mit einer Art pelzbesetztem Hochmut, zu beeindruckenden und entrückten Gestalten. Ihr Auftreten und die Art und Weise, wie sie sich manchmal zurücklehnen, um Verschiebungen des Schwerpunktes in den Tiefen all der Kleidungsschichten auszugleichen, ihr winterlicher Umriß, wohlverpackt, wohlgenährt, überaus überlegen — all das bedeutet, daß dies keine Figuren sind, denen man sich einfach so nähern könnte. Doch Gennadij tat es, ein Bettler, der sich etwas vom König erbittet, ein chaplinesker Tramp in abgewetzten grauen Hosen und dünnem Jumper, der grinsend durch den vorbeirasenden Verkehr hüpfte. (Die Moskowiter haben eine alte Neigung zum Geschwindigkeitsrausch, im Schlitten, in der Troika, im Auto — der Reiz liegt darin, so schnell und so gefahrvoll wie möglich zum Ziel zu gelangen.) Entsetzt über diesen Verstoß, versuchte der Polizist ihn zurückzuwinken. Gennadij erwiderte den Gruß und kämpfte sich weiter durch den Verkehr. Er erreichte die Straßenmitte. Der Polizist fluchte. Gennadij betrachtete die fallenden Schneeflocken. Als die Tirade vorüber war, faltete Gennadij die Hände und fragte nach dem Weg, und der weiße Stab stach in einer unverkennbar verächtlichen Geste in die Luft. Einige Augenblicke später quietschten unsere Reifen gefährlich auf der vereisten Straße, und wir fuhren wieder dahin, wo wir hergekommen waren.

Die Zeit wurde knapp. Ich lehnte mich zu ihm hinüber und pochte auf meine Armbanduhr. Gennadij grinste und pochte auf die Benzinuhr, die einen leeren Tank anzeigte. Laß dich mit einem Moskowiter ein, und du triffst auf einen Schachspieler. Wir hielten in einem schlammigen Hof, der aussah wie eine Kreuzung aus Verkehrsstau und Marktplatz, voller Laster, Lieferwagen, offizieller Limousinen und sogar einem Krankenwagen, mit dem einer seine Freundin spazierenfuhr. Der Schnee fiel mit zartem Zögern, in winzigen Flöckchen, wie Salzkörner groß. Eine schwere Wolke von Benzin und Diesel hing über uns, da die Motoren weiterliefen, um die in der Kälte wartenden Fahrer zu wärmen. Wir bewiesen alle eine afrikanische Geduld. Der zuständige Tankwart verbarg sich in einem kleinen Schuppen — ein scheues Geschöpf, nur ein blasses Mondgesicht hinter der Glasscheibe und schläfrige dunkle Augen. Er blieb außer Sicht, wie ein Klausner oder jemand auf der Flucht. Aber er war freundlich genug, wenn man sich näherte, wenn er auch sein Gesicht von mir abwandte, während wir uns unterhielten, und mir ein Ohr hinhielt, ein wenig wie ein Priester im Beichtstuhl.

Das Benzin war sehr billig, nur vierzig Kopeken der Liter — vor einigen Jahren war es noch billiger gewesen, hatte soviel wie eine Flasche Mineralwasser gekostet. Man bekam das Benzin gegen Coupons — offizielle Fahrer erhielten jedes Vierteljahr eine Couponzuteilung, mit der sie auszukommen hatten. Am Ende des Jahres mußten sie sie rasch loswerden, weil die Coupons des neuen Jahres an ihre Stelle traten und die alten wertlos machten. Natürlich konnte man wie mit allem anderen auch mit den Coupons Handel treiben — die Besitzer von Privatautos, die Unbequemlichkeiten, Würdelosigkeiten und die ständige Aufmerksamkeit der Miliz zu erdulden hatten, übernahmen stets gern jeden Überschuß. Es wurde geflüstert, daß es sehr gut sein könne, daß der Benzinpreis wieder in die Höhe ginge, aber mein Informant sagte fromm: „Man versucht, den Gerüchten keinen Glauben zu schenken. Jeder weiß, daß Preiserhöhungen kommen müssen. Aber offiziell gesteht es niemand ein. Es geht das Gerücht, daß Breschnew die Gewohnheit hatte, jede Politbürositzung mit dem Satz zu eröffnen: ‚Meine Herren, Preisreformen wird es keine geben.‘ Ich glaube es."

„Also glauben Sie an Gerüchte?"
„An irgend etwas muß ich glauben."
Ich erkannte, wo wir waren, als wir wieder irregefahren waren: im Kaufmannsviertel hinter der Basiliuskathedrale. Aus meiner Lektüre erkannte ich das Haus des Kaufmanns Dolgow wieder, einen Bau im korinthischen Stil, entworfen von Baschenow, der im achtzehnten Jahrhundert sehr en vogue gewesen war. Aufs äußerste frustriert, weil Katharina die Große jede der von ihm vorgelegten Ideen ablehnte, trug sich Baschenow mit Selbstmordplänen. Ich wußte, wie ihm zumute gewesen sein mußte. Wir kamen als nächstes zur Nikolauskirche, einem Würfelzuckergebäude des siebzehnten Jahrhunderts, errichtet von einem Musketierregiment unter Oberst Pyschow, das Peter der Große bis auf den letzten Mann auf dem Roten Platz hinrichtete, nach einer fehlgeschlagenen Palastrevolte. Dann hielten wir, nach einer schlitternden Hundertachtzig-Grad-Kurve, vor dem großen Haus, das einst dem reichen Handelsherrn Igumnow gehört hatte. Der Architekt Posdejew hatte es entworfen, aber Igumnow verabscheute es und weigerte sich zu zahlen. Posdejew rächte sich auf eine Weise, die einem refüsierten Architekten hervorragend ansteht, und erhängte sich im Hause selbst. Ich nehme nicht an, daß Gennadij das wußte. Nach seinem Tode wurde Lenins Gehirn zur Untersuchung in dieses Haus gebracht. Nach dem Krieg wurde es zur Residenz des französischen Botschafters. Ich bezweifle auch, daß Gennadij *dies* wußte, denn er sprang aus dem Wagen und lief auf die Polizisten zu, die das Tor bewachten. Der Anblick eines wildäugigen Mannes ohne Hut und Mantel, der auf das Haus des französischen Botschafters zurannte, versetzte die Wachen in Aufregung, und es fand eine kurze, in scharfem Ton geführte Unterhaltung statt. Als Gennadij wieder einstieg, blutete seine Nase. Das schien zu helfen. Wir fanden nun unseren Weg, Gennadijs Nase klebte an dem kleinen Guckloch, er rief die Straßennamen aus, während wir dahinfuhren. Einmal führten wir ein rasches Wendemanöver aus, das wahrscheinlich das ganze Leben des schnell hinter uns daherkommenden Busfahrers verän-

derte, aber wir kamen an der Adresse auf meinem Stück Papier an, und es war noch ein paar Minuten Zeit.

Es war eine kurze, gesichtslose, schmutzige Straße. Zwei große leere Intourist-Busse standen am Straßenrand; die Motoren liefen, die Fahrer dösten über dem Lenkrad. Gennadij hob einen Daumen in die Höhe und klopfte auf den Taxameter. Er zeigte vierzig Rubel, ein kleines Vermögen.

„Aber da sind die zwanzig Rubel dabei, die schon bei der Abfahrt angezeigt waren. Wir sind durch halb Moskau gefahren, und das hier kann nicht weiter als zehn Minuten von meinem Hotel sein! Ich zahle nicht."

Gennadij deutete auf meinen Zettel und auf den Straßennamen und auf einen der Intourist-Busse, der sich plötzlich, breit und hippopotamisch, in Bewegung gesetzt hatte; dann deutete er auf seine Uhr: Es war zehn. Er hatte mich, und er wußte es.

Ich bezahlte. „Sie sind ein unfähiges Schwein, und ich sollte Sie umbringen."

„No problem", strahlte Gennadij.

Wenn ich nicht selbst dortgewesen wäre, würde ich es nicht für möglich gehalten haben. Ich war selbst dort und glaube es immer noch nicht. Ach, Moskau, Moskau! Die ruhige, ziemlich schäbige kleine Straße und der letzte verbleibende Bus, dessen Fahrer mir (ohne die Augen zu öffnen) mitteilte, daß er nichts von einer Stadtrundfahrt wisse. Nichts. Ich fing an, die Treppen der ganzen Häuser hinauf und hinunter zu rennen. Auf jedem Stockwerk eine Aufsichtsdame, von jeder Aufsichtsdame ein neuer Rat: Versuchen Sie's droben, versuchen Sie's unten, nebenan. Von Torbögen unterhöhlt, durch die einst Kutschen gefahren waren, enthielten diese Häuser Labyrinthe von Büros — manche gingen auf die Straße, andere schauten auf einen sandigen, vom Schnee freigefegten Hinterhof. Es war jetzt nach zehn, zu spät für meine Rundfahrt, aber irgendeine Verrücktheit, eine Perversion des Denkens ließ mich weiter rennen. Die paar Blicke in das sogenannte Büroleben Moskaus waren instruktiv. Leute kamen in stetigem Zug an, aber sie bewegten sich langsam, als beträten sie nur widerwillig das Büro mit seinem grellen Neonlicht und den dünnen Trennwänden, dem Geruch nach Sägemehl und Plastik und ohne das Getriebe und Gesumme, das man in einem richtigen Büro zu finden erwartet. Ich hörte dem langen Schweigen der Menschen zu, die ankamen und Stiefel, Mäntel, Mützen und Handschuhe auszogen. Verzweifelt ging ich wieder auf die Straße und weckte den Fahrer, der in dem großen leeren Bus schlummerte. „Um die Ecke“, riet er, „die sagen Ihnen Bescheid.“ Und er schlief wieder ein.

Um die Ecke war die Gorkistraße. Die kannte ich zwar, aber da ich aus der Richtung kam, die Gennadij gewählt hatte, schien die ganze Stadt auf den Kopf gestellt. Ich entdeckte, daß ich im Hinterhof des enormen Intourist-Hotels umhergerannt war. Die Straße hinab sah man das riesige schwarze Reiterstandbild des Fürsten Dolgorukij, des Gründers von Moskau, in seinen Wintermantel aus dickem Schnee gehüllt. Plötzlich rückte die Welt wieder an ihren Ort. Das Intourist-Hotel beanspruchte eine gewisse Modernität für sich: einen Colaautomaten, einen kleinen Bezirk, wo unbeachtet einarmige Banditen glühen – von Wand zu Wand standen die Automaten und summten und blinzelten vor sich hin, als wäre dies ein heiliger Ritus, ein einsames Stammestreffen elektronischer Indianer. Das Intourist-Hotel verfügte sogar über eine spezielle Abteilung, die Rundfahrten durch Moskau anbot – ich war daheim!

Die Dame am Rundfahrtenschalter war kurz angebunden.

„Nein, nicht hier. Hier verkaufen wir nur die Karten. Sie müssen wieder aus dem Hotel hinausgehn. Hinter dem Hotel finden sie einen Hof. In dem Hof finden Sie Ihren Reiseführer.“

„Aber da ist kein Reiseführer!“

„Wenn eine Fahrt stattfindet, gibt es auch einen Führer.“ Und ihre Geste, die mich dorthin zurückwinkte, woher ich gekommen war, bedeutete mir, daß jede weitere Unterhaltung ausgeschlossen war.

Ich wußte, daß es hoffnungslos war, ich war schon dortgewesen, da war kein Führer. Und doch ging ich grimmig entschlossen wieder in den verschneiten Hof und erstieg alle Treppen in allen Gebäuden, die ich noch nicht besucht hatte. Ich bewegte mich wie ein Geist im staubigen Licht schäbiger Büros; ich hörte die rostigen Schwingtüren, die an altehrwürdigen Federn sitzen, beinahe menschliche Klagelaute ausstoßen, wenn wieder ein widerwilliger Büroangestellter eintrat. Es war der einzige annähernd menschliche Laut, den ich vernahm. Manche der Häuser stammten aus dem achtzehnten Jahrhundert, mit Steinböden, hohen Decken, dunklen Holztüren; die Anschlagtafeln zeigten jedes innerhalb des Gewerkschaftslebens nur irgendwie erdenkliche Ereignis an; die vielen Parolen leuchteten in den dämmrigen Räumen unerwartet hell auf, die mich an das staubdurchtanzte Licht der Wartesäle in kleineren viktorianischen Bahnhöfen erinnerten. Keiner der trostlosen Büroangestellten schenkte mir besondere Aufmerksamkeit. Ich hatte den Eindruck, daß ich mich an einen Schreibtisch setzen und mit einer Arbeit hätte beginnen können, und wochen-, vielleicht jahrelang hätte es niemand bemerkt.

Ich ging ins Intourist-Hotel zurück. Eine neue Dame hatte ihren Platz eingenommen, eine freundliche Frau, die sich meine Geschichte anhörte. Ihr Lächeln war breit und zutraulich. Sie klopfte mir sogar den Arm. „Ich habe eine sehr gute Neuigkeit für Sie. Glücklicherweise war Ihr Weg hierher nicht umsonst. Heute ist nämlich Dienstag! Und Dienstag machen wir keine Rundfahrten."

Noch einige Tage nach der Rundfahrt, die ich nicht angetreten hatte, war ich ziemlich unglücklich und trieb mich in anderen Transportsystemen herum, in der Metro, auf den großen Bahnhöfen, am Flugplatz. Valentin gefiel die Geschichte meiner Rundfahrt. „Das ist der erste Schritt, um zu lernen, daß Sie Moskau nie verstehen können", sagte er. „Wie Tjutschew geschrieben hat, muß man daran *glauben.*" Dann wies er mich darauf hin, daß die anderen Orte, die ich später aufgesucht hatte, alles Stationen des Aufbruchs waren. Vielleicht wünschte ich insgeheim, ich wäre gar nicht nach Moskau gekommen? Eine sehr verbreitete Empfindung, sagte er, viele Moskowiter teilten sie. Das war ein Zeichen, daß man sich zu Hause fühlte, dieser Wunsch, abzureisen, dieses verzweifelte Bedürfnis, anderswohin zu gehen. Möglicherweise deutete auf einer tieferen Ebene diese Faszination, die von Orten der Abreise ausging, auf eine düsterere Form der Depression hin, vielleicht auf den Reiz der Selbstzerstörung? Auch hier galt, wie er mir versicherte, daß suizidale Neigungen weitverbreitet waren.

„Wie Sie wissen, ist unser Telephonsystem sehr gut. Es kostet nur ein paar Kopeken, durch die ganze Stadt zu telephonieren. Keine zeitliche Begrenzung. Aber für einen bestimmten Teil der Bevölkerung sind die Anrufe ganz umsonst: die Menschen im letzten Stadium der Depression. Für sie gibt es einen kostenlosen Notruf. Meinen Sie, die Regierung will uns damit etwas sagen?"

Und ich las die Bahnhöfe — insbesondere jenes große Abfahrtsdreieck, das der Leningrader, der Jaroslawl- und der Kasaner Bahnhof bilden. Vor allem gefiel mir der Jaroslawl-Bahnhof, nicht zuletzt, weil er Valentin entsetzte.

„Was um alles in der Welt bringt Sie denn dorthin? Der Bahnhof ist ein Abbild der Hölle. Er ist kein akzeptabler Gesprächsgegenstand."

Menschen auf der Durchreise vergessen sich. Die Menschen auf diesen Bahnhöfen hatten keine Zeit, sich Gedanken zu machen, wie sie auf einen Betrachter wirken könnten. Sie hatten keine Erfahrung darin, betrachtet zu werden, und sie blieben lange genug an einem Punkt, daß der Beobachter, der Skizzierer, sich einen Eindruck bilden konnte. Sie blieben manchmal tagelang an derselben Stelle, in einer Art professionellem Koma, wie es die befällt, die mit einer längeren Verspätung rechnen.

Im modernen Leningrader Bahnhof scheinen die Leute immer anzukommen; die gewitzten Provinzler aus der ehemaligen Hauptstadt gehen rasch und alert durch das hallende Gebäude. Hier ist Lenin am 11. März 1918 angekommen, nachdem er die Regierung der Sowjetunion, des neuen revolutionären Staates, verliebt in die Zukunft und an die Geschichte gekettet, nach

Moskau zurückverlegt hatte. Während die neue revolutionäre Regierung den Kreml in Besitz nahm, die alte Festung der Zaren, erklärte Trotzki mit einer gewissen Erleichterung, daß die neuen Herrscher keine Rachegelüste hätten; es stecke, meinte er, nichts von Hamlet in ihnen. Die Zeit widerlegte ihn rasch. Eine große, ziemlich brutal aussehende Leninbüste auf einer hohen, düstergrauen Säule wacht über die Ankünfte der Gegenwart.

Über die Straße liegt der Jaroslawl-Bahnhof, wo die Züge der Transsibirischen Eisenbahn nach dem über neuntausend Kilometer entfernten Wladiwostok aufbrechen. Hier geschieht nicht viel, was die wartenden Reisenden ablenken könnte. Dann drehte eines Tages jemand einen Film. Ein junger Mann, behängt mit exklusiven Kameras, die an ihm so passend wirkten wie Colts an einem Trappistenmönch, zielte mit einer großen, teuren Sony auf einen anderen jungen Mann, der – wie ich vermutete – als junger Bauer vom Land ausstaffiert war. Mit seinem schwarzen Anzug, seinem offenen weißen Hemd und seinem alten Hut mußte er, eine große Reisetasche in der Hand, wieder und wieder auf die Kamera zugehen, während sich zu beiden Seiten die Flügel aus Helfern, Spezialisten, Technikern auffächerten, die Konstellation von Körpern, die Filmemacher brauchen. Fahrgäste, die auf den Zug nach Wladiwostok warteten, starrten mit unverhohlener Faszination auf diese Szene aus einem Tag im Leben der jungen Städter: die Jeans, die aggressive, quasi westliche Körpersprache, die Kameras, die endlose und scheinbar unnötige Wiederholung. Am nächsten Tag waren die Filmemacher verschwunden. Ein paar Reisende machten Neuankömmlingen vor, was sie versäumt hatten. Dann lehnte sich alles wieder in die Stühle zurück, und es war wieder Sonntag in Schnarchhausen.

Vor dem Kasaner Bahnhof gegenüber blasen sich die Gepäckträger in den properen blauen Uniformen in die Hände und stampfen mit den Füßen im Schnee, sich selbst genug, ein Klub, eine Gemeinschaft, ein Orden, gutgelaunte, große Männer, schwatzend und rauchend. Was sie anscheinend niemals tun, ist Gepäck tragen. Händler, Huren, Träger, Photographen, Babys, Männer mit tragbaren Lautsprechern, aus denen Werbesprüche für die Moskaufahrten in den alten Bussen dringen, welche am Straßenrand stehen und blauen Qualm rülpsen; Schließfächer, Fundstellen; Lebensmittel für die Reise; sechs Eier und ein halber Meter Wurst, in Zellophan zusammengepackt, geht weg wie warme Semmeln; warme Semmeln gibt es nicht, aber jede Menge Eis, wenn die Temperatur auch weit unter Null liegt; Soldaten, Matrosen, Betrüger, Zigeuner, Bettler und kleine alte Damen, so fest verschnürt in ihre Kleidung wie die Päckchen, die sie im Halbschlaf mit sich führen. Die Lautsprecherdurchsagen ergeben ein weiches, fernes, fremdartiges Surren, das anscheinend keinerlei Bezug zu den Leuten hier hat, und doch sind diese Leute das Volk, der *narod,* das einzig Wahre, und ihre Rolle ist es, zu warten, zuzusehen, zu staunen und zu tun, was man ihnen sagt. Die Gesichter derer, die auf die Abfahrt ihres Zuges warten, scheinen in die Richtung ihrer Erwartungen zu deuten, wenn sie unter dem großen Betongewölbe und den massiven Lüstern im dichten Dämmer der massiven Halle warten. Auf orangefarbenen Plastikstühlen sitzen die geduldigen Tausende stundenlang, vielleicht tagelang. Mütter wiegen ihre Kinder, hin und her schwingen sie wie Uhrenpendel. Wo sonst sollten sie warten? Eine Mutter zum Beispiel, die ihr Kind zur ärztlichen Behandlung nach Moskau gebracht hat, kann nicht in ein Hotel gehen – es gibt kein Hotel, das für so einen Fall zuständig wäre. Also sitzt sie hier, bis die Zeit kommt, da ihr Zug zurück nach Taschkent fährt.

Im schräg dahergewehten Schnee auf Bahnsteig Nr. 2 begann der Zug nach Taschkent seine Reisenden aufzunehmen. An der Tür jedes Wagens stand die Schaffnerin mit einer Signalflagge und einem großen runden Pelzhut. Sie hatte viel Zeit auf ihr Make-up verwendet und zeigte die glatte Verächtlichkeit, die für kleine Amtspersonen charakteristisch ist. In den Abteilen, undeutlich sichtbar zwischen den halbzugezogenen schlaffen winzigen Vorhängen, stellten zwischen Säuglingen, Bündeln und Koffern Männer in Hemdsärmeln Eßwaren auf Tischen auf.

Auch hier präsidiert Lenin, aber ich fand ihn eine viel menschlichere Figur als den Basilisken des Leningrader Bahnhofs. Im Kasaner ist er eine kleine braune, ziemlich ausgemergelte Gestalt, die den Eintretenden begrüßt, Gandhi nicht unähnlich – von hinten gesehen. Die verschiedenen Lenindenkmäler begannen mich zu faszinieren. Lenin in seiner Asiatenstimmung; Lenin als guter Onkel im Waisenhaus; Lenin als der weise Ratgeber, fürsorglich und nachdenklich im Altenheim; Lenin grobschlächtig, rauhbeinig, freundlich; Lenin mit der Hand in der Tasche; Lenin, die revolutionären Kräfte anführend; Lenin gelegentlich mit nach vorn geschleudertem rechten Arm, als hätte er gerade eine Frisbeescheibe geworfen.

„Abreisen ist wohl auch eine Form des Lesens", sagte Valentin.

Er hatte nicht unrecht. Sicher ist der Aufbruch zu einer Inlandsreise – nach allem, was ich über die Reisebedingungen für die meisten Russen gehört hatte – angenehmer als die Ankunft. Und das Lesen ist wie ein solcher Aufbruch eine der wenigen erlaubten privaten Handlungen; es ist die Reise fort von dem Punkt, an dem man sich befindet, eine geheime Route, welcher der Staat nicht folgen kann. Denn obgleich sich der Vorgang in aller Öffentlichkeit abspielen mag – die Bewegung, die Leser und Reisende genießen oder ertragen, ist privater Art. Andere mögen zusehen, aber die Ziele bleiben unbekannt wie auch die Gründe, die einen bewogen haben, die Fahrt anzutreten. Aus diesem Grunde sind sich Reisende ihrer Einsamkeit selbst in der Menge vollauf bewußt; sie macht sie introspektiv, besorgt versuchen sie, offizieller Musterung standzuhalten. Sie beginnen, eifersüchtig über ihren eigenen Raum zu wachen, ihren Sitz zu hüten, ihre Privatsphäre zu verteidigen – kurz, sie sind in sich gekehrt, und dieses Insichgekehrtsein von Reisenden und Lesern, ganz auf sich selbst konzentiert, weit weg, allein, schweigend, ist etwas Außerordentliches. Hunderte und Aberhunderte von wartenden Reisenden, völlig still, in Bahnhöfen, an Bushaltestellen, auf Flughäfen, das ist einer der typischen Anblicke, die Moskau zu bieten hat. Ein Leser im Park oder im Bus zeigt dieselbe stetige Versunkenheit. Die Sorgen und Ängste kommen, glaube ich, daher, daß zwar die Gründe für die Reise – wie die für die Lektüre – privater, ja geheimer Natur sind, doch die ganze Stoßrichtung dieser Gesellschaft es erfordert, daß alles öffentlich ist, gemeinschaftlich, und dies verdoppelt die Spannung zwischen Individuen und Funktionären, den Erteilern der Erlaubnis.

Nichts geht über das eigene Erleben, und so brach ich ein paar Mal zu einer Inlandsreise auf und kam zu dem Schluß, daß das ganze Vergnügen im Aufbruch liegt, niemals in dem, was folgt – Augenblicke des Schreckens, der Langeweile oder Wut. Es gibt vier Inlandflughäfen in Moskau, und jeder davon taugt für die, welche meine Erfahrung nachvollziehen wollen.

Das Ziel, denken Sie daran, ist unwesentlich. Was die Fluggäste wollen, ist, daß man sie transportiert. Was das Personal will, ist: Gehorsam. Das Reisen ist billig, beliebt, desorganisiert und unbequem. Die Passagiere kommen mit überquellenden Bündeln und vollgestopften Einkaufsnetzen an, mit Schachteln jeglicher Art und jedweden Materials, und sie warten. Die überall chronischen Knappheiten machen sich auch auf dem Flugplatz bemerkbar. Flugzeuge warten oft auf die Landung einer anderen Maschine, die noch überschüssigen Treibstoff hat, damit sie ihre Tanks auffüllen können. Wenn der Aufruf kommt, daß die Passagiere an Bord gehen können, ist Vorsicht geboten. Ausländische Reisegruppen haben den Vortritt. Große schwarze Limousinen segeln über den Asphalt, um reisende hohe Tiere abzusetzen. Dann eine eindrucksvolle Pause, während der die Crew anmarschiert, die Piloten mit Mützen, die mit goldenen Tressen übersät sind und groß wie Bratpfannen. In den Raum, der verbleibt, nachdem alle wichtigen Fluggäste untergebracht sind, müssen sich die restlichen Passagiere zwängen, mit Sack und Pack, so gut es eben geht. Orangen, Bierflaschen, Blumensträuße, Radioapparate und Kartoffelsäcke werden vielleicht in die offenen Gepäckablagen über den Sitzen gedrückt und gezwängt. In den kleinen legal zur Verfügung stehenden Raum kann also zumindest theoretisch alles eintreten – nichts ist verboten, alles möglich. *Und umgekehrt.* Die Stewardessen sehen mit müder Verachtung zu; fliegende psychiatrische Krankenschwestern, erschöpft und irritiert sie der Anblick der Passagiere, sie haben zarte Nerven, und deshalb ziehen sie sich zurück. Gurte gelegentlich vorhanden, Sitze kaputt, Crew unsichtbar. Ausländische Passagiere zitieren: „Sowjetische Piloten umrunden die Erde!" Dann, während das Flugzeug an allen Nähten zu bersten scheint, horch! das metallische Knirschen eines Schlüssels, der sich im Schloß der Hecktür dreht und anzeigt, daß alle für die Dauer des Flugs eingesperrt sind. Wer weiß, wieviele schon Opfer plötzlicher Turbulenzen während eines Flugs geworden sind, unglückliche Georgier, der Heimat entgegenfliegende Armenier, gefällt von einem fliegenden Schinken oder einem Paar Schneestiefel. Zu einem bestimmten Zeitpunkt treten die Stewardessen wieder in Erscheinung und bieten Fruchtlikör und kleine Souvenirs von der Moskauer Olympiade 1980 an, und Plastikrennwagen.

Einmal, im Frühling, nahm ich den Nachtzug nach Orel, etwa fünfhundert Kilometer südlich von Moskau, eine Stadt, reich an Spuren berühmter Schriftsteller – es sind noch Erinnerungen an Lesskow und Bunin, Fet und Turgenjew zu sehen. Als mein Zug den Bahnhof verließ, rannte ein junger Mann den Bahnsteig entlang und hielt die Hand seines abreisenden Mädchens fest, bis die Geschwindigkeit des Zuges ihn zwang, stehenzubleiben, die Hände in die Hüften gestemmt, nach Atem ringend, zusammengeknickt, nicht mehr in der Lage, zu winken, sich wie ein Höfling vor einer abreisenden Prinzessin verneigend. Der samtene Maiabend drängte sich fürsorglich heran, ein weicher warmer Druck, wie der Plüsch in einer Juweliersschachtel. Frühlingsnächte in Moskau wirkten gleichzeitig kostbar und bedrückend.

Aus ihrem kleinen Abteil am Ende des Wagens erhob sich – untersetzt, streng und offiziös – die Aufsichtsdame wie ein

Dschinn, bot Tee aus ihrem Samowar an und verbot das Rauchen in den Abteilen. Mit einem Spezialschlüssel, den sie aus dem Busen zog, öffnete sie ein Fenster im Korridor vor den Abteilen einen winzigen Spalt weit, kaum, daß die Luft zirkulieren konnte, und selbst dann wirkte der Abend nur noch lastender, da dies eine Andeutung dessen war, wie es sein könnte – wenn sie anständigerweise die Fenster weit aufgemacht hätte, daß der Wind hereinblasen konnte. Ich war noch unerfahren und begriff nichts. Ich bat sie, noch ein anderes Fenster zu öffnen. Sie ging einfach wieder in ihr Kabuff zurück, setzte sich hin und wurde dunkelrot, bis sie wie eine Heizspirale glühte. Nein! Sie würde kein Fenster mehr öffnen. Nein! Sie würde ihren Platz nicht mehr verlassen und ganz gewiß würde sie, nein! mir nicht gestatten, noch einmal auch nur einen Blick auf den Schlüssel zu werfen, *ihren* Schlüssel, das heilige Werkzeug, mit welchem dieser Eisenbahnwagen, unsere Welt, sich verwandeln ließ oder nicht. Sie betastete fortwährend den Schlüssel, den sie an ihrer Brust barg, wie um sicherzugehen, daß er noch da war, daß ich ihn nicht mittels eines Zaubers gestohlen hatte. Ich kannte das Gefühl, das man hat, wenn alles von einem kleinen, aber entscheidenden Ausrüstungsgegenstand abhängt – einem Paß, einer Brieftasche, einem Messer, einem Ring, einer Hasenpfote, einem Herzschrittmacher, einer Einlegesohle ... und der stolze, doch besorgte Besitzer neigt dazu, diesen wesentlichen Gegenstand immer wieder zu berühren und dagegen zu klopfen, wie um seinem innersten Selbst eine beruhigende Botschaft zu senden. Sie wirkte in die Enge getrieben. Ich blieb, wo ich war, da ich befürchtete, daß sie bei einem Näherkommen meinerseits in Panik verfallen und – es schien durchaus möglich – den Schlüssel verschlucken würde.

Sie war die vollkommene Verkörperung dessen, was Hamlet „den Übermut der Ämter" nennt, des sich spreizenden, gepanzerten, kleinlichen Stolzes; sie trug ihn wie eine Auszeichnung, wie einen Orden. Orden gehören übrigens genau hierher – Moskowiter verleihen sehr gerne Orden, sie stehen in dieser Hinsicht allein den Amerikanern nach. Ich glaube, dies erklärt ihre Liebe zu Abzeichen. Abzeichen sind schließlich nichts anderes als Orden, die man kaufen kann — und tragen kann, ohne daß man eine besondere Erlaubnis bräuchte. Wie würde Hamlet dieses Land und seine seltsame Hauptstadt bezeichnet haben? Ich glaube, als sein Zuhause. Ich dachte an die zwieschlächtig formulierten Aushänge, denen man gelegentlich in englischen Spirituosenhandlungen oder Zweigpostämtern begegnet: *Bitte verlangen Sie keinen Kredit, eine Ablehnung könnte kränkend wirken.* Oft tragen sie die Überschrift: *Höflicher Hinweis.* In Moskau ist es nicht die Ablehnung, welche kränkend wirkt, sondern die Aufforderung. Der naiv logisch denkende Ausländer lernt durch schmerzliche Erfahrung, daß „höfliche Hinweise" aus bloßen Worten, Worten, Worten bestehen, aus leeren Zeichen, und daß die kränkende Wirkung alles dessen, was man tut, sich von selbst versteht. Als ich die schlüsselgewaltige Dame ansah, wie sie sich gegen die linke Brust klopfte, an jenem warmen Maienabend, da wußte ich, daß ich meine Landkarte wegwerfen und den *Hamlet* lesen mußte.

Ich fragte sie noch einmal. Diesmal stand der Dschinn, stand die Dame mit dem Schlüssel einfach vom Platz auf, ohne die Farbe zu wechseln oder auch nur die Stirn zu runzeln. Ich glaube, sie hat vielleicht sogar ein wenig gelächelt. Jedenfalls kam sie den Gang hinab auf mich zu und griff in ihr Kleid, um den Schlüssel hervorzuholen. Ich spürte den plötzlichen Schub von verlegener Erleichterung, den man empfindet, wenn ein Hindernis unerwartet nachgibt, wenn ein erwartetes unangenehmes Ereignis nicht eintritt. Sie würde tun, worum ich sie gebeten hatte. Dann, mit einer gekonnten, erfahrenen Bewegung, schloß sie das Fenster und drehte den Schlüssel um.

Als ich meinen Schock überwunden hatte, hätte ich ihr gerne applaudiert. Ihre Reaktion war elegant, sparsam, endgültig. Ohne daß ich es geahnt hätte, hatten wir eine stumme Schachpartie gespielt. Ich hatte ihrem König Schach geboten, und sie hatte mich soeben mattgesetzt. Wenn sie keine Samowardame gewesen wäre, dann hätte sie es zur Großmeisterin gebracht. Und ihr Name war Legion, sie gehörte zu einer riesigen Schwesternschaft, die überall in der Sowjetunion die Stühle der Macht besetzt hielt. In diesem Eisenbahnwaggon war sie Königin, und gegen ihre Edikte war kein Einspruch möglich. Man atmete ein wenig, auf Grund ihrer gnädigen Erlaubnis, oder man erstickte.

3

Mein Vetter Hamlet

Ich traf Hamlet in einer Moskauer Wohnung, und wie erwartet trug er Schwarz und verstand zu reden. Doch er predigte den Aufstand. Er war eines jener „antisozialistischen Elemente", von denen es die Autoritäten immer haben; es war kaum verblüffend, daß der König des Reiches ihn einsperren wollte und bereits andere gefangengesetzt hatte, die ähnliche Reden führten. Seine Augen waren dunkel und blutunterlaufen, und er sah aus, als hätte er einen Geist gesehen.

Unerwarteterweise stellte sich Hamlet als Armenier heraus. Er war von einer Clique umgeben, die ihn irgendwie beschützte und versorgte, Männer, die fülliger waren als er und sich zärtlich und stolz um ihn kümmerten. Sie waren auch besser gekleidet als Hamlet und recht fröhlich. Sie erinnerten mich an die Sponsoren eines guten Boxers; sie waren stolz auf ihren Jungen und glaubten, er könne nie verlieren. Hamlet war müde, es lagen Schatten unter seinen glühenden Augen, er war hager, er sah so dünn aus wie mein Finger, aber er fühlte sich groß wie ein Haus, das sah man. Und seine Crew, die waren zwar alle gesund, und doch verblaßten sie neben ihm – schließlich waren sie nur normale Menschen, während Hamlet voller turbulenter und gefährlicher Verrücktheit steckte. Was ich nicht enträtseln konnte, zumindest nicht gleich, war, weshalb er mir so bekannt vorkam.

Wir trafen uns in einer Kirche, wenn auch niemand außer den Eingeweihten (und wahrscheinlich denen, die sie beobachten und über sie berichten) sie als eine solche erkannt hätte. Die Versammlung war nicht geheim, aber privat, eine Versammlung von Gläubigen in einem Raum im sechsten Stock, und manchmal war der pfingstliche Geist da, in den Feuerzungen, die zitternd den Kerzen entstiegen, die jeder hielt, die Flamme vor dem Abendwind schützend, der durch die Fenster blies und das Bild von Mutter Teresa an der Wand wackeln ließ.

Seit die staatlichen Autoritäten die Orthodoxe Kirche entmachtet und alle anderen verboten hat, seit der Revolution sind die Menschen anderswo zur Kirche gegangen. Sie haben ihre eigenen Kirchen gegründet, geheime Kapellen an unerwarteten Orten vom Weinladen bis zum Zirkus eingerichtet, oder in den eigenen inneren Räumen. Eigene spirituelle Ausdrucksformen und Feiern alternativer, ingeniöser, gelegentlich exzentrischer Natur haben sich gefunden, seit die Kirchen gesprengt oder geschlossen oder zu Druckereien, Keramikfarbiken oder Büros gemacht wurden – mit abgeschlagenen Kirchtürmen und ausgerissenen Glocken, offizielles Zeichen staatlicher Kastration. Leidenschaftliche Gemeinden versammeln sich an merkwürdigen Orten, und der Gottesdienst mag nach etwas anderem aussehen.

Zu Hamlet und einer Gruppe gleichgesinnter „Freunde" brachte mich Nadja, eine dunkelhaarige, rastlose, unruhige Frau, entzündet von der Begeisterung über die Möglichkeiten, welche die Tausende von Worten über die Perestroika versprachen, aber voller Besorgnis, daß dieser Frühling wie so viele andere wieder vereisen könnte. „Und es ist unsere letzte Chance. Unsere allerletzte Chance!" Sie stand wie unter Strom, da sie so klar empfand, was es alles zu tun gab, doch entsetzte sie die Lähmung, welche ihre Freunde und Kollegen befallen hatte, die wie in Zement eingemauert nicht den Willen zu haben schienen, tätig zu werden. Nadja brannte mit einer Glut, die viele etwas besorgniserregend fanden. Unter ihren Kollegen schien ihr Enthusiasmus ziemlich problematisch, da er im Grunde eine Anklage enthielt. Doch war ihr Mut außerordentlich. Sie hatte vor nichts Angst, nicht einmal davor, lächerlich zu erscheinen. Nur manchmal stockten Glaube und Hoffnung – und dann konnte man erschreckenderweise sehen, daß hinter ihnen schwarze Verzweiflung lag.

Der Wohnblock in einem der ältesten Moskauer Viertel war heruntergekommen. Die schmutzige, übelriechende Eingangshalle war als Pissoir benutzt worden, und der klapprige hölzerne Aufzug mit seiner schweren Stahltür (alle Aufzüge in Moskau sind nach demselben Muster gebaut) ächzte an seinen Kabeln, als wir zu einer abgerissenen, aber gemütlichen Wohnung im sechsten Stock hinauffuhren. An einer Wand hing ein Porträt von Mutter Teresa; gegen die Wand – flankiert von einem alten Klavier und einem großen Fernsehapparat – stand ein kleiner Tisch, mit einem Tuch bedeckt, auf welchem wilde schwarze Fische schwammen. Auf dem Tisch stand eine schmale blaue Kerze und daneben lag ein kleiner Laib frischgebakkenes Brot. Die Gemeinde war ökumenisch: Russisch-orthodoxe Priester, Laien, Christen der armenischen Nationalkirche und Adventisten. Alle hielten Kerzen in Händen, und alle wurden ermuntert, etwas zu sagen. Die meisten beteten um Frieden und Versöhnung.

Und dann kam Hamlet. Vielleicht hatte ihm niemand die Regeln mitgeteilt. Vielleicht kannte er sie, und es war ihm gleich. Er war gerade aus der armenischen Enklave von Nagorni-Karabach zurückgekehrt, die auf der anderen Seite des Kaukasus liegt, ein Kampfgebiet, wo eine armenisch-christliche Mehrheit in verhaßter Unterdrückung durch die moslemische Republik Aserbeidschan lebt. Zum ersten Mal seit Menschengedenken waren Moslems und Christen in gewaltsamen Zusammenstößen in den Straßen von bisher unbekannten Städten wie Stepanakert aneinandergeraten. Russische Truppen waren entsandt worden, um dem Töten Einhalt zu gebieten, das sich aber trotz ihrer Anwesenheit tagelang fortgesetzt hatte. Aufgeregte Meldungen erreichten Moskau: Die Fahne der iranischen Revolution flatterte in Baku, der Hauptstadt des moslemischen Aserbeidschan. Junge russische Soldaten, die versuchten, die Kombattanten zu trennen, wurden in Stücke gehauen. Die Kämpfenden beschimpften sie, wollten sie nicht dahaben, fuhren mit Lastwagen in die russischen Truppen. Junge Männer aus sibirischen Dörfern kehrten im Sarg nach Hause zurück. Die armenischen Bürger von Nagorni-Karabach forderten die Wiedervereinigung der Enklave mit dem armenischen Mutterland. Aserbeidschanis tobten durch die Straßen von Baku, als die Forderung dort bekannt wurde. Moskau lehnte ab. Es setzte eine direkte Verwaltung ein und ordnete die Verhaftung des Ausschusses an, der die Forderung an führender Stelle vertreten hatte. Armenische und moslemische Flüchtlinge verließen die Enklave zu Hunderten und zogen in die Sicherheit ihrer religiösen Zentren. Hamlet hatte zugesehen, wie diese Ereignisse aufeinander folgten, und hatte – die Agonie des Erdbebens in Armenien noch frisch im Gedächtnis – beschlossen, auf Wanderschaft zu gehen und das Evangelium der armenischen Einheit, Heiligkeit und spirituellen Bestimmung zu verkünden.

„Der Freiheitskampf in Armenien", begann er ohne Entschuldigung in jener Wohnung im sechsten Stock mitten in Moskau, „ist ein Kampf um die Anerkenntnis des Willens Gottes."

Die weitere leidenschaftlich beredte, aber verwirrende Predigt bot Variationen über dieses Grundthema. In Hamlets Vision wurden die Armenier zu einem auserwählten Volk, das anderen Segnungen bringen oder vorenthalten konnte – ihr Schicksal war ein ganz besonderes, auserlesen, gelenkt von oben. Hier wurde mir klar, weshalb seine Worte mir so bekannt geklungen hatten. Ich hatte diese Phrasen schon öfter gehört und wußte, was sie waren: eine rhetorische Apparatur, besonders geeignet, um die machtvolle und drohende Entwicklung eines besonderen Volkes zum Zustand der Gnade, zu reicher Belohnung vorzuzeichnen – und die Bestrafung derer zu verkünden, welche die Botschaft nicht hören wollen. Nationalismus und Religion sind ununterscheidbar; man kann ein politisches Programm verkünden, das von der Gottheit unterschrieben ist. Ich hatte es oft aus dem Mund der burischen Nationalisten in Südafrika vernommen. Ich hatte es von schwarzen Nationalisten in Soweto gehört. Sie hatten auf diese Art jahrzehntelang gepredigt, und es hatte nur eins bedeutet: eine drohende Gefahr.

„Die Anerkenntnis des Willens Gottes macht die Menschen

frei in ihren Herzen“, versprach Hamlet. „Freier, als sie es in Moskau sind. Der Freiheitskampf in Armenien enthält eine Botschaft an das ganze Volk der Sowjetunion: Wenn wir das System verändern wollen, müssen wir zuerst uns selber ändern.“ Hamlets Augen waren kohlenschwarz. Er zitterte vor Anspannung und Müdigkeit. Von der Wand her richtete Mutter Teresa einen gelassenen Blick auf ihn. Wir starrten auf unsere Kerzen und konzentrierten uns darauf, zu verhindern, daß das blaue Wachs auf unsere Hände tropfte. Das generelle Gefühl war wohl: Ja, die Menschen sind frei, in diesem Raum heute nacht, frei, zu reden, was sie denken, und gewiß reagierten die Leute mit Sympathie auf Hamlets Rede, aber keiner, glaube ich, war auf seine kämpferische Ansprache gefaßt. Ich hatte das Gefühl: Wenn Hamlets wildentschlossener Glaube und wütende Überzeugung von der besonderen Bestimmung Armeniens von anderen in Armenien und Nagorni-Karabach geteilt werden, seit die Moslempogrome stattgefunden haben, dann stehen stürmische Zeiten bevor, und die Sowjetregierung wird nicht nur den Nationalistenausschuß, sondern die ganze armenische Nation verhaften müssen, um dieser Bewegung Herr zu werden.

Die Rhetorik der besonderen Bestimmung, welche sich so gut darauf versteht, Erwartungen zu entflammen, endet oft schlimm. Doch in diesem Augenblick ist sie ein Feuer, das durch die ethnischen Minderheiten in fernen und bis vor kurzem unbeachteten Republiken läuft. Rußland, das vor ein paar Jahren verkündete, es habe „die Probleme der Nationalitäten gelöst“, hat das auf eine Weise getan, die uns in Südafrika wohlbekannt ist – man erklärt die entfernt liegenden ethnischen Homelands für unabhängig, dann nimmt man ihnen die Entwicklungsmöglichkeiten und regiert sie von der fernen Hauptstadt aus. In der Hitze des sich ausbreitenden Nationalismus ist es nur schwer vorstellbar, daß die großen Republiken wie Georgien und die Ukraine nicht angesengt werden.

Bei Hamlet konnte man diesen Nationalismus in seiner reinsten und für mich vertrautesten Form hören.

Wenn es mich auch bedrückte, so tröstete es mich doch irgendwie einfach dadurch, daß ich mich, auf ziemlich traurige Weise zwar, zuhause fühlte. Der Nationalismus ist dort für Afrika eine einzige Katastrophe gewesen, wo er lediglich die wohlanständige Maske des Tribalismus war, und es war ernüchternd, auf einem anderen Kontinent der Ansicht zu begegnen, dem Tribalismus gehöre die Zukunft. Denn dies lag in Wirklichkeit hinter Hamlets Rhetorik: der Haß zwischen Volksstämmen, der sich nur teilweise gegen die Moslems richtete. Sein offensichtliches Hauptziel war die Regierung der Sowjetunion, aber die besteht wesentlich aus gesichtslosen, anonymen Ausschußmitgliedern, die als Stellvertreter seiner eigentlichen Aggressionsziele dastehen: die herrschende Mehrheit, die Russen. Im ganzen russischen Imperium werden die Stämme unruhig, und die heißen Winde des Wandels wehen wie einst in Afrika.

„Gott hat das russische Volk begünstigt", erklärte Hamlet. (Doch so, wie er es sagte, klang es nicht wie eine Gunst.) „Er will es segnen!" Sein Tonfall machte klar, daß die Russen damit rechnen mußten, daß dieser Segen noch bis zu einem Zeitpunkt aufgeschoben würde, da Gott – oder Hamlet, da sie in dieser Sache eins waren – sich dazu entschließen konnte.

Anschließend unterhielt ich mich mit Hamlet; wir waren von eifrigen russischen Zuhörern umringt, während seine Gefolgschaft Tee trank und Kuchen kaute. Aus der Nähe wirkte Hamlet noch viel angespannter und ausgelaugter, als ich es vorher bemerkt hatte. War sein Glaube politisch? fragte ich ihn. Seine Socken unter den alten schwarzen Hosen waren fadenscheinig und hingen ihm auf die Knöchel, die er sanft massierte, als wir im Schlafzimmer saßen.

Durchaus nicht! Er beharrte darauf. Der politische Kampf in Armenien war von einem tiefen Glauben an den Willen Gottes nicht zu trennen.

Aber mußte man nicht würdigen, daß die sowjetische Regierung, wie immer langsam, sich zu einem Standpunkt hinarbeitete, von dem aus anerkannt wurde, daß ein gewisses Maß an Autonomie in den transkaukasischen Republiken Armenien und Aserbeidschan und in den baltischen Staaten Estland, Lettland und Litauen überfällig war?

Wieder widersprach er heftig. Wenn man es so sagte, dann würde das bedeuten, daß Rußland den um ihre Unabhängigkeit kämpfenden Republiken etwas zu bieten hatte. Das Gegenteil war wahr.

„Allein durch ihren Kampf haben die baltischen Republiken mehr für die Freiheit in Rußland getan, als die Russen je für sie tun können. Sie weisen den Weg. Sicherlich wollen doch auch die Russen frei sein?"

„Und Armenien? Wie reagieren dort die Staatsorgane?"

Die schwarzen Augen brennen. „Sie sind zu den schlimmen alten Methoden zurückgekehrt. Sie verfolgen eine stalinistische Linie."

Von diesem Punkt aus führte kein Weg zurück zu einer vernünftigen Diskussion. Keine Beleidigung hätte seine Zuhörer tiefer treffen können. Kein Kompromiß schien mehr möglich. Seine Crew tauchte auf und präparierte ihren Jungen für die nächste Runde. Er sollte in dieser Nacht noch anderswo sprechen.

Gab es, fragte ich beim Abschied, auch Ophelias in Armenien?

Er hielt, umgeben von seiner Clique, vor dem Fahrstuhl inne. „Soweit ich weiß, gibt es keine Ophelias. Aber wir haben viele Hamlets."

Valentin hat eine Freundin in Aserbeidschan. Sie ist Jüdin, und er macht sich Sorgen, da täglich neue Berichte von weiteren Morden eintreffen. „Plötzlich sind die Zeitungen voll von Orten, von denen ich noch nie gehört habe – Nakidschewan und Kirobabad. Gewalttätige Poesie!" Die Schwierigkeiten seiner Freundin sind besonderer Art. Als junges Mädchen hat sie, weil unter den armenischen Christen Antisemitismus in Mode war, einen christlichen Namen angenommen. Jetzt wünscht sie sich, sie hätte den jüdischen Namen behalten – die Moslems töten

Christen, diesmal stehen die Juden nicht auf der Liste. Valentin holt eines von seinen Eiszapfenlächeln aus dem Tiefkühlfach: „Glauben Sie, daß das der Fortschritt ist?“

In der Distanz zwischen der seltsamen Kirche im sechsten Stock und dem, was als „richtige“ Kirche gilt, läßt sich Moskau auf wieder andere Weise lesen, die Stadt der Kirchenruinen. Nur eine rivalisierende Religion, die eine namenlose Furcht vor dem Geist verbirgt, welcher die großen Moskauer Kirchen errichtet hat, konnte diese mit solch boshafter Zerstörungswut überziehen. Doch wie ich feststellte, ist jener Geist nicht ausgerottet: Er hat die Gestalt gewechselt und ist anderswohin gezogen. Einst gab es, nach dem alten Wort, „vierzig Mal vierzig Kirchen“ in Moskau. Genauere Schätzungen gehen von etwas vierhundertundfünfzig Kirchen aus. Stalin, der einstige Theologiestudent, hat viele abreißen lassen; die Metrobauer haben der Zerstörung weitergeholfen; die Zeit und der Holzwurm haben das ihrige getan; in den frühen vierziger Jahren hatte Stalin über neunzig Prozent der Kirchen zerstört; Chruschtschow war ein eifriger Helfershelfer, und noch später schlugen die Moskauer Planer der sechziger und siebziger Jahre fröhlich zu. Kirchen wurden in Fabriken verwandelt, in Büros, Kunstgalerien und Museen, mit dem Ergebnis, daß heute nicht mehr als sechs Dutzend Kirchen überleben, die noch in Betrieb sind. In dem sich wandelnden politischen Klima werden manche den ursprünglichen Besitzern zurückgegeben, und damit ihrer alten Bestimmung; aber in letzter Zeit haben sich neue denkmalpflegerische Probleme ergeben – manche vor dem Verfall gerettete Kirchen suchen mühsam nach neuen Besitzern und Aufgaben.

Das bescheidene Museum der Moskauer Stadtgeschichte ist in der klassizistischen Kirche Johannes des Evangelisten untergebracht, einem hübschen rosafarbenen Gebäude aus dem Jahre 1825. Eine Prämie für den Besucher liegt darin, daß sie dem KGB-Hauptquartier am Dzerschinskiplatz gegenüberliegt, obwohl es allgemein unbekannt ist, daß die Gegend um die grimmig-spießigen KGB-Bauten herum einst reich an Kirchen war.

Eine blinde Festung – unter ihren vielen Gespenstern die Versicherungsvertreter, die hier einst untergebracht waren. Eine wahre Veränderung, wie sie so viele ersehnen, wird erst dann eingetreten sein, wenn Intourist Tage der offenen Tür im Lubjanka-Gefängnis ankündigt und Führungen durch die Keller, wo die „Feinde des Volkes" routinemäßig von Stalins Polizei erschossen wurden; wenn es Ansichtskarten am Eingang zu kaufen gibt. Augenblicklich gibt es eine große Diskussion über die Form eines Denkmals für die Opfer der Stalinschen Lager und Gefängnisse. Als wir am Hauptquartier des KGB vorbeifuhren, machte ein Bekannter einen typisch moskowitischen Vorschlag.

„Warum den Opfern ein Denkmal setzen? Solange es den Dzerschinskiplatz gibt, haben wir schon das bestmögliche Monument!"

Die Bemerkung hatte einen Beigeschmack von besonderer Moskauer Pikanterie, da sie von einem Mann kam, den manche Leute einen KGB-Agenten nennen.

Mit außerordentlichem Mangel an Enthusiasmus zeigt das Museum in der einstigen Krypta vorgeschichtliche Funde aus Moskau und mittelalterliche Modelle des Kreml. In der Krypta gibt es auch ein Hologramm von Iwan dem Schrecklichen, und wenn man den Museumswärter überreden kann, das Licht anzuschalten, dann sieht man den Kopf des Tyrannen dreidimensional, ein goldenes, falkenähnliches, wildes Antlitz. Aber wie ist es mit dem Kopf des anderen großen Ungeheuers, das von ihm so fasziniert war, des pockennarbigen, bleichen Georgiers mit dem stachligen Schnurrbart? Es wäre doch sicher angemessen, Stalin neben Iwan auszustellen? Ein verführerischer Gedanke. Politische Bloßstellung und Abstrafung des alten Verbrechers wären schön und gut, doch würden Schwierigkeiten entstehen, wenn Fanatiker den Kopf als Kultobjekt gebrauchten. Es gibt manche, die sich immer noch mit großer Zuneigung an ihn erinnern, der gute alte Josef, sagen sie, hat die Preise druntengehalten, die Schlangen waren kurz, und in den Läden gab es genügend Waren, und wenn manche leiden mußten, na, das waren doch hohe Tiere, oder? Na, die haben es doch verdient. Er war der Freund des Volkes, der große Staatenlenker, der, den der Dichter Mandelstam den „Bergsteiger des Kremls" genannt hat – wofür er gestorben ist.

„... Wir haben alle Pelzmäntel getragen, Seidenstrümpfe und Lackschuhe ... Josef Stalin hat alles für die einfachen Leute getan." So schrieb eine Bewundererin in einem Leserbrief an eine Moskauer Zeitung, erbittert durch kürzlich erfolgte Angriffe auf den alten Herrscher. Sie spricht für viele, wenn ihre Ansichten auch nicht in Mode sind.

Bilder von Moskau sind schwer festzuhalten und manchmal noch schwerer zu ergründen – vielleicht, weil die Betrachter die Stadt nach ihrem Bilde schaffen wollten. Im achtzehnten und neunzehnten Jahrhundert machten sich französische Maler über Moskau her und ließen es wie einen asiatischen Vatikan oder ein russisches Versailles erscheinen, dunkelgrün, wohlbewässert, mit weichem Sand und erstaunlich üppiger Vegetation. Ein Jahrhundert später, kurz vor der Revolution, wurde es modern gemalt, heller erleuchtet, als es je möglich scheint: eine Brücke über einen Fluß und eine sonnenbespritzte Straße, eine helle Ecke in Paris vielleicht? – wären da nicht die unerhört technicolorierten Turmknoten der Basiliuskathedrale im Hintergrund sichtbar. „Sprengt diese Moschee!" knurrte Napoleon vor der Flucht aus Moskau 1812. Aber die Moskowiter zündeten lieber die Stadt an, als daß sie sie in französischen Händen ließen – und seine Soldaten hatten Dringenderes zu tun.

Photographien, die Moskau vor hundert Jahren zeigen, sind leicht unheimliche Reliquien, Traumfetzchen, die eine Stadt zeigen, welche sich stetig auf das westliche Modell zubewegt: auf den belebten Gehsteigen zeigten Metzgersjungen, Verkäuferinnen, Gigolos und Lohnkutscher mit ihren Kragen, Kleidern, Frisuren, Hüten und Stöcken, daß sie zu einer Metropolenkultur gehörten, welche die großen Hauptstädte Europas verband. Der Rote Platz wurde von Ausländern gemalt, daß er wie Les Halles oder Covent Garden oder der Potsdamer Platz in Berlin aussah, ein öffentlicher Treffpunkt voll fliegender Händler, Obststände und einem blühenden Blumenmarkt, und man ist dankbar für diese Zeugnisse eines bunten, pulsierenden Straßenlebens. Verkäufer von Obstsaft und Kwass (fermentierter Roggen, Obst und Zucker) stellten ihre Krüge auf Tische, die auf dem Kopfsteinpflaster wackelten, und gossen großzügig die Gläser voll, ziemlich genau so, wie es ihre heutigen Nachfahren in den Kiosken des Jaroslawl-Bahnhofs tun. All diese lebendige, vielfältige Energie ist längst verschwunden – der Scherenschleifer an seinem Rad, der wandernde Schuster, der auf der Stelle die Reparaturen ausführte, die Hühnerverkäuferinnen mit den großen, bootsförmigen Körben voll lebender Vögel, die wie enorme geflochtene Panamahüte auf dem Kopf getragen wurden – alle dahin, und mit ihnen eine Leichtigkeit, eine Liebe zur Farbe und Bewegung, die sich in vielen der Bilder und Photographien andeuten, die geschäftige Lebendigkeit des Straßenlebens im „alten Moskau". Im Moskauer Museum heute raffen sich schläfrige Aufsichtsdamen auf, und ihr trockenes Husten warnt dich, nicht zu lange vor den Vitrinen mit den hübschen Fossilien aus anderer Zeit und von anderem Ort stehenzubleiben, den Schulzeugnissen, die hervorragende Griechischkenntnisse bestätigen, den elfenbeinernen Operngläsern, den törichten Hüten.

Das Museum ist in eben dem Maße, in dem es die vergangene und gegenwärtige Stadt erhalten soll, auch dazu da, sie zu verhüllen, doch gibt es lohnende Einzelheiten und vielleicht Hinweise auf Bevorstehendes. Scharfäugige Besucher werden im zweiten Stock eine einsame Schwarzweißphotographie der einstigen Moskauer Börse finden. Kleine Räume direkt unter dem Dach enthalten angeblich das „Moskau der Zukunft" in Skizzen und Zeichnungen. Melancholischerweise scheint es – wie so oft inmitten des inspirierenden Fortschrittgeredes – auch hier so zu sein, daß der Übergang zu moderneren Zeiten willkürlich abgeschnitten werden kann. Als ich die oberen Räume besuchen wollte, stellte sich mir das Personal in den Weg: Niemand durfte die Treppe hinauf.

„Glauben Sie, die Zukunft wird renoviert?" murmelte Valentin, als wir das Museum verließen und die Aufsichtsdamen dankbar die Lichter herunterdrehten, zu ihren Plätzen zurückkehrten und weiterschliefen.

Im Guten oder Bösen, der Kreml zieht ganz Moskau an sich. Paradoxerweise scheint alles, obwohl er doch auf einem kleinen Hügel steht, zum Kreml *hinab* zu fließen. Es ist wohl das Gewicht des Ortes, die tote Mitte der Stadt. Ich ging oft in den Kreml, ich konnte seinen fatalen Reizen nicht widerstehen: siebzig Morgen voller Türme, Zinnen, Mauern, Kirchen, Paläste, Kuppeln, Spitzgiebel, roter Sterne — eine Festung (denn das ist ein *kreml*) in Form eines grobschlächtigen Dreiecks an der Moskwa, die Pflastersteine des Paradebezirks auf dem Roten Platz und seine schmerzhaft weiten Räume überragend. Wenn auch die Werbung für Moskau den Kreml immer als den wichtigsten Ort für den Besucher hinstellt, so ist doch der größte Teil des Bezirks unzugänglich und bleibt versperrt, verschlossen und geheimniskrämerisch wie nur je unter den Zaren. Kurz nach der Revolution wurde er für alle außer den Regierenden geschlossen. Und so blieb es bis 1956 — eine strengere Quarantäne als je in der Zarenzeit.

Beschreibungen des Kreml im Lauf der Jahre sind ganz verschieden — die Eindrücke des Betrachters verwandeln sich im Licht seiner Nationalität und seiner politischen Überzeugungen etwa so, wie die Eistüten- und Ananaskuppeln der Basiliuskathedrale je nach Jahres- und Tageszeit und nach der Stimmung des Betrachters giftig oder appetitlich wirken mögen. Der Marquis de Custine schrieb in der Mitte des achtzehnten Jahrhunderts, daß der Kreml einem Mann gehörte, der über absolute Macht verfügte, daß absolute Macht immer monströs sei, und daß das Monstrum sich ein Haus in Moskau errichtet habe. Der Kreml, meinte de Custine, war im Grunde nur eine Ansammlung von Kerkern, welche ihr machtbesessener Besitzer für Kirchen und Paläste hielt. Man wohnte dort nicht, man verkroch sich. Der Zar mochte das leugnen, doch die Architektur selbst widerlegte ihn. Die Russen, bemerkte de Custine in einem prophetischen Moment, der den Aufschrei des Dichters Alexander Blok vorwegnimmt, schienen dazu verdammt, sich selbst einzusperren, wie sehr sie auch versuchen mochten zu entkommen.

Doch erfaßt die gallische Süffisanz des Marquis das Problem nicht vollkommen, denn bei vielen Gelegenheiten brauchte der Kreml seine massiven Verteidigungsanlagen. Seit den frühesten Zeiten, als die Russen 1380 die Tataren überflügelten und Regierung und Kirche in dieser großen Festung an der Moskwa sich konsolidierten, ist sie von Moslems, Schweden, Polen, Litauern, Franzosen und von den eigenen rebellischen Untertanen des Zaren angegriffen worden. Als Lenin das „Fenster zum Westen" schloß, das Peter der Große in St. Petersburg geöffnet hatte, und nach Moskau zurückkehrte, um dort die neue Revolutionsregierung 1918 einzurichten, da tat er etwas, das russische Herrscher seit Jahrhunderten getan hatten: sich in die Kremlfestung zurückzuziehen, ein Impuls, der bis in die Frühzeit der Stadt zurückreicht, als Fürst Dolgorukij, Gründer Moskaus, den Kremlhügel Mitte des zwölften Jahrhunderts mit einem hölzernen Zaun umgeben ließ.

De Custines beißende Bemerkungen finden in den Ansichten der Moskowiter selbst mehr als ihre Bestätigung — diese haben außerdem einen delikaten Sinn für Lächerlichkeiten und können so mit größerer Schärfe als irgendein Besucher die widersprüchlichen Schätze des Kreml registrieren. Im neunzehnten Jahrhundert wies der Schriftsteller Tschadajew bereits auf die Absurditäten hin, welche den eifrigen Touristen in der Stadt erwarteten. Moskau war ein erstaunlicher Ort, sagte Tschadajew, voller Gegenstände, die bemerkenswert waren, weil sie lächerlich waren, wie die Zarenglocke aus dem achtzehnten Jahrhundert und die große Kanone, im sechzehnten Jahrhundert gegossen. Die Glocke, die über sechs Meter hoch ist und mehr als zweihundert Tonnen wiegt, ist die größte der Welt. Aber sie bekam bald nach dem Guß einen Sprung und wurde nie geläutet. Die große vierzig Tonnen schwere Kanone stammt aus dem Jahre 1586 und ist ebenfalls die größte der Welt. Der Sohn Iwans des Schrecklichen hatte sie anfertigen lassen. Zar Fjodor Iwanowitsch zog – vielleicht nicht ganz überraschend – Frieden dem Krieg vor, und die Kanone wurde nie abgefeuert. Die Tradition setzt sich fort. Die Besucher des Kreml werden aufgefordert, den funktionalen „modernen" Kongreßpalast zu bewundern. In enormer Hast von Chruschtschow in den frühen sechziger Jahren erbaut, besteht er ganz aus Glas und Stahl, und seine glatte Modernität steht in eigenartigem Kontrast zur brutalen Pracht der Paläste und Kirchen des Kreml. Es ist wie die Begegnung mit einem Kosaken, der eine Aktenmappe trägt.

Von allen Schätzen des Kreml sind die Kirchen am schönsten, und sie haben den zusätzlichen Vorteil, daß sie für alle geöffnet sind; weil es nicht länger Kirchen sind, sondern staatliche Museen mit Eintrittskarten, bemalte, ausgeblasene Eierschalen ohne ihren einstigen Inhalt, heilige Geister. Die Paläste und Schatzhäuser des Kreml nötigen den Besucher oft, sich eine spezielle Genehmigung zum Eintritt zu verschaffen oder mit einer Reisegruppe zu kommen, und der gnadenlose Durchmarsch dieser Gruppen zerstört das einzig Sinnvolle überhaupt, das ein Besuch an solchen Orten haben kann: den Luxus, sich in Ruhe umsehen und nachdenken zu können. Konfuse Gruppen von Ostdeutschen und Briten werden von ihren ungeduldigen Anführern vorangepeitscht, die rote Taschentücher schwenken und ihre Schützlinge hastig durch die reichbemalte Halle der Facettierungen schleusen, damit sie hastig durch die Schätze des Zeughauses rennen können. Offizielle touristische Praxis in der Sowjetunion ist es, daß alle Führungen eilig und in unbehaglicher Atmosphäre durchzuführen sind – vielleicht in der Hoffnung, daß die Besucher denselben Fehler nicht zweimal machen werden.

Doch in den Kirchen herrscht die Freiheit. Ist man einmal an den wachsamen Türsteherinnen vorbei (dem kirchlichen Äquivalent der Stockwerksdamen im Hotel), kann man müßig herumstehen. Winterbesuche sind am besten. Es gibt dann wenig ausländische Touristen, und sowjetische Besucher überwiegen, Scharen junger Pioniere mit roten Halstüchern und sibirische Provinzler, die um die bemalten Säulen wandern, hin und her, zu der großen Ikonostasis, der riesigen Altarwand mit den Ikonen, hinaufschauen und auf ihren Gesichtern Verwirrung, vermischt mit Ehrfurcht, erkennen lassen, da sie sich so zwischen den Ruinen einer prachtvollen, doch untergegangenen fremden Zivilisation wiederfinden. Beunruhigt schauen Sowjetbürger zu den Ikonen empor, und die Heiligen schauen ungerührt zurück.

Am besten gefällt mir die Uspenskijkathedrale, auch als die Kathedrale der Schläferung bekannt. Manchmal begleitete mich Iwan, ein Dichter aus der Provinz. Iwan war bucklig, ein Zwerg und ein geborener Geschichtenerzähler. Er bedauerte es, daß sich die Zeiten geändert hatten, denn, wie er mir sagte, in den alten Tagen hätte er sich als wandernder Geschichtenerzähler ernähren können.

„Alle Zaren hatten sie, es war eine traditionelle Einrichtung. Iwan der Schreckliche konnte nachts nicht einschlafen, ehe ihn nicht seine Geschichtenerzähler mit Geschichten besänftigt hatten, von denen er träumen konnte."

Die Kathedrale der Schläferung enthielt den großen hölzernen Thron Iwans des Schrecklichen, dessen Schnitzereien Szenen zeigten, welche den Übergang der geistigen Macht des Christentums nach dem Fall Konstantinopels von dem byzantinischen Kaiser Konstantin auf Fürst Wladimir von Kiew zeigten. Iwan der Bucklige hielt sich gerne lange dort auf.

„Wegen dieser gottgegebenen Sukzession nannte sich Moskau das Dritte Rom", erklärte Iwan, zum Thron seines Namensvetters aufstarrend. „Das ist Teil meines Erbes, Moskau, das Dritte Rom. Warum wird mir das genommen? Ich hätte vielleicht ein Hofgeschichtenerzähler sein können! Jetzt bin ich nicht einmal in der Schriftstellergewerkschaft."

Moskau hat noch andere Namen verliehen bekommen. Der Autor und Revolutionär Alexander Herzen nannte es im neunzehnten Jahrhundert, voll Heimweh im englischen Exil lange vor der Revolution, „die Hauptstadt des Volkes". Lord Curzon dachte, es sehe eher wie ein „christliches Kairo" aus, und vor kurzem hat ein amerikanischer Präsident Moskau als Hauptstadt des „Reichs des Bösen" bezeichnet. Moskau paßt sich den verschiedensten Definitionen an und entspricht keiner.

Iwan ging nicht in die Kremlkirchen, um ihre Schönheit zu bewundern. „Ich will an die erinnert werden, welche die Wälder unseres Glaubens niedergebrannt haben, und an die, die bei ihrer Verteidigung gestorben sind." Er deutete auf das goldene Sommerhaus von einem Grab, das die sterblichen Überreste eines Patriarchen aus dem siebzehnten Jahrhundert birgt, von den Polen nach der Invasion Moskaus 1612 gefangengesetzt und dem Hungertod preisgegeben. Wenn Kinder auf Führungen sich langweilten, erzählte Iwan ihnen Geschichten vom großen Thronsessel des Zaren und vom Grab des Patriarchen. Touristen, die sich von den Türsteherinnen daran gehindert sahen, die Kirche zu photographieren, machten statt dessen Aufnahmen von Iwan, und die Türsteherinnen hatten keine Einwände. In ihren Augen und in denen der Kinder stand beim Erscheinen Iwans fast so etwas wie der visionäre Glanz in den Augen Gennadijs, des verrückten Taxifahrers, als sich die Taube auf dem Kalininprospekt auf seinen Kühler herabsenkte und alte Erinnerungen an den Heiligen Geist sich in seinem Herzen regten.

„Auf eine gute Geschichte kann der russische Mensch nie verzichten", zitierte Iwan gerne Gogols Satz aus dem *Mantel.* Doch die Blicke seiner Zuhörer ließen in mir manchmal die Frage aufsteigen, ob nicht noch eine andere alte Neigung der Moskowiter am Werke war, wenn sie seinen verkümmerten Körper betrachteten. Denn die Zaren schätzten nicht nur Geschichten, sondern hielten auch Zwerge, Neger, Affen und Papageien zu ihrer Unterhaltung. Im siebzehnten Jahrhundert besaß Zar Michail sechzehn Hofzwerge, und Peter der Große hatte als Kind ein halbes Dutzend davon zum Spielen; den Zwergen oblag aus irgendeinem Grund die Aufsicht über die kaiserlichen Papageien. Die russischen Touristen starrten Iwan an, als versuchten sie, sich an etwas zu erinnern. Ihm war es gleich. Er war durchaus stolz auf seine Mißbildung, und die Aufmerksamkeit schmeichelte ihm.

„Manche Leute vergleichen Iwan den Schrecklichen mit Stalin. Fragt ihr mich, wer schlimmer war? Nun, bedenkt doch: Iwan hat seine Geschichtenerzähler geliebt, Stalin hat seine ermordet!"

Der Grundstein der Kathedrale der Schläferung (gewidmet der hingegangenen Seele der Jungfrau) wurde 1326 gelegt, um die Rettung Moskaus vor den Tatarten zu feiern, obwohl wahrscheinlich schon geraume Zeit zuvor eine Kirche an dieser Stelle gestanden hatte. Dies bezeichnet die Geschichtsperiode, von der an Moskau die Hauptstadt eines russischen Staates ist, regiert von den Moskauer Großfürsten, die ihre Herkunft auf Kaiser Augustus zurückführten und dementsprechend den Titel „Zar" beanspruchten. Eine neue Kathedrale wurde 1472 auf den Befehl des Großfürsten Iwan III. errichtet, der auch für den Umbau des Kreml verantwortlich war. Die Architekten waren zwei Russen, Kriwzow und Myschkin. Unglücklicherweise stürzte die neue Kathedrale kurz nach der Eröffnung am 20. Mai 1474 ein. An das Schicksal von Kriwzow und Myschkin mag man kaum denken. Nach diesem Desaster plante ein italienischer Architekt namens Fioravante das jetzige Gebäude, das aus dem Jahre 1479 stammt. Ein zeitgenössischer Chronist bewunderte seine „Helle, Klangfülle und Ausdehnung". Er sprach die Wahrheit. Selbst mit Touristen angefüllt scheint die Kirche sie alle mühelos zu beherbergen und sich über sie zu erheben. Fünf Kuppeln, Blindbögen, Perspektivportale aus weißem Stein, vier große Rundsäulen, welche das Dach tragen, von oben bis unten bemalt; auf der riesenhaft ragenden Ikonostasis schweben Apostel, Christusse und Engel himmelan. Es gibt einen olivenhäutigen Christus mit blutroten Blütenblätterlippen. Sein breiter goldener Heiligenschein blättert ab, doch das rosige Fleisch der Lippen, das in dem dunklen Gesicht leuchtet, zieht den Blick an – sie scheinen zum Kuß vorgewölbt. Sein dunkler, in zwei Spitzen ausgezogener Bart und seine noch dunkleren Lokken öffnen sich wie das Delta kleiner Flüsse, und die goldene Scheibe, die das Haupt umgibt, fließt in das Haar. Es ist ein sinnliches, sich dem Gedächtnis einprägendes Gesicht, viel verwirrender als die berühmte und wunderschöne byzantinische Christusikone aus dem vierzehnten Jahrhundert, die in der Nähe hängt, bekannt als der „Christus mit dem strengen Blick" — ein lebhafteres, weniger in visionäre Schau versunkenes Gesicht, die Stirn voll Falten, schwarze Augen, die zwar nicht „streng", doch durchdringend blicken, ein Gesichtsausdruck von schöner Intelligenz und Selbstvertrauen.

Ebenfalls in der Nähe hängt eine Kopie der berühmten Wladimir-Madonna, ein Gemälde mit dem Namen „Unsere Liebe Frau vom immerwährenden Beistand", eine Jungfrau mit Kind — nun, weniger ein Kind als ein Kind-Mann, in byzantinischer Manier gemalt, als wäre das Kind eigentlich ein kleiner Erwachsener, ein Liliputaner. Da sitzt er, auf der Handfläche der Mutter, die sich wie ein Sattel oder wie der Ast eines Baumes unter seinen glatten kleinen Hintern schmiegt, und küßt ihre Wange. Sie trägt Rot mit einem grünen Besatz, der unter dem Mantel hervorlugt. Die Touristen schauen selten hoch. Es ist vielleicht auch besser, denn dort oben, in die Kuppeln hoch über ihren Köpfen gemalt, schauen große dunkeläugige Christusse mit wildem Blick auf die winzigen Sowjetbürger drunten herab.

Die Kathedrale des Erzengels Michael, die nicht weit entfernt liegt, wirkt wie ein königlicher Wartesaal, staubig, seit langer Zeit verhängt — das Personal fragt sich verwirrt, was es hier noch zu tun hat. Hier war die Grablege der russischen Herrscher: Zaren, Fürsten und Heerführer, bis ins vierzehnte Jahrhundert zurück, liegen hier in Bronzegräbern, die wie große Koffer aussehen, an den Wänden nebeneinandergestapelt; das zurückgelassene Gepäck abgereister Riesen.

Aus unerwarteten Gründen faszinierend ist die Verkündigungskathedrale aus dem fünfzehnten Jahrhundert, die, wie die anderen einstmals heiligen Orte im Kreml, etwas zum Ausdruck bringt, das nicht die Religion betrifft, sondern die Zustände im gegenwärtigen Rußland – zum Ausdruck durch drei ihrer Ikonen links von den heiligen Pforten, die durch die Ikonostasis zum Altar führen. Die Ikonen stellen nebeneinander eine wunderschöne Madonna, den Erzengel Gabriel und die Gestalt Christi dar. Die Madonna ist sorgenvoll, etwas angespannt, traurig und fern. In Gold gekleidet sitzt das Kind auf ihrem Schoß und scheint ihr tröstende Ratschläge zu erteilen. Es ist kahlköpfig oder doch geschoren, bis auf eine Strähne nußbraunes Haar, getragen in einer Art Punk- oder Irokesenfrisur, in seltsamem Kontrast zu der buddhagleichen Gelassenheit des alt-jungen Gesichts. Doch sieht man genau hin, entdeckt man einen langen Klebestreifen am rechten Arm der Jungfrau, als habe sie dort eine Verletzung erlitten. Hat man das einmal bemerkt, macht man die Wahrnehmung überall: ein Klebestreifen auf der Jungfrau mit dem Kind, mehrere an Christus – und der Erzengel Gabriel ist ganz bedeckt damit, fragile Schönheit, mit Klebeband zusammengehalten.

Viele der Ikonen, die man in den einstigen Kirchen des Kreml findet, sind nicht echt – es sind Kopien der Originale, die nach der Revolution in Kunstmuseen verbracht wurden. Trotz des scheinbaren Bildersturms der Bolschewiki blieben die Russen leidenschaftlich ikonophil – der Triumph des Stalinismus sorgte lediglich dafür, daß die säkularen Ikonen politischer Führer zunehmend die Heiligenbilder verdrängten. Und das war eigentlich nichts Neues. Der Vorgang, daß ein Satz Ikonen durch einen anderen ersetzt wird, was die Verdrängung eines Systems von Glaubensregeln durch ein anderes widerspiegelt, ist so alt wie die Ostkirche, wo es eine lange Tradition des Bilderkriegs gab, bis zurück zur großen Ikonoklasmus-Krise im achten Jahrhundert in Byzanz. In das Vakuum im geistigen Bewußtsein nach der Zerstörung und Unterdrückung der religiösen Ikonen in Folge der Revolution strömten unzählige Lenin-, Stalin- und Breschnewporträts: heilige, ja wundertätige Bilder der sakral Verehrten, von ihren Jüngern ehrfürchtig betrachtet, mit Parolen umhegt und mit dem Anspruch auf göttliche Herrschaftsnachfolge. „Stalin ist der heutige Lenin!“ lernten die Schulkinder der dreißiger Jahre zu verkünden, und Breschnews Anspruch auf Verwandtschaft mit dem Gründervater, flotter vorgetragen, übersprang geschickt den desavouierten Stalin mit der Erklärung: „Von Iljitsch zu Iljitsch!" Die üppige Verwirrung zwischen heiligen und säkularen Bildern im Bewußtsein vieler Menschen läßt sich noch heute beobachten. Die Massen sowjetischer Besucher, die verständnislos oder mit wachsender Verlegenheit die Heiligen und Gottheiten anstarren, welche in einer Orgie der Ehrfürchtigkeit in der Uspenskijkathedrale dargestellt werden, denken sich nichts dabei, Blumen vor einem Lenindenkmal niederzulegen. Ein kleines Mädchen, Tochter eines orthodoxen Gläubigen, dreht sich erstaunt zu ihrer Mutter. „Aber wir legen nie Blumen vor *unsere* Ikonen."

Die Bevorzugung bestimmter Ikonen vor anderen, um den Glauben des Volkes in bestimmte Richtungen zu lenken, setzt eine alte byzantinische Tradition fort. Kein Christus, keine Madonna, kein Heiliger im ganzen Kalender kann eine solche Armee von Ikonen hervorgerufen haben wie Josef Stalin, von dem einst Millionen ernsthaft glaubten, er sei die heroische und vollkommene Verkörperung des Menschen auf unserer Erde. Doch nun kennt ihn der Kreml, einst überfüllt von seinen Bildern und seinem Kult geweiht, nicht mehr. Wo sind seine Ikonen? In irgendwelchen Gewölben warten die unzähligen Bilder auf die neuen Museen, wo sie sicherlich eines Tages ausgestellt werden, damit sich die Besucher mit demselben Erstaunen, derselben vagen Besorgnis vor ihnen wundern, die man jetzt bei vielen sieht, die zum Christus mit dem strengen Blick emporschauen.

Es wurde mir langsam klar, daß man aus den ganz falschen Gründen in die Kirchen geht. Falsche Gründe sind bei den meisten Unternehmungen in Moskau Grundvoraussetzung. Eine Wirrnis von Touristen, Gleichgültigkeit des Kirchenpersonals, eine Messe der Ignoranz – darauf laufen die meisten Kirchenbesuche hinaus. Die jungen Soldaten beim Gottesdienst – homo sovieticus mit ungläubig aufgerissenen Augen beim Anblick der

Priester mit ihren goldenen Kronen; Touristen mit an der Stelle des Auges implantierten Kameras. Am Nowodowitschij-Konvent sind vor der Mauer immer die Maler beschäftigt, sie malen wieder und wieder kleine Aquarelle von den Mauern, Glockentürmen, schwebenden Kuppeln des Konvents. So muß man es machen, wieder und wieder, als müßte es einem dann eines Tages gelingen, es richtig zu machen. Die Künstler tun dasselbe vor der Basiliuskathedrale, als könnten sie nach all den Jahren immer noch nicht ihren Augen trauen.

In Moskau lassen einen oft die Worte im Stich, vielleicht, weil sie schon so viele so oft im Stich gelassen haben; diese Währung ist fast wertlos. Die Wirklichkeit liegt in den Flecken, den Defekten, darin, was nicht ins Bild aufgenommen wird, niemals in den breiten Pinselstrichen, in der zuversichtlichen Zurechtformung, die gewöhnlich die Wiedergabe ausmacht. Die Wahrheit liegt beinahe, wenn auch nicht ganz, im Wegschauen, in der beinahe verpaßten Einzelheit, jener, die sich in die Phantasie einhakt und einen sehen läßt.

In den Nowodowitschij-Konvent hat im siebzehnten Jahrhundert Peter der Große seine Schwester Sophia verbannt; er zwang sie, den Schleier zu nehmen, nachdem eine Revolte gegen ihn gescheitert war. Unter den Zaren des siebzehnten und achtzehnten Jahrhunderts war die hamletsche Neigung groß, Frauen, die als treulos gebrandmarkt waren, ins Kloster zu schicken. Der Nowodowitschij-Konvent war der bevorzugte Ort zur Festsetzung ehrgeiziger Frauen, das gefährlichste Nonnenkloster Moskaus. Drei der Männer, welche Sophia Bittschriften vorgelegt hatten und deshalb als Anführer der Verschwörung zum Umsturz des Zaren galten, wurden vor Sophias Fenster gehängt, eben jene Bittschriften in Händen. So dicht an ihrem Fenster baumelten die Toten, daß sie den Arm hinausstrecken und sie berühren konnte.

Iwan dem Dichter zufolge hatte man den besten Blick auf den Roten Platz in Zehenhöhe, vor einem die Basiliuskathedrale, das Leninmuseum im Rücken.

„Auf die Knie, mit der Nase bis fast aufs Pflaster, und dann schauen Sie auf. So hat man den schönsten Blick. Außerdem ist sichergestellt, daß Sie an diesem Ort der Gespenster und Helden eine angemessen ehrfürchtige Haltung einnehmen."

Ich versuchte es und tat es Iwan nach, der es besser konnte und weniger Aufmerksamkeit erregte, da er schon von vornherein dem Boden näher war. Der Effekt des Aufblicks aus der Stellung, in welcher die Nase fast das Pflaster berührt, ist es, daß man sieht – oder zu sehen glaubt –, wie sich der Horizont krümmt.

Wie Iwan sagte: „Der Rote Platz ist wie die Erde keineswegs flach. Obwohl viele das glauben."

„Schau, Mama", sagte ein Kind, „ein Mullah mit seinem Sohn!"

Man hat den Roten Platz völlig geleert, es ist nichts mehr da; nur seine weite Ausdehnung bleibt eindrucksvoll, und abschreckend. Zwei große breite Prachtstraßen sind zu beiden Seiten des Leninmuseums freigesprengt worden und verbinden den Roten Platz mit der riesigen winddurchfegten Ödnis des Oktoberplatzes, die entstanden ist, indem man alles zwischen der früheren Moskowskajastraße und den Alexandrowskijgärten niedergerissen hat. Solche großen Räume wurden freigelegt, damit man Platz für Panzer und marschierende Menschen und die großen technischen Spektakel hat, wie sie Diktatoren lieben. Die bloße Größe dieser Räume, ob nun vom Pflaster oder aus der Luft betrachtet, ist überwältigend; er liegt etwas Brutales in der riesigen Absicht, der aggressiven Leere, der Erschaffung von Einöden unter Polizeikontrolle, welche jegliches Gefühl menschlicher Maßstäbe vernichten. Die Veränderung Moskaus durch Stalin war eine Attacke auf das persönliche Empfinden, mehr noch, tödlicher, auf die *Person,* deren Händen die bescheidenen, intimen, überblickbaren Maßeinheiten entrissen wurden, um an ihre Stelle exaltierte Masse und Massivität zu setzen. Das ist sein Vermächtnis an die Stadt: Architektur als Krieg.

Der Oktoberplatz ist eine der Erinnerung geweihte Leere. Sein Vakuum erinnert an Stalin und seinen Drang, im großen Maßstab auszulöschen – ein Porträt von Stalins Bewußtsein, in

Stein und Asphalt: „Es sei nichts außer mir – und dieses Nichts sei überall." Es steht da das 1935 erbaute Hotel Moskau, düster, groß, schief mit seinen beiden asymmetrischen Flügeln. Die Anekdote weiß zu berichten, daß die Architekten – darunter Schtschusew, Schöpfer des Leninmausoleums – Stalin die Planskizze mit zwei verschiedenen Flügeln zeigten, damit der Chef sich den Stil aussuchen konnte, der ihm zusagte. Stalin begriff die Absicht nicht. „Baut es genauso", sagte er. Und das taten sie natürlich. Ich habe im Hotel Moskau gesessen und Bier getrunken, Moskowskoje, Stalins bevorzugte Marke, mit einem alten Veteranen, der sich gerne an meinen Tisch drängte, um sein Englisch zu verbessern. „Listen, I speak: one, three, nine ..." Dabei erzählte er mir Geschichten aus dem Krieg. Sein Bataillon wurde in Minsk ausgehoben und kämpfte sich bis nach Berlin. Wenn der Kellner gegen den Rauch seiner übelriechenden gelben Zigaretten protestierte, ließ der alte Mann seine Metallzähne aufblinken und deutete auf die erhabene Schlachtplatte aus Ordensbändern an seiner Brust, und der Kellner zog sich wieder zurück. Der alte Soldat hing noch immer an Stalin, obwohl er ihn, wie er gerne behauptete, durchschaut hatte.

„Früher, wissen Sie, haben wir geglaubt, ohne Stalin können wir gar nicht weiterleben. Wir fallen einfach tot um! Nun, Genosse Stalin ist nicht mehr da, aber ich sitze noch hier!" Das Metallgebiß blitzte, und er nahm zufrieden einen Schluck Bier.

Auf dem Roten Platz wurde die Luft klarer, beißend, als die Sonne unterging und die Temperatur zu fallen begann; das letzte Tageslicht sank wie leuchtender Reif herab. Die riesigen Bronzefiguren vor der Basiliuskathedrale, die an den russischen Widerstand gegen die eindringenden Polen 1612 erinnern, warfen ihre Arme empor, als wollten sie die dämmernde Kälte abwehren. Ein Polizist ließ seinen Knüppel gegen seinen grauen Mantel klatschen: ein trockener, trübseliger Laut. Jeder einzelne Pflasterstein auf dem weiten Platz schien sich runder und störrischer denn je unter den Füßen emporzuschieben. Eine junge Amerikanerin in einer Gruppe vorübergehender Touristen sagte: „Ich hab nach ihm gesucht, und ich kann ihn einfach nicht finden, nirgendwo auf der Welt.“ Auf dem Parkplatz hinter der Kathedrale und im eisigen Schatten der Kremlmauer warteten die Limousinen der Delegierten des Obersten Sowjet, endlose Reihen, wie zum Appell aufgestellt, mit summenden Motoren. Es war, als wäre eine Schar Hexen zu einem äußerst wichtigen Sabbat eingeflogen und hätte die Besen draußen geparkt.

„Die Delegierten treffen sich, um weitere Reformen des Wahlsystems zu diskutieren“, erklärte Valentin. Er hatte den leeren, gläsernen Blick, der seinen Widerwillen gegen diese Inszenierung erkennen ließ. So, wie er sprach, hätten die Männer im Kreml mit unaussprechlichen Kopulationen mit haarigen Tieren befaßt sein können.

Die Basiliuskathedrale im Winter war drinnen immer kälter als draußen. Die Aufseherinnen und Türsteherinnen trugen den ganzen Tag Hut und Mantel und saßen vor kleinen Elektroöfchen; manche waren so tief in ihre Pelze vergraben, daß sie wie Eichhörnchen im Winterschlaf wirkten. Die Kathedrale ist innen überraschend kahl, doch voller Waffen. Unten standen Vitrinen mit Pfeilen und Bogen, Streitäxten, die Iwan der Schreckliche in Feldzügen gegen den Khan von Kasan erbeutet hatte, ein scharfkantiger Schatz aus Kettenhemden, Schwertern und Krummsäbeln. Hinter Holzschirmen setzten Handwerker die Restaurationsarbeiten fort, die seit der Wiedereröffnung der Kathedrale für Besucher im Jahre 1978 angehalten haben. Durch einen sechs Zoll breiten Spalt unter der Stellwand konnte ich die Restauratoren bei der Arbeit sehen. Sie saßen auf dem Boden und zementierten Ziegelsteine ein. Eine Hand reckte sich vor, hob einen Stein auf, drehte ihn prüfend hin und her wie einen Laib Brot oder ein Stück Käse, eine andere klopfte mit einer Kelle daran, noch einmal, dann wurde er aus unbekannten Gründen verworfen, und die Arbeit hielt lange Minuten inne. Langeweile und Konfusion strömten unter der Stellwand hervor – niemand begriff, was Touristen hier suchten. Die Arbeiter begriffen wahrscheinlich nicht, was *sie* hier zu suchen hatten.

Niemand begriff irgend etwas – oder falls doch, dann sagte es keiner weiter.

Wie die Dunkelheit einbrach, leerte sich der Rote Platz bis auf die Polizei; selbst die endlose Schlange vor dem Leninmausoleum verschwand. Milizionäre gingen auf und ab, schwenkten ihre Stäbe und pfiffen Signale. Das Pfeifen erreichte ein Crescendo, wenn ein Konvoi großer schwarzer Limousinen durch das Tor des Kreml rauschte, um eine bedeutende Persönlichkeit zum Essen nach Hause zu fahren. Die Farben der Kathedralenkuppeln erloschen plötzlich wie abgeschaltet.

Die Basiliuskathedrale wurde von Iwan dem Schrecklichen errichtet, um den Sieg über die Tataren von Kasan 1552 zu feiern. Heute richtet Kasan sein Haupt wieder empor. Banden junger Leute kommen aus dem fernen Kasan nach Moskau und klauen dem Publikum gewaltsam die Handtaschen. Sie lauern in den Untergrundbahnstationen und den Metro-Bahnhöfen und nehmen den Opfern die Jacke, die Einkäufe, die Kamera. Die Auftritte dieser Banden sind als „Gastspiele“ bekannt. So groß ist die Furcht, die der Name „Kasan“ auslöst, daß es reicht, ihn auszusprechen, damit die Betreiber von Kooperativen den Gangstern Schutzgelder aushändigen. Man könnte vielleicht sagen, daß vierhundert Jahre nach Iwan dem Schrecklichen die Kerle aus Kasan wieder in der Stadt sind.

Eine Stunde später warteten die großen Limousinen immer noch mit laufenden Motoren. Die Welt war in drei Klassen geteilt – die mit Wagen und Chauffeur, die nur mit Wagen, die mit keinem von beiden. Als wir an einer Reihe dieser schwarzen Gefährte vorbeikamen, die in einem massiven Ring um die Kathedrale geparkt waren und wie vergiftete Gebete ihren Auspuffqualm gen Himmel schickten, sagte ich zu Valentin: „So läßt sich schlecht atmen. Sie halten besser die Luft an.“

„Ich kann nicht ewig die Luft anhalten“, sagte Valentin.

Wir gingen um die runde Lobnoje Mesto-Pfattform herum, wo einst vor der Kathedrale königliche Edikte verlesen wurden und Hinrichtungen stattfanden, und betraten jenen anderen Tempel am Roten Platz, wo die Gläubigen ihre Andacht verrichten: das Kaufhaus GUM mit seinen Arkaden und seinen wogenden Menschenmassen. Drei Reihen tief standen sie schweigend vor einer kleinen Auswahl von Tonbandgeräten, altmodischen Ungeheuern mit großen, schwirrenden Spulen, und einem kleinen Angebot modernerer Kassettengeräte. Zwei junge Verkäuferinnen lehnten am anderen Ende der hölzernen Theke und besahen die Geräte, als könnten sie jeden Augenblick in Flammen aufgehen. Ein Schild über der Theke lautete: FARBFERNSEHGERÄTE. Eines der Kassettengeräte spielte Rockmusik, ungeschickt von einem westlichen Band überspielt, eine dickliche, feuchte, sandige Musik, die sich anhörte, als müßte sie sich durch Schlick hindurchzwängen. Niemand sprach — was brauchte es Worte? Worte waren unnütz, Worte sagten etwas wie „Farbfernsehgeräte". Die beiden Verkäuferinnen hatten nichts zu verkaufen, die Kunden fanden nichts, was sie kaufen wollten. Niemand bewegte sich. Die Zeit wurde zu Eis, und langsam erstarrten wir.

Hinter der Basiliuskathedrale liegt die Moskworezkij-Brücke, die in das alte Samoskworetschje-Viertel führt, über die Moskwa. Diese Brücke verzauberte die Maler im achtzehnten und neunzehnten und frühen zwanzigsten Jahrhundert so, daß sie immer und immer wieder zu ihr zurückkehrten. Keiner würde jetzt die schäbige Straße wiedererkennen, wenn nicht im Hintergrund die zum Ablecken appetitlichen Kuppeln von St. Basilius zu sehen wären.

Die weiße und goldene Nikolauskirche im Samoskworetschje-Viertel stammt aus dem Jahr 1681 und wurde im neunzehnten Jahrhundert restauriert. Es ist eine der wenigen Kirchen, die ihre Funktion und ihre Schätze über die Jahre von Blut und Eis hinweggerettet hat, und sie duftet immer noch nach den Gerüchen von einst, Kerzenwachs, Wollmäntel, Weihrauch, Kopftücher, Filzstiefel und die papiernen Gebete frommer alter Frauen, die den Kern der meisten Gemeinden bilden. Andachtslämpchen, die vor den gerahmten Ikonen hängen, haben einen heimlichen, öligen, störrischen Glanz. Manche Ikonen sind mit

Silber bedeckt, ein Schmuck aus dem neunzehnten Jahrhundert, nur die Gesichter und Finger und kleinen Füße spähen hervor, nicht von der Silberhülle geschützt. Sie zeigen eine alte Bräunung vom Rauch der Tausende und Abertausende von bleistiftdünnen Kerzen, die endlos auf den Stellagen vor jedem heiligen Bild erneuert werden. St. Nikolaus ist eine Kirche in Betrieb, ein Ort des Gottesdienstes, und das zeigt sich in der Atmosphäre ruhiger Zutraulichkeit, an den Bettlern am Kircheneingang, den ohne Eile verrichteten Gebeten vor den Ikonen.

Ein wenig seitwärts im Kirchenschiff gab ein untersetzter Priester in blauen Gewändern seiner Gemeinde Ratschläge, die sich geduldig in einer Schlange anstellte, um mit ihm sprechen zu können. Ihre Probleme waren zahlreich, und mit jedem befaßte er sich auf sanfte, höfliche, aber höchst professionelle Weise. Eine Familie hatte Fragen zu einer Bestattungsfeier – wie sollte alles geschehen? Welche Farbe sollten die Leichentücher haben? Mit welchem Ritual sollte der Leichnam aufgebahrt werden? Geduldig erläuterte der Priester alles, wobei er manchmal die Hand auf die Schulter des Fragers legte, und wenn ein speziell technisches Problem angesprochen wurde, zitierte er Kapitel und Vers aus den Büchern, die vor ihm auf dem Pult lagen. Eine alte Frau in Filzstiefeln, dickem Mantel und fest um den Kopf gewickeltem Schal näherte sich zögernd. Sie wollte, vertraute sie ihm mit zitternder Stimme an, eine Reise nach Kiew machen, wo, wie sie gehört hatte, ein besonderer Priester lebte, der ihren Glauben wieder erneuern, sie mit Gott verbinden könne. Der kleine rundliche Priester umarmte sie. Eine Reise nach Kiew war ein ernstes Unterfangen. Und sie wußte nicht, nach wem sie suchte. Wie würde sie ihn finden, wenn sie dort anlangte?

„Das tut nichts. Ich muß gehen. Dieser heilige Mann wird mir Frieden geben."

„Es ist eine lange Reise für einen alten Menschen", erwiderte der Priester. „Und es ist kein guter Plan. Würden Sie denn jedesmal auf ein Reise gehen, wenn Ihnen jemand etwas erzählt? Wollen Sie jedesmal ins Unbekannte aufbrechen, wenn jemand sagt, daß ein heiliger Mann Sie zu Gott bringen kann? Bleiben Sie hier, diese Kirche ist gut genug für Sie und für mich. Bleiben Sie hier und beten Sie, Gott ist in Moskau nicht weiter fort als in Kiew, es ist so leicht und so schwer wie dort, ihn hier anzurühren."

Die alte Frau bekreuzigte sich wiederholt und dankte ihm; sie küßte seine Hand. Der Priester war alt, müde und von nie versagender Geduld. Er war geistlicher Berater, Psychiater, Arzt, Freund, Rechtsbeistand, und alle seine Audienzen fanden öffentlich statt. Wer etwas sehr Intimes mit ihm zu besprechen hatte, trat nahe heran und flüsterte ihm ins Ohr, an welches er sich die hohle Hand hielt, um die geflüsterten Vertraulichkeiten besser zu hören.

Die neue Ordnung, die nach 1918 an die Macht kam, verachtete solche Regungen des menschlichen Herzens und griff die Empfindungen an, welche sie möglich machen – ob man sie nun Erbarmen nennt oder Freundlichkeit oder einfühlsame Sympathie, und so zeichnen sich die öffentlichen Begegnungen unter Moskowitern durch Grobheit und krude Fühllosigkeit aus. Sensitive, persönliche Anteilnahme war selten und hatte ihren Preis. Jemand, der den Priester kannte, fragte mich, wie alt ich ihn schätzte. Er schien mir Anfang siebzig. Sein Alter war sechsundfünfzig.

Hamlet war ohne Maß – er wollte alles oder nichts, für ihn lag die Wahl zwischen Freiheit oder Sklaverei. Und er wollte Rache. Blut. Für unser Blut. Kurz, ich erkannte jetzt, warum er mir so vertraut erschienen war. Hamlet war ganz wie nationalistische Freunde von mir, schwarz und weiß, in Südafrika. Hamlet gehörte zur Familie. Und vielleicht zeigte er, wo es hingehen sollte. Er machte Gorbatschow das Kompliment, ihn ernst zu nehmen. Wenn die Perestroika mehr bedeuten sollte als leeres Geschwätz, große Gesten, wichtige Reden im Kreml und hungrige Mäuler in der Provinz, wenn die Perestroika über das, was sie bisher geleistet hatte – eine Revolution von oben – hinauswollte, dann mußte sie an den Rändern der Gesellschaft Wurzeln schlagen, auf dem Land, in den Provinzen, in den vernachlässigten Republiken und unter den verachteten Minderheiten. Denn eines war gewiß: in Moskau fand die Revolution nicht statt. In Moskau machten sich die Intellektuellen wortreich einen guten Tag und fühlten sich deshalb schon viel wohler, aber es gab keine Bewegung, keine wirkliche Veränderung. Moskau war das Zentrum, und das Zentrum stagnierte. Die Menschen hier hatten bittere Geduld gelernt und dazu die Kunst, wegzusehen, und sie waren getröstet und verwöhnt von dem Bewußtsein, daß sie vielleicht nicht viel, aber auf jeden Fall ein wenig mehr hatten, als es irgendwo anders gab. Das Land baute Nahrung an, und Moskau wurde ernährt, es mußte anstehen, aber es hatte zu essen: Moskau sprach von der Perestroika, aber die Arbeit, das Volk, der *narod*, sie arbeiteten weiter und warteten und mußten mit weniger und weniger auskommen.

Ich möchte die Kunst, wegzusehen, wie ich sie bei meinen Moskauer Freunden kennenlernte, nicht kritisieren, nicht ihre bittere Geduld, ihre wütende Fügsamkeit. Es ist eine fürchterliche und doch irgendwie bewundernswerte Leistung, gelernt zu haben, wie man ohne den Anschein von Hoffnung überlebt. Wenn die verschiedenen Bereiche der Öffentlichkeit tot waren und die Politik kein Versprechen mehr enthielt, hatten viele Menschen doch Wege gefunden, ihren Geist privatim zu befruchten, mit ihrer Phantasie geheime Gärten anzubauen, Fluchtzonen außerhalb der öffentlichen Kontrolle, in unkonventionellen Kirchen; Orte in den Köpfen, in Wohnungen im sechsten Stock, in Büchern und Gedichten, in Küchen, im Wodka, in einem zarten, schrägen, beißenden, unerträglich spöttischen Humor. Jahrzehntelang waren die Leute wie Idioten behandelt worden, in der Tat, aber erstaunlicherweise waren nicht alle von der Diagnose überzeugt. Ohne jede Hilfe oder Ermutigung hatten viele einen selten zur Sprache kommenden Sinn für Verhältnismäßigkeit, ein Bewußtsein ihres eigenen Wertes. Solchen Menschen zu begegnen, war oft ein erschreckendes, doch auch erfrischendes Erlebnis – mit ihnen, wie bruchstückhaft auch immer, das Gefühl eiskalter Freude teilen zu können, daß sie irgendwie intakt geblieben waren, es bis hierher geschafft hatten! Man fühlte sich als Ehrengast bei einer Leichenwache. Sie bringen das fertig, indem sie die zerstörten Institutionen mit winzigen Spuren jenes Lebens ausstatten, welches sie einst spontan, kraft ihres Wesens hatten. Solche Moskowiter überraschen und entzücken, indem sie an unerwarteten Stellen und in ungewohnter Weise die Wahrheit aussprechen, und manchmal erweisen sie dem Ausländer den großen Gefallen, daß er ihnen dabei zusehen darf.

Denn täuschen wir uns nicht – die großen Institutionen sind Ruinen, Gespenster ihrer einstigen Größe: der Staat, die Kirche, die Presse, die Justiz, die Universitäten. Natürlich haben die Leute zumindest bis vor kurzem so getan, als wäre dem nicht so, nicht nur aus Propagandagründen, sondern auch, weil es entsetzlich ist, sich einzugestehen, daß ein großer Traum zum Alptraum geworden ist. Ausländer haben früher diese Lüge mitgetragen, und ironischerweise tun sie es seit dem Beginn der Perestroika noch bereitwilliger. Aber alles liegt in Trümmern, und keine ausländischen Komplimente, kein Weiterspielen, als sei alles gut, können es zusammenfügen.

Gehen Sie einmal ins Bolschoi-Ballett – wie es Tausende tun, die dann die üblichen schmeichelhaften Bemerkungen machen –, aber schließen Sie die Augen, halten Sie den Daumen! Denn das Bolschoi liegt in Trümmern. Nur der Tanz ist geblieben, der sich mit zähem Ingrimm in etwa auf dem traditionellen Niveau des russischen Balletts gehalten hat. Aber das Theater ist so verrottet wie die anderen großen russischen Institutionen, eine Domäne von Ausländern, hohen Tieren, Parteibossen mit Freikarten. Die Plätze sind unmöglich, egal in welcher Preisklasse, die Kulissen alt, trostlos, schlecht, und doch drängen sich Ausländer, vom Glück begünstigte Provinzler und die politische Elite in den schäbigen Foyers, kämpfen um strittige Plätze und versichern einander, wie wunderbar es alles ist. Die Meinung gewöhnlicher Moskowiter ist weder bekannt noch erwünscht. Warum auch? Sie kommen nie ins Bolschoi: Funktionäre und Besucher haben sich verschworen, so zu tun, als lebten diese Institutionen, als gäbe es so etwas wie eine Justiz und eine Art Industrie und eine Presse, die irgendwie diesen Namen verdiente, und eine Kultur, die dem Volke gehörte, aber nichts davon ist wahr. Die wahrhaft revolutionäre Errungenschaft von Glasnost ist es, daß nun mehr und mehr Leute wissen, daß das eine Lüge ist, und es auch aussprechen – keine Ausländer, Feinde des Volkes oder antisozialistische Elemente, sondern gewöhnliche Leute.

Doch ist es eines, etwas zu sagen – und darin hat Hamlet der Armenier recht, daß er seine russischen Zuhörer daran erinnert, daß die Revolution über das Sagen hinausmuß, oder der Stalinismus hat gewonnen.

Die Hartnäckigkeit der Spiritualität in einer Gesellschaft, von der es heißt, sie sei ganz in den wissenschaftlichen Materialismus verliebt, ist bemerkenswert, auch wenn sich diese Neigung in vielen Formen ausdrückt, teilweise mit einer gewissen Logik, teilweise verhüllt, privat, verdünnt, pervertiert. Die Lyrik ist natürlich schon lange eine Volkskirche mit vielen Anhängern gewesen. Mit dem rascheren Voranschreiten der Liberalisierung der Ideen werden die zum Schweigen verurteilten Dichter wiederentdeckt, und jüngere Lyriker treten an die Öffentlichkeit.

Vor der sich drängenden Menge in einem Kulturpalast las eine Frau ihre Gedichte zum ersten Mal vor einem Publikum. Ihre Texte waren jahrelang „nicht akzeptiert" gewesen, weil sie über religiöse Themen schrieb. Etwa vierzig Jahre alt, mit einem weich herabfallenden Tuch um die Schultern, das an die junge Anna Achmatowa erinnerte (ihre Bewunderer schwören, daß sie ihr ähnlich sieht), ließ sie mit ihrem stetig tönenden, vollklingenden, rhythmischen Vortrag die Zuhörer vor Genuß erschauern. Sie nickten, wenn ihnen etwas Bestimmtes gefiel, zuckten die Achseln, lächelten bei gewissen Bildern, klatschten bei Passagen, welche sie bewunderten; ihre Konzentration war total, sie schienen sich zu einem einzigen Auge zusammenzuschließen, das mit religiöser Inbrunst auf das Podium gerichtet blieb, einem großen Ohr, das sich mühte, jede Silbe aufzufangen. Und die Autorin las nicht vor, sie deklamierte, sie sah nur gelegentlich auf die Zeilen, was darauf hindeutete, daß sie schon früher privat vorgetragen hatte, vor kleinen Gruppen, als so etwas noch gefährlich war. Jetzt, endlich vor einem Publikum, gestand sie mit einer gewissen Traurigkeit, daß die Zeit, als sie einer solchen Begegnung entgegenfieberte, lange vorüber war. Über ihr, über die ganze Breite der Bühne, hingen zwei riesige Parolen in roten Buchstaben. Die rechts lautete: MIT EINSATZ ALLER ENERGIE FÜR DEN NEUEN FÜNFJAHRESPLAN! Die linke meinte: DURCH DEMOKRATIE ZU EINEM NEUEN BILD DES SOZIALISMUS! Es schienen Botschaften aus einer anderen Welt, weit weg von der stillen Gestalt auf der Bühne, die sich mit blassen Händen das Tuch zurechtzupfte.

„Was soll ich als nächstes lesen?"

Ein Mann stand auf. „Lesen Sie alles! Lesen Sie das ganze Buch!"

Die Stabilität religiösen Glaubens ist vielleicht der neueste Zug, der sich in jenem Tabernakel von Altgläubigen zeigt: dem Zirkus. Man weiß, daß man alt wird, wenn der Zirkusdirektor einem jung erscheint. Der im Moskauer Zirkus war jung und ganz in Weiß gekleidet, ein Ritter in schimmernder Wehr. Das Programm verhieß Zauberkünstler, warnte aber davor, an Wunder zu glauben. Es informierte den Leser wiederholt, daß es im Leben, leider! keine Wunder gibt und daß Illusionisten nur so tun, als setzten sie die Naturgesetze außer Kraft. „Was ist das für ein Beruf, dessen Wesen darin besteht, uns zu täuschen?" fragte das Programmheft streng.

Die Menge, die in den Moskauer Zirkus strömt, gleicht der, die einst sich in die Erlöserkirche gedrängt hat – die Gründe für den Besuch sind nicht unähnlich. Der Moskauer Zirkus ist sehr berühmt, und niemals ist ihm unbehaglicher, als wenn er sich von der alten Religion und ihrem Aberglauben distanziert. Das Programm sprach von Zauberern, die Damen in der Luft schweben lassen konnten, sie in zwei Teile zerlegten, sie im

Handumdrehen verschwinden ließen und an ihrer Statt Löwen herbeizauberten. Manche versprachen sogar, auf dem Wasser zu wandeln. Legendäre Gestalten wie der „Wasserdrache“, ein Meister aquatischer Sinnestäuschung, Inhaber des „Goldenen Zauberstabes der Europäischen Illusionistenliga“, hatten in der Manege komplizierte Wasserspiele vorgeführt, Kaskaden, Sturzbäche und Fontänen „weiß Gott woher“ (gestand das Programm), selbst nachdem die städtische Wasserleitung abgestellt worden war. Ach, die Meister der Zauberei, derer sich das Programm rühmte, erwiesen dem Publikum die höchste Gunst und verschwanden.

Statt dessen trat ein gewisser Jewgenij auf, ein drollig-sympathischer Clown mit einer kleinen Melone und einer großen schwarz-weißgepunkteten Fliege. Er führte ein Wägelchen in die Menge, das ein Esel zog, auf welchem ein Affe ritt. Der Esel versuchte, die Manegenarchitektur anzunagen, der Affe den Esel; es verging eine gewisse Zeit, ehe uns klar wurde, daß das nicht zur Nummer gehörte. Wirklich interessant wurde es, als der Affe auf eine Frau in der ersten Reihe sprang, die ihre Rolle so gut spielte, daß niemand auf den Gedanken gekommen wäre, das sei alles abgesprochen. Ihr Entsetzen schien ganz spontan.

Wir sahen zu, wie sie sich in die Manege locken ließ und zu einer Kabine geführt wurde, aus der sie Augenblicke später wieder heraustrat, strahlend vor Entzücken über ihre Belohnung: in einem langen Pelzmantel aus Nerz und Fuchs. Erst, als sie auf ihren Sitzplatz zurückkehren wollte, löste sich ohne Vorwarnung der gesamte „Mantel“ plötzlich auf und verwandelte sich in lebendige Nerze und einen Fuchs, der im einen Moment um ihren Hals geschlungen hing und im nächsten durch die Manege sprang, während das nun halbnackte Opfer hysterisch schrie. Nerze und Fuchs liefen hin und her, von Manegenarbeitern mit Käfigen verfolgt. Eine unglaublich effektive und höchst beunruhigende Nummer, welche die Organisationen aufgreifen sollten, die gegen die Jagd und Zucht von Pelztieren sind.

Der Moskauer Zirkus vermengte das Schockierende und das Gewohnte zu fast gleichen Teilen: Akrobatische Künste, Clowns und Tänzer wechselten mit Tiernummern, bei denen Bären, Affen, Hunde, rollschuhfahrende Schimpansen, dressierte Seehunde, Pferde, Vögel und Nagetiere auftraten. Tief in der menschlichen Natur scheint etwas verborgen, das sich am Quälen von Tieren ganz selbstverständlich erfreut, und es herrschte deshalb große Verblüffung, als einer der Seehunde schlicht streikte und sich weigerte – buchstäblich – mitzuspielen; als der Affe den Esel ein wenig beschädigte; und als ein Clown einen Igel in der Hose verlor und einen köstlichen Augenblick lang ihn tatsächlich nicht mehr wiederzufinden schien. Dann stemmte ein ziemlich dicklicher Starker Mann in rosafarbenen Strumpfhosen und goldenen Stiefeln ohne erkennbare Anstrengung 900 Kilo, und verschiedene Bären mußten auf Pferden reiten, was auf beiden Seiten zu Zeichen von Angestrengtheit führte. Langbeinige Girls zeigten eine Art braver Nachtklubshow in Charlie-Chaplin-Kostümen, wenn man sich Chaplin mit langen nackten Beinen vorstellen kann. In einer anderen Nummer trugen sie Punkfrisuren und tanzten – ausgerechnet – Cha-Cha-Cha. Das Clownstrio arbeitete sanft und präzise, und einmal spielte das Orchester „I'd rather be a hammer than a nail". Den Kindern gefiel es ausnehmend gut, und als der Igel sich zu unerwarteten Gängen in die Hosenbeine seines Herrn aufmachte, dachte ich, der kleine Junge neben mir würde sich gleich vor Gelächter auflösen. Doch es fehlte etwas, etwas stimmte nur halb.

Der Zirkus ist im Grunde eine vulgäre Angelegenheit, wie die Oper; doch Schweiß und Sägemehl waren aus dem Moskauer Zirkus verschwunden und durch Wissenschaftlichkeit ersetzt: dies war wissenschaftliches Sägemehl. Was fehlte – und dieses Fehlen war vielleicht fatal – war Spontaneität, das Unerwartete, Unzuverlässige, Unorthodoxe. Der Zirkus in Moskau bleibt eine volkstümliche Kunst – man kann es in den Gesichtern der alten Damen vom Land sehen, der Bäuerinnen, die den Affen Beifall klatschen und das Gesicht in ihrem Tuch verbergen, wenn der Trapezkünstler seinen Griff verfehlt und ins Netz kreiselt.

Der quasi-wissenschaftliche Ansatz, der den Zirkus gezähmt hat, um ihn als erlesene sozialistische Unterhaltung zu vermarkten, gerät bei der Frage der Zauberwunder in hoffnungslose Widersprüche. Auf der einen Seite will man Erstaunen und Entzücken hervorrufen und den Zuschauern nahelegen, sich ohne Skepsis zu wundern, auf der anderen Seite stehen Warnungen vor religiösem Aberglauben und Leichtgläubigkeit. Kurz, es soll so sein und auch so, und als ich in der Pause in der Cafeteria stand und mein Salamibrot verzehrte und den Kindern zusah, die nach ihrem Fanta anstanden, mußte ich denken, daß auch diese Einrichtung nur ein gespenstischer Schatten ihrer selbst war. Das Programm zitiert beifällig eine Bemerkung des Ausgezeichneten Künstlers der Sowjetunion und „Verdienstvollen Kunstwerks der Georgischen Sowjetrepublik", eines Zauberkünstlers, der berühmt dafür ist, daß er die Leute durch Glas hindurchgehen läßt, einen Konzertflügel schweben macht, ein Mädchen in Brand steckt und sich aus den verschiedensten verschnürten Säcken unter Wasser und aus verschlossenen Koffern befreit. Das Kunstwerk erklärt: „Der Zauberkünstler, der versucht, seine Tricks unbedingt geheimzuhalten, ist im Irrtum. Außerdem ist es allgemein bekannt, daß keine Wunder geschehen." Tatsächlich ist das Gegenteil wahr, wie die ergriffene Konzentration des Publikums bezeugte, und der Zauberer, der so etwas sagt, ist schon am Ende, ehe er noch begonnen hat.

Vater Sergius, mein Führer beim Besuch des alten Danilowskij-Klosters an einem eisigen Morgen, war ein großgewachsener Mann mit rotem Bart, in dem Eiskristalle hingen. Er trug keine Handschuhe, sondern barg seine Hände in den langen Ärmeln seines Habits, und sein Kruzifix glänzte buttergolden im Wintersonnenlicht. Er war ein Geschichtsforscher, ein Gelehrter; seine ruhige Konversation glitzerte von scharfen Nebenbemerkungen wie Messer in Honig.

„Nach der Revolution kam die Verfolgung der Kirche und der Geistlichkeit. In Blut ertränkt."

Arbeiter waren oben auf dem Kuppeldach der Kirche zu den

Sieben Ökumenischen Konzilien, einer der drei großen Kirchen innerhalb der Klostermauern, und schaufelten Schnee weg, der in weiten, mehligen Schwüngen herabfiel. Das Kloster war 1276 von dem Moskauer Großfürsten Daniel gegründet worden, den die Russisch-Orthodoxe Kirche später heiliggesprochen hat. Vater Sergius sprach von seinen Taten und den zwischen ihnen und uns liegenden siebenhundert Jahren, als hätte sich das alles zu unseren Lebzeiten ereignet, mit einer bedauerlichen Unterbrechung nach 1918, einer Periode, die jetzt rasch in den Abfalleimer der Geschichte geriet. Das Kloster war nach dem Tode Daniels verfallen, wurde im sechzehnten Jahrhundert von Iwan dem Schrecklichen restauriert und ein Jahrhundert später von Zar Alexis erweitert.

Vater Sergius berachtete den fallenden Schnee. „Mit ein paar Schaufeln wird die Last abgetragen."

Das Kloster war noch ein paar Jahre nach der Revolution in Betrieb, bis es 1926 geschlossen wurde und ein Kinderheim wurde, eine Art Straflager für die Waisen von Leuten, die bei den stalinistischen Säuberungen der dreißiger Jahre umkamen. Als der Staat es übernahm, wurden die Eingangstore herausgerissen, der Glockenturm zerstört und die Glocken nach Harvard verkauft. Die Ansiedlung, die hier seit dem dreizehnten Jahrhundert existiert hatte, war nun von außen nicht mehr wiederzuerkennen. Bei der Zerstückelung seiner Kirchen war es dem neuen sowjetischen Staat um Schätze zu tun. Heilige Gegenstände wurden gegen Traktoren getauscht. Gott gegen Korn.

„Die Kirche hat die Regierung gewarnt, damals nach der Revolution, daß die Schätze der Kirche nur Gutes bewirken können, wenn sie freiwillig hergegeben werden. Der Gewinn, wenn man sie ohne dies einfach verkauft, wird zu Asche werden. Wir baten um Zeit, um sie auszuhändigen. Der Staat wollte nicht warten. Gewalttaten fanden statt. Priester und Nonnen wurden getötet, und die Warnung der Kirche wurde wahr. Nichts von irgendeinem Wert kam aus den Verkäufen von Kirchengütern. Sie haben nicht die Revolution gerettet und nicht das Land."

Wertvolle Reliquien gerieten in die Museen des Atheismus,

und Vater Sergius erzählte von der Übergabe einer Anzahl Reliquien an das Museum in Wilna.

„Sie wurden in einem ganz erstaunlichen Erhaltungszustand abgeliefert, eine Anzahl von Gliedmaßen, die unnatürlich lebensecht schienen. Das Museum war in Verlegenheit, es mußte neben der Vitrine einen Hinweis anheften: ‚Ein seltener Fall organischer Selbsterhaltung'."

Vater Sergius erinnert sich aus den Jahren, als die Kirche noch als Kinderheim diente, an eine Photographie, die hoch über dem Altar ein Spruchband zeigte: „Wir stehen alle in der Schuld unseres Heimatlandes — wir schulden ihm die Luft, die wir atmen!" Dies erscheint weniger seltsam, wenn man sich daran erinnert, daß solche Parolen damals alltäglich waren. Kinder sangen: „Danke schön, Genosse Stalin, für unsere glückliche Kindheit!" Und der infame Zwölfjährige, Pawlik Morosow, den Millionen sowjetischer Schulkinder in Gedichten, Liedern und Parolen priesen, galt als Held, weil er seine Mutter und seinen Vater denunziert hatte. Kinder waren ebenso Opfer wie ihre Eltern. 1935 erließ das Regime eine Anordnung zur „Bekämpfung des Verbrechens", welche die Verhängung der Todesstrafe bei zwölfjährigen Kindern ermöglichte. Als das Danilowskij-Kloster 1983 endlich an die Kirche zurückgegeben wurde, mußte auf Kosten der Kirche ein neues Heim für die Kinder gefunden werden.

„Sie haben ihr Spruchband mitgenommen", erinnerte sich Vater Sergius, „und an dem neuen Ort aufgehängt."

Die kirchlichen Autoritäten haben mit bemerkenswertem Geschick das Klosterleben wiederhergestellt — nicht nur mit liebevoller Effizienz die Klosterkirchen wieder zum Leben erweckt, sondern auch in der ganzen Klosteranlage eine überall spürbare Atmosphäre von Heiterkeit, Freundlichkeit und Ordnung geschaffen. Dies sind unwägbare Qualitäten, die doch jeder aufmerksame Besucher wahrnimmt. Was einen noch mehr erstaunt, ist die Tatsache, daß diese Qualitäten anderswo in Moskau kaum anzutreffen sind. Auf irgendeine Art und Weise scheint die Welt im Danilowskij-Kloster zu funktionieren.

Welches Paradox, daß Restauration und Spiritualität zu Ordnung und guten Geschäften führen, zu einer seltenen Kompetenz im Umgang mit der Welt; wie seltsam, diese Qualitäten nicht in einem Büro, einem Hotel oder einer Fabrik anzutreffen, aber in einem mittelalterlichen Klosterkomplex!

Vater Sergius' Blick ruhte freundlich auf den Männern, die den Schnee vom Kirchendach schaufelten, ein Blick eindeutiger verwalterischer Zufriedenheit.

„So bleiben die Dachrinnen frei, Sie verstehen. Das ist alles unser Werk. Das Geld für die Restaurierung hat die Kirche aufgebracht. Wir haben es vorgezogen, nichts von der Regierung zu nehmen."

In der Kirche der Heiligen Dreifaltigkeit, wo Stalins Waisen dem Staat für die Luft gedankt haben, welche sie atmeten, bewunderten wir eine außergewöhnliche Ikone, die unter dem Namen „Unsere Liebe Frau mit den drei Händen" bekannt ist; zwei Hände halten das Jesuskind, während eine dritte, am Gelenk abgetrennt, aus dem Nichts erscheint, um mit den beiden anderen ein Dreieck zu bilden — ein Echo der Trinität vielleicht.

Der Patriarch aller russischen Lande, das Haupt der Russisch-orthodoxen Kirche, residiert im Danilowskij, in einem neuen Haus, das klar von den es umgebenden Kirchen absticht. Für seine Bemühungen erhielt der Architekt des Patriarchiats den Leninpreis. „Ich weiß nicht, ob der Namensgeber des Preises die Verleihung wirklich gebilligt hätte", sagte Vater Sergius. „Jedenfalls haben die Regierungsstellen, soweit ich weiß, die Pläne für eine Botschaft in Portugal, die dann nicht gebaut wurde, verwendet." Neben dem Patriarchiat liegt das, was Vater Sergius in einem Moment abwesender Freimütigkeit „unser Außenministerium" nannte, tatsächlich ein Verwaltungszentrum, welches die Geschäfte der Kirche im Ausland regelt. Ein riesiger Christuskopf mit ziemlich tadelndem Gesichtsausdruck, der an die Mauer des Patriarchensitzes gemalt ist, schien einen äußerst vorwurfsvollen Seitenblick auf das „Außenministerium" zu werfen, als hätte es allen Grund zur Zerknirschung.

Gleich vor den Klostermauern stand eine bescheidene, blaßgrün verblichene Kirche, die erst kürzlich ihren Eigentümern wieder zuerkannt worden war. Sie hätte eigentlich dem Kloster mit all seinen anderen Besitztümern zusammen schon 1983 wieder übergeben werden sollen. Aber die dort arbeitenden Angestellten erhoben Einwände gegen ihre Umsiedlung und machten geltend, daß ihre Arbeit geheim sei. Nach vielem Hin und Her einigte man sich, daß sie ausziehen würden, falls die Kirche ihnen angemessene Räumlichkeiten in einem anderen Moskauer Stadtviertel errichten würde. So geschah es. Und als die Kirche ihr Gotteshaus wieder in Besitz nahm, stellte sich heraus, welcher Natur die „geheime Arbeit" gewesen war: eine Regenschirmfabrik.

„Wenn Sie je etwas aus Moskau mit nach Hause nehmen wollen, ein echtes Andenken", riet Vater Sergius, „dann kaufen Sie einen Regenschirm. Sie können sicher sein, daß er nicht in Japan hergestellt ist."

Als ich ihn verließ, waren die Eisbröckchen in seinem Bart groß und zahlreich wie Brombeeren. Der Christus auf der Hauswand des Patriarchiats warf seinen langen tadelnden Blick. Blut, Waisen, Regenschirme, Ikonen, Reliquien und hervorragendes Management: Das Danilowskij-Kloster war ein sehr seltsamer Ort.

„Gibt es irgendeine Gedenktafel für die Kinder, die hier eingesperrt waren? Die hier gestorben sind?"

Er schüttelte den Kopf. „Ich würde ungern hier ein solches Denkmal sehen. Es ist nicht nötig. Ihre Gegenwart ist spürbar. Wir heißen ihre Geister willkommen, und die der Priester, die uns verlorengingen. Ich bin auch gegen ein Denkmal der Art, wie es für die Opfer des Stalinismus vorgeschlagen wird. Wollen wir den Eindruck erwecken, daß sich die Erinnerung auf eine Person, eine Ära beschränken soll? Was ist mit den Verbrechen, die vorher geschehen sind, und danach?"

4

Luftmahlzeiten

Ich begann, deprimierend auf Viktor den Kellner zu wirken – keine schwache Leistung, wenn man es bedenkt, da er schon ganz aus eigener Kraft in seiner Selbstachtung so tief gesunken war, daß er bereits ein potentieller Klient des Gratis-Service der Moskauer Telephongesellschaft für Suizidanten war. Seine Augen, einst dunkel und ruhelos, hatten alle Beweglichkeit verloren und sahen aus wie aus sehr altem Teppichfilz geschnitten, dunkelgrau und zertrampelt. Er haute immer noch die zum Frühstück herunterkommenden Touristen mit seinen Tauschofferten an, und seine Umtauschraten waren durchaus konkurrenzfähig, aber er verfolgte sie nicht länger mit neuen, improvisierten Angeboten an ihre Tische. Solche massiven Stimmungsumschwünge gehören zum klassischen Repertoire der russischen Literatur, aber man erwartet sie nicht bei einem Kellner. Viktors Problem mit mir war es, daß ich – neben meinen anderen Unvollkommenheiten – nicht gelernt hatte, die Kunst des „Wegsehens“ zu meistern; ich war ein Ausländer, und meine Besuche dauerten nicht lange genug an, daß er mich lehren konnte, wie es wirklich zuging.

„Sie wollen immer wissen, wie die Dinge funktionieren“, beklagte sich Viktor. „Sie denken ausgesprochen linear.“

Viktor zog sich gern auf eine orientalische Strategie zurück. Im exotischen Territorium des östlichen Bewußtseins, wo er um geistiges Asyl nachsuchte, wenn es ihm gerade paßte, ging man – sagte Viktor – in intuitiven Sprüngen vor. Tatsächlich bestand seine einzige Verbindung mit dem Osten in einer Leidenschaft für Bruce-Lee-Filme, von denen ein Vetter eine ansehnliche Sammlung hatte. Viktor war ein Moskowiter der dritten Generation, und eines Tages rutschte es ihm heraus, daß ein Teil seiner Familie auf dem Deutschen Friedhof begraben lag.

Er war sehr viel mehr Europäer, als ich es je sein würde, obwohl nichts, was ich sagte, ihn davon abbringen konnte, daß ich ganz einfach ein Engländer war, den man als Kind cartesianisch indoktriniert hatte und der dementsprechend nun nur noch „wie ein Rasenmäher" denken konnte. Viktor hatte etwas gegen den Rasenmäher, der für ihn das Symbol der äußersten Idiotie maschineller Logik war. „Man läßt das Gras wachsen, dann rasiert es der Rasenmäher ab zu einer Einöde, wo die Leute nicht mehr gehen dürfen. Das ist Ihre Logik. Ich sage Ihnen, wenn Sie irgend etwas in Moskau begreifen wollen, müssen Sie Ihr Denken ändern. Sie wollen wissen, wie alles funktioniert? Also: nichts funktioniert. Fangen Sie bei Nichts an und machen Sie von da aus weiter."

„Was wissen Sie über Rasen?" fragte ich.

„Ein Rasen, das ist bloß Gras bei der herrschenden Klasse", sagte Viktor. „Ich habe Bilder davon gesehen. In *Homes and Gardens*."

Wir standen einmal früh am Morgen im Foyer des Hotels. Zwei enorme Frauen waren soeben mit Säcken Gips, Eimern und Maurerkellen eingetroffen. Amazonen, die die Gäste überragten. Man hatte sie angewiesen, die kleine trockene Brunnenschale auszugipsen, die in der Mitte des Foyers stand, unter einer Fontäne, die ich noch nie in Betrieb gesehen hatte. Der Kreis des trockenen Brunnens erinnerte mich immer an einen ausgedörrten Mund. Viktor sah zu, wie die Amazonen Gips um den Betonrand strichen. Ich fragte ihn, ob er meinte, daß die Fontäne je wieder strömen würde. Meine Frage beunruhigte ihn.

„Ich glaube es nicht. Ich hoffe nicht. Nein, ich bin sicher, sie wird es nicht."

„Das ist schade. Eine Fontäne, aus der nie Wasser geflossen ist, ein Brunnen, der nie gefüllt war."

„Da fangen Sie schon wieder an", klagte Viktor. „Der Rasenmäher. Bloß weil man eine Fontäne baut, heißt das noch lange nicht, daß sie auch funktioniert. Vielleicht kommt kein Wasser. Vielleicht kommt welches, aber der Brunnen leckt. Was dann? Jemand ist schuld. Wer möchte schon schuld sein?"

Die Hotelgäste kamen zum Frühstück. Aber die gläsernen Flügeltüren zum Speisesaal waren mit einer Schnur zusammengebunden. Durch das Glas konnte ich sehen, wie die Kellner an den Tischen herumsaßen und die Gäste ignorierten, die an die Tür pochten und verzweifelt gestikulierten, daß sie hineinwollten.

„Warum sind die Türen verschlossen?"

Viktor ließ sich nicht herbei, sich umzudrehen und einen Blick auf die Ausländer zu werfen, die sich vor der versperrten Tür drängten. Er konzentrierte sich statt dessen auf die Gipserinnen in den blauen Latzhosen, die sich mit wunderbarer Anmut in der trockenen Brunnenschale bewegten, Rücken an Rücken, wie Tänzerinnen.

„Heute ist Frühjahrsputz, also bleibt der Speisesaal zu. Das Frühstück ist in einem anderen Raum auf der anderen Seite des Hotels gedeckt."

„Wie sollen sie das wissen?"

„Die Hungrigen werden schon einen Weg finden." Diese zweifellose Wahrheit schien seine Gedanken anzuregen. Kleine Lebensfunken kehrten in die grauen Filzaugen zurück. „Sie interessieren sich für's Essen, stimmt's?"

„Ich werde ab und zu hungrig."

„Na, dann müssen Sie essen gehen. Essen Sie mal da, mal dort. Essen Sie sich tief in Moskau hinein! Gibt es einen besseren Weg, eine Stadt kennenzulernen? Sie müssen mit einem unserer großen Restaurants anfangen, dem Praga. Das ist im Arbat. Ich werde Ihnen sagen, wie Sie dorthin kommen."

Ich hatte vom Praga gehört, einem der letzten großen Restaurants aus den alten Zeiten. „Daneben war früher das Hotel Stoliza, glaube ich. Eine Bohème-Pension, wo Künstler einigermaßen unbehaglich hausten, ein düsterer Ort."

„Es gibt kein Hotel im Arbat", sagte Viktor entschieden.

„Jetzt vielleicht nicht mehr. Aber im letzten Jahrhundert gab es eine ganze Anzahl, das Stoliza eingeschlossen. Es wird in einer Geschichte von Iwan Bunin erwähnt – ‚Muse'."

„Ah, ‚Muse' ", sagte Viktor distanziert. „Wir bleiben am

besten bei der Realität. Und Bunin – der hat viele Jahre in Frankreich gelebt, stimmt das nicht?“

Ich verstand den Hinweis. Bunins Aufenthalt im Lande Descartes' hatte ihn in Viktors Augen verdächtig gemacht. Es schien sich nicht zu lohnen, das Thema weiterzuverfolgen.

„Muß ich einen Tisch reservieren lassen?“

„Sprechen Sie einfach an der Tür vor“, erwiderte Viktor großartig, als gehörte ihm das Restaurant Praga. „Es ist staatlich, wird nicht von einer Kooperative betrieben, also steht es allen offen. Sie müssen vielleicht anstehen, aber als Ausländer haben Sie keine schlechten Karten. Wie Sie wohl bemerkt haben, mögen wir Russen Ausländer.“

Die aus dem Speisesaal ausgesperrten Touristen fingen erregt zu jaulen an. Ein Späher, der vom anderen Ende des Hotels zurückgekehrt war, meldete, dort Frühstück gerochen zu haben; die ausgehungerten Fremden rannten die Treppe hinauf. Die jungen Damen an der Rezeption sahen ihnen erleichtert nach; sie waren es müde, zu wiederholen, daß sie nichts von irgendwelchen anderen Arrangements für das Frühstück wußten. Frühstück fiel nicht in ihr Ressort. Die Türsteher, die die seit Tagen kaputte Schuhputzmaschine auseinandergenommen hatten, entdeckten nun, daß sie nicht in der Lage waren, sie wieder zusammenzusetzen; das machte alle höchst zufrieden. Die Gipserinnen beendeten ihre Arbeit am leeren Brunnen und packten ihr Werkzeug zusammen. Viktor sagte, er meine, sie hätten da gute Arbeit geleistet, es sah nun wirklich nach etwas aus. Ich wollte gerade sagen, daß es sogar noch besser aussehen würde, wenn der Brunnen funktionierte, aber der Rasenmäher fiel mir ein, und ich sagte nichts.

Das Restaurant Praga bekrönt den Arbat, honigfarben und solide, eines der wenigen Gebäude, das wirklich noch seinem traditionellen Beruf nachgeht, während die anderen eigentlich nur vorgeben, Cafés zu sein oder Kunstgalerien. Einst war der Arbat das Viertel der Aristokratie, und Spuren seiner alten Größe sind noch zu sehen. Aber heute ist er für seine Einkaufsstraße bekannt – die einzige Fußgängerzone der Stadt. Die großen Häuser, nach dem französischen Rückzug und dem Brand von 1812 erbaut, sind erhalten geblieben, um einen Eindruck vom (laut Reiseführer) „alten Moskau“ zu geben. Es ist eine museale Straße – die gelb, rosarot, pistaziengrün gestrichenen zarenzeitlichen Fassaden hinterlassen den eigenartig widersprüchlichen Eindruck von sanfter Kühnheit, zusammen mit einem Gefühl von beinahe unglaublicher stilistischer Hemmungslosigkeit. Giebel, Pedimente und Stuck wetteifern mit strengen klassizistischen Fassaden, und eine Reihe dreiarmiger Straßenlaternen, deren runde Köpfe wie starre Umkehrungen der drei Kugeln vor Pfandleihen aussehen, marschiert die Straßenmitte hinauf.

Der Eindruck hemmungsloser stilistischer Verspieltheit entsteht, weil so viel von Moskau im Vergleich gesichtslos ist, weil der Besucher daran erinnert wird, daß viele Teile der Stadt einst so ausgesehen haben müssen. Der Arbat ist etwas Besonderes, weil er überlebt hat. Das Viertel zieht Touristen an, die einen Blick auf die Vergangenheit erhaschen wollen, und junge Moskowiter auf der Suche nach Neuem. Und manchmal schreien konservative Hausfrauen, die Alt und Neu gleichermaßen mißbilligen, auf die Straßenhändler ein, bis die Miliz kommt. Die Hausfrauen wissen nicht, was sie anstellen sollen, außer zu schreien und mit dem Finger zu zeigen; die Miliz weiß nicht, was sie tun soll, da kein Gesetz verletzt wird. Niemand weiß, was man mit diesen „neuen Gestalten“ anfangen soll, die auf die Straßen gekommen sind. Händler, Straßenmusikanten mit der Mandoline, Heilige Männer, die vor Feuer und Zerstörung warnen, Pflastermaler, Nutten gehen ihren Tätigkeiten nach, unter dem Klicken der Nikons; Soldaten aus der Provinz auf Urlaub starren großäugig die Wandzeitungen mit ihren Forderungen nach demokratischen Rechten an; und die flockigere Moskauer Jugend trifft ihre Dealer. Aufforderungen wie „Kaufen Sie hier Ihren Sowjetkitsch!“ konkurrieren mit dem Totenkopf und den gekreuzten Knochen der Abstinenzler, die über einer Warnung „Wodka tötet“ flattern, und Maler präsentieren ihre Airbrush-Bilder, Euroart, rosaschimmernde Nacktheiten, eine Art Fast Food für's Auge, was anzudeuten scheint, daß die kulturelle Kluft zwischen Osten und Westen sich zu schließen beginnt und daß die Pflastermaler überall Brüder im Geiste sind und über dieselben patentierten Standardnippel verfügen, alte Hasen am Mons veneris.

Die Schwarzhändler im Arbat sind rastlos tätig in der Blinzel- und Flüsterwelt, die *farzowka* heißt: illegaler Währungstausch mit Ausländern. Wird man gefragt, ob man Englisch spricht oder Deutsch oder Finnisch, so ist dies kein Ersuchen um Konversation in ausländischer Sprache; der Frage folgt meist ein Angebot, gegen Rubel zu tauschen. Die Händler liegen auf der Lauer nach ausländischen Opfern, und oft sehen sie selbst aus wie die Touristen. Es gibt ein Gesetz gegen diesen Handel, und eine Verurteilung bedeutet eine Strafe von einhundert Rubel, die sich beim zweiten Mal verdoppelt. Die Polizei versucht, der Sache Herr zu werden, späht die Händler mit Ferngläsern aus und tritt manchmal selbst als Touristen verkleidet auf. Tatsächlich glaube ich, im Sommer, wenn sich die Touristen im Arbat drängen, sollten die amtlichen Stellen, die ihre Zahl für die Statistik ermitteln, dies berücksichtigen, weil Räuber und Gendarm dieselbe Verkleidung tragen. Farzowka ist ein höchst lukratives Geschäft. Die gegenwärtige Rate für den Einzelhändler ist etwa fünf Rubel zu einem Dollar. Die größeren Händler kaufen dann diese Dollars von den kleinen auf und verkaufen sie an die „Auslandsbesucher", wie Sergej, ein Zwischenhändler, mir erklärte, oft für zehn Rubel. Zweifellos steigern diese harten Währungen ihren Wert noch weiter auf den Wegen durch die Sowjetunion und den Ostblock.

Ich sprach persönlich gegen Mittag an der Tür des Praga vor und kam nicht am Türsteher vorbei. Man wies mich in die Kälte hinaus, in die kleine Menschenmenge von Bittstellern, die man von morgens bis abends vor dem Restaurant sehen kann, wie die Fans, die sich überall versammeln, wo es heißt, daß die englische Königsfamilie in der Nähe ist, oder bei einer Hollywoodpremiere auf die Stars warten.

„Sie hätten besser telephonieren sollen“, riet der Türsteher. Mehrere in der Menge stimmten dem bei. „Sie hätten besser gebucht, außer natürlich Sie sind ein Ausländer.“

Ich teilte meine Enttäuschung mit Viktor; der Finanzakrobat in ihm erwachte. „Hören Sie, ich kann das in die Hand nehmen. Ich habe einen Freund, der kennt einen Tellerwäscher im Praga. Er könnte Ihnen einen Platz verschaffen. Er und ich planen ein kleines Unternehmen. Es gibt immer mehr Leute, die essen wollen, als Plätze im Praga. Warum also nicht die Plätze *verkaufen*? Dann gehört einem ein Platz. Wenn man ihn heute nicht benutzen will, vermietet man ihn einen Tag lang an einen Kunden. Wie Logen in der Oper oder Wohnungen mit Timesharing.“

„Sie kennen sich aus mit Logen in der Oper und mit Timesharing?“

Viktor wirkte gekränkt. „Ich lese *Fortune*!“

„Schon gut. Ich kümmere mich selbst darum.“

„Na schön. Aber der Kapitalismus ist an die Westler *verschwendet*!“

Aber er akzeptierte meine Ablehnung gelassen. „Warum sehen Sie sich nicht einen Film an? Ich werde Ihnen sagen, wo Sie den besten Film der Stadt sehen können. Es wird Sie aufheitern.“

Ins Kino zu gehen war, wie es zunächst aussah, ein Besuch an einem Ort tiefer Schwermut. Im Keller bekam man an einer Bar sogenannte Cocktails, eine Mischung aus Limonade und Speiseeis. Im Keller fanden abends Tanzveranstaltungen statt, und ein junger Mann prüfte, wie die Lautsprecher eingestellt waren. Er saß da und flüsterte Zärtlichkeiten ins Mikrophon, während das Kinopublikum wartete, bis sich die Türen öffneten. Jugendliche meistens, Soldaten, Mädchen mit hellroten Baskenmützen, Jungen in Jeans, die deprimiert dreinschauten und an ihren „Cocktails“ kauten, Abteilungen von Armeerekruten in übergroßen Mänteln. Die Lautsprecher zischten den Toningenieur wie ein Schlangennest an oder wie das kosmische Lispeln, das nach dem Urknall im Universum zurückgeblieben ist.

Alle sahen nervös aus. Das Erwartungsniveau an solchen öffentlichen Orten ist gering, die ersehnte Veranstaltung findet vielleicht nie statt.

Der Film, den ich sah, hieß *Die Nadel.* Ein Jugendlicher aus Kasan kommt in die große Stadt und besucht eine alte Freundin. (Wie Kasan sich immer in die Phantasie der Moskowiter schleicht!) Er findet sie in einem Schießstand, wo sie mit der Pistole trainiert. Offensichtlich eine Frau von besonderem Geschmack. Er zieht in ihre Wohnung, nur um festzustellen, daß etwas nicht stimmt. Es fällt ihm auf, als sie mit einer venezianischen Halbmaske beim Frühstück erscheint. „Du hast dich verändert", sagt er zu ihr. Es stellt sich heraus, daß die Veränderung auf Drogen zurückzuführen ist. Sie hat Ampullen mit Heroin im Kamin versteckt. Regelmäßig kommt der Dealer vorbei und füllt den Vorrat auf. Der Junge beschließt zu handeln. Er nimmt das Mädchen mit an den zerstörten Aralsee, ein verödetes Binnenmeer, wo gestrandete Schiffe in der sengenden Hitze verrotten, weil das vergiftete Wasser immer weiter zurückgeht. Dort, in einer verlassenen Ansiedlung, kämpft das Mädchen gegen seine Sucht, während der Junge Skorpione in ein Glas sammelt. Verschiedene Verrückte besuchen das Paar während dieser Zeit, bleiben jedoch nicht lange. Als das Mädchen geheilt ist, gehen sie in die Stadt zurück, wo sie sich wieder den Umtrieben des dealenden Gangsterbosses stellen müssen, der mit seinen Gorillas anrückt. Bald hängt das Mädchen wieder an der Nadel. Der Junge holt seine Bande zusammen, und sie statten dem Boß einen Besuch in der Badeanstalt ab. Er trägt ein Haarnetz. Als er sie kommen sieht, versucht er, sich zu ertränken, aber sie lassen das Wasser aus dem Becken. Er meint — und wir meinen es auch —, daß die Jungen ihn töten wollen. Wie sich herausstellt, wollen sie ihm lediglich seine Kleider aushändigen, während verschiedene Ansagen, unerklärt und unerklärlich, in italienischer Sprache über das Lautsprechersystem der Badeanstalt gemacht werden. Da seine Freundin wieder zur hilflosen Süchtigen geworden ist und der Boß nach wie vor wehrlose junge Menschen ins Unglück stürzt, hat der Junge rium hört man derlei mit ungläubigem Staunen. Und die Verwunderung wächst noch. Denn Herold läßt wissen, daß ihm in letzter Konsequenz eine »Basisdemokratisierung« und »Enthierarchisierung« des Polizeiapparats bis hin zur Abschaffung des Polizeipräsidenten vorschwebe, da der Computer, »der Befehl der Wirklichkeit«, wie er sich ausdrückt, das maßgebliche Weisungsinstrument sein müsse. Nur Herolds Forderung nach einer durchgreifenden Verwissenschaftlichung der Polizeiarbeit und einer verstärkten kriminologischen Forschung mittels EDV findet bei den Politikern Gefallen. Die Potentiale des Computers nicht auch in diese Richtung zu nutzen, hatte er im Ministerium argumentiert, sei eine »Grausamkeit gegenüber der Materie«.

In Berlin ist Andreas Baader unterdessen mit anderen Dingen beschäftigt, weitab von aller Politik. Und doch ist Politisches in der Stadt weithin spürbar. So auch, als der amerikanische Präsident Kennedy ein halbes Jahr nach seinem spektakulären Deutschlandbesuch am 22. November 1963 im texanischen Dallas Opfer eines Attentats wird. Er stirbt mit 46 Jahren; Konrad Adenauer, der eben erst von Ludwig Erhard als Bundeskanzler abgelöst worden ist, wird bald 88. Noch am selben Tag ziehen in Berlin 20.000 Schüler und Studenten zum Schöneberger Rathaus, wo neben dem Regierenden Bürgermeister Willy Brandt auch ein AStA-Mitglied der Freien Universität eine Gedenkrede hält. Tränen und Entsetzen, Wut und Empörung gehen durch die Menge. In der Trauer über den Tod des charismatischen Politikers, der weithin als Idol des Aufbruchs aus der Erstarrung des Kalten Kriegs gilt, sehen sich die Jugendlichen der westlichen Welt erstmals ganz vereint. Daß Kennedys mitreißender Rhetorik einer globalen »New Frontier« keine entsprechende realpolitische Bilanz gegenübersteht, wird vorerst ebensowenig wahrgenommen wie die bereits im Sommer erfolgte Verstärkung amerikanischer »Counterinsur-

gency«-Truppen auf einem südostasiatischen Bürgerkriegsschauplatz. Vietnam ist noch ein fernes Land.
Statt dessen machen Amerika und seine GIs gegen Mitte der sechziger Jahre auf ganz andere Weise von sich reden. Es geht um Lebensstil und Lebensgefühl, und Pop ist das Stichwort. Vor allem die Musik wird zum Leitmedium des kulturellen Aufbruchs aus der Erstarrung des Kalten Kriegs. Und das Radio, namentlich der amerikanische Soldatensender AFN, trägt die dynamische Botschaft von »Sex, Drugs and Rock 'n' Roll« bis nach Deutschland. Eine Nachkriegsgeneration, die als erste die mühsam gezogenen Früchte des Wohlstands einfach genießen kann, ist tatsächlich eine Avantgarde, eine umworbene dazu, und erfüllt in ihrer Unbeschwertheit zugleich den gesellschaftlichen Auftrag des Neubeginns. Die Kinder sollten es einmal besser und leichter haben, und sie haben es besser und leichter. Sie sind tatsächlich eine Vorhut, die sich in selbstgewisser Ausgelassenheit feiern kann, und die Studenten sind ihr privilegiertester Teil.
Denn anders als in den fünfziger Jahren, als das Tragen von Elvis-Tolle, Nietenhosen und Hawaiihemden von den wenigen, meist proletarischen Jugendlichen, die es taten, »ein gewisses Maß an persönlichem Mut« erforderte, weil es der abgearbeiteten, unermüdlich schaffenden Aufbaugeneration als bedrohlicher Akt der Rebellion und Ausdruck amerikanischer Dekadenz galt, ist Pop ein jugendliches Massenphänomen. Zugleich sind, über die Generationsschranken hinweg, seine Ikonen Teil der Alltags- und Konsumwelt von jedermann. Pop ist nicht bloß Jugendkultur, sondern der Kult der Jugendlichkeit ist für alle da. Was als Gegenkultur der Teens und Twens beginnt, wird somit Teil der arrivierten Party-Gesellschaft, die ihrerseits begierig die Berührung mit vermeintlich subkulturellen Milieus sucht. Sowohl die Hamburger und Sylter Schickeria, in der die ›konkret‹-Kolumnistin Ulrike Meinhof zu Hause ist, als auch die Undergroundszene und Boheme, in der sich An-

dreas Baader bewegt, feiert den Beat, entdeckt LSD, Meskalin und die sexuelle Libertinage. Noch erschöpft sich die Unrast und Dynamik in der enormen Schnelligkeit, mit der die Tanzmoden und Musikstile einander abwechseln. Doch 1968 singen schließlich sogar die millionenschweren Beatles von ›Revolution‹.

Im ummauerten West-Berlin sind die Veränderungen spürbarer als anderswo in Deutschland. Es gibt keine Sperrstunde, die Kneipen sind billig, die Freiräume groß. Die Szene ist weniger schick als in München und der Gegensatz zur konservativen Mehrheit der »Frontstadtkadaver«, wie es damals unter den Studenten polemisch heißt, zugleich härter und unversöhnlicher. »Es war eine tolle Zeit«, beschreibt Rosa von Praunheim, der Andreas Baader damals gelegentlich begegnet ist, die trunkenen Jahre von 1964 bis 1966: »Das wunderbare Gefühl, nach einer intensiven Nacht euphorisch durch den Morgen zu laufen, vorbei an Spießern, die diszipliniert und mürrisch zur Arbeit rennen, frustriert von Zwängen und Pflichten.«[154]

Am Anfang von Andreas Baaders Berliner Jahren steht jedoch der Versuch einer bürgerlichen Existenz. Die Nähe des strebsamen Vetters scheint vorübergehend Wirkung zu zeigen. Ob er, wie wiederholt behauptet wird, ungeachtet seiner Abscheu gegen körperliche Betätigung, zeitweilig auf dem Bau arbeitet, ist nicht klar. Seine Mutter kann sich nur darin erinnern, daß er damals irgendwo Fliesen gelegt hat. Sicher ist aber, daß er am 1. März 1964 ein Volontariat beim Berliner Boulevardblatt ›BZ‹ antritt. Die ›BZ‹ gehört zur Springer-Presse, die etwa siebzig Prozent des Westberliner Zeitungsmarkts dominiert, und ist neben den grellen Schlagzeilen für ihren kämpferischen Antikommunismus bekannt. Wie Andreas Baader dazu kommt, ist nicht mehr auszumachen, zumal der Springer-Verlag, der bald zur Zielscheibe der Studentenrevolte wird, seine einstige Verbindung mit dem nachmaligen Terroristen bis heute offiziell abstreitet. Lange Dauer ist dem Arbeitsverhältnis ohnehin nicht beschieden, binnen kurzem wird Baader gekündigt. Was auch immer dazu führt, »wegen politischer Meinungsverschiedenheiten«[155], wie seine Mutter glaubt, ist er bestimmt nicht entlassen worden. In der von Baader gern erzählten Version heißt es denn auch, er sei hinausgeschmissen worden, nachdem er, im volltrunkenen Zustand an einem Kronleuchter baumelnd, einem leitenden Redakteur mitten ins Gesicht getreten habe. Als er den Journalisten, um den es angeblich geht, hernach im Schöneberger »Kleist-Casino« wiedertrifft, einer alteingesessenen Schwulenbar, in der sich schon Anfang der dreißiger Jahre Ernst Röhm mit seinen SA-Mannen bevorzugt aufgehalten hat, verprügelt er ihn.

Baader hat ein Faible für die extreme Plüschigkeit des weiträumigen Lokals, das sich als eher biederer Treffpunkt betont bürgerlicher Homosexueller für Provokationen besonders eignet. Seine in selbstgeschneiderten, knallengen Hosen bewußt zur Schau gestellte und gelegentlich durch Lidschatten und falsche Wimpern inszenierte Körperlichkeit wirkt in einem Milieu, das durch den erst 1969 abgeschafften Paragraphen 175 tatsächlich noch strafrechtlicher Verfolgung ausgesetzt ist, geradezu bedrohlich. Doch noch bevor die »sexuelle Revolution« zum Politikum wird, Triebverzicht und Familie als Medium und Agentur gesellschaftlicher Repression entdeckt werden und der Widerstreit der Theorien in der Praxis neue Rigorismen liefert, findet in den fröhlichen Jahren vor der Revolte auch hier eine Aufweichung statt. Das »Kleist« wird, wie einige andere Schwulentreffs auch, gegen Mitte der Sechziger von der Berliner Künstlerszene entdeckt.

Trotz des wachsenden Einflusses der englischen und amerikanischen Pop-art: In den westdeutschen Kunsthochschulen und Galerien dominiert, bis auf Düsseldorf, in diesen Jahren noch die Abstraktion. Ihren Triumph nach dem Krieg hat man als »Flucht aus der Bilderwelt des Grauens in die gegenstandslose Malerei«[156] bezeichnet. Damals heißt die modernistische Doktrin, die abstrakte Kunst repräsentiere den Fortschritt und die Freiheit. Doch in der Frontstadt macht man wieder Avantgarde. Dort beherrschen neuerdings die sogenannten Berliner Realisten das Bild. Tonangebend sind die Absolventen der Angewandten Abteilung der Kunsthochschule in der Grunewaldstraße, also ursprünglich Lehramtskandidaten.

Nur eine Parallelstraße entfernt, unweit des Schöneberger Rathauses, liegt die großzügige Achtzimmerwohnung eines Malerpärchens, bei dem Andreas Baader im späten Frühjahr 1964 einzieht. Das reiche Angebot an billigen Altbauwohnungen gehört zu den Reizen, die Berlin zu bieten hat. Baader hat die beiden kurz zuvor im »Kleist« kennengelernt, und beide haben sich in ihn verliebt. Manfred Henkel und seine Frau Ellinor gehören nicht zur etablierten, wenn auch jungen Kunstszene in ihrer Nachbarschaft. Doch Manfred Henkel, der sich mit eher abstrakten, großflächigen Farbkompositionen beschäftigt, ist dabei, sich einen gewissen Namen zu erwerben. In einer freien Galerie hat er gerade seine Arbeiten mit einigem Erfolg ausgestellt. Die Bilder seiner Frau Ellinor hingegen wirken seltsam naiv und psychedelisch. Ihre oft figürlichen Darstellungen zielen nicht unbedingt auf den gehobenen Kunstgeschmack. Der ungelenke Strich und die eigentümlich zuckrige Farbauswahl verraten überdies, daß die vitale und zugleich labile Frau nicht selten unter Drogeneinfluß malt. Sie leidet unter beträchtlichen Stimmungsschwankungen. »Andreas hat Ello im Atelier und beim Rahmen der Bilder geholfen«, erzählt Anneliese Baader und scheint ihrem Sohn damit selbst die glanzvolle Aura des Künstlers verleihen zu wollen. Auch in der Wohnung der Münchner Malerin hatte ihr Bürgertraum von freier Existenz und schöpferischer Autonomie im Anblick des zwischen Staffelei und Farbtuben spielenden Kindes ein wenig Erfüllung gefunden.

Bis ihre offene Dreiecksbeziehung zweieinhalb Jahre später in eine Krise gerät, verlebt Andreas Baader mit dem Künstler-

paar eine exzessive Zeit. Gemeinsam ziehen sie durch die Berliner Kneipen und Nächte und genießen die neuen Freiheiten und Abenteuer der Popkultur in vollen Zügen. Die aufgeschlossene Ellinor, ein dunkelhaariger, rassiger Typ, ist eine ausgesprochen sinnliche und attraktive Frau. Auch Andreas Baaders Ausstrahlung ist von einer ganz besonderen Art, der sich nur wenige entziehen können. Mehrfach wird er gebeten, Modell zu stehen. Zwei Aufnahmen von künstlerischem Rang, die unmittelbar nach seiner Ankunft in Berlin entstehen, stammen von dem Photographen Herbert Tobias. »Andreas hatte wunderschöne blaue Augen und sah bis zuletzt gut aus«, betont die Mutter. Noch heute kursieren in Berlin zahlreiche Geschichten über die Wirkung seiner ungeheuren physischen Präsenz und seinen geradezu magischen Sex-Appeal. Manch einen erinnert er an den jungen Marlon Brando, mit dem er auch die ständige Sorge um sein Gewicht, die Angst vor Fettleibigkeit, teilt. Trotz seiner herausfordernden Art ist sein Körpergefühl hochgradig ambivalent. Wenn er zum ersten Mal mit jemandem ins Bett geht, besteht er oft darauf, sich im Dunkeln auszuziehen. Sein kämpferischer Exhibitionismus fürchtet die kreatürliche Bloßstellung; sein Narzißmus bedarf des Kostüms und der Panzerung. Auch in den tatsächlichen wie erfundenen sexuellen Ausschweifungen, mit deren detaillierter Beschreibung er vorzugsweise verklemmte Intellektuelle zu schockieren sucht, scheint er weniger körperliche Gelüste als die Lust an der Provokation zu befriedigen. Mit Gudrun Ensslin wird er später jedenfalls »eine glückliche Ehe«[157] führen.
Als verwegenes Objekt der Begierde wird Andreas Baader in der Berliner Kneipenszene bald eine Art Institution. Sicherheit und Selbstgefühl zieht er daraus offenbar nur begrenzt. So befördert er seine Mutter zur Staatsanwältin und gibt sich als direkter Nachfahre des katholischen Philosophen Franz von Baader aus, der Anfang des 19. Jahrhunderts gegen Kants Lehre der Autonomie des Willens eine romantische Idee von

Baaders vielfach verbürgte sexuelle Ausstrahlung erreichte Männer wie Frauen. Beide liebte er »ohne Interesse«, und noch in der Selbstdarstellung als Fetisch-Objekt gelang ihm eine radikale Subjektivität.

Andreas Baader,
Berlin Juni 1965
Herbert Tobias

der persönlichen Einwohnung Gottes im menschlichen Willen und Wissen formulierte, die großen Einfluß auf die Naturphilosophie Schellings gewann. Sich selbst stellt Andreas Baader gern als jugendliches Genie vor, das schon mit sechzehn Jahren gelehrte Dispute mit berühmten Denkern geführt habe. Immer wieder aber schlägt sich die im Spiegel taxierender Fremdwahrnehmung stets präsente Furcht vor Beschämung und Erniedrigung in Handgreiflichkeiten und Rüpeleien nieder. Die Freunde und Bewunderer nehmen ihm dies selten übel. Auch seinem damaligen Bekannten Peter Homann ist es erst im nachhinein aufgestoßen, daß sich Baader »in der Kneipenszene als kleiner Rimbaud aufführte und allerlei Legenden über sich verbreitete, ... sich Schriftsteller nannte, aber keine Zeile schrieb, ... durch Prügeleien in Kneipen, frühen Drogenkonsum und durch Vorlieben für Sadomaso-Zeitschriften und Hollywood-Filme auffiel, in denen Gangster mit dem Schießeisen auftreten und ihrem Gegenüber sagen: ›Redest du jetzt, oder soll ich meinen kleinen Freund sprechen lassen?‹«[158] Wie bereits in seiner Schwabinger Zeit stilisiert er sich gern nach Vorbildern aus Literatur und Kino: Raymond Chandlers Marlowe, Thomas Wolfes Bland und Humphrey Bogart sind die düsteren Helden seines Duellsubjekts. Mit Komödie haben Baaders nächtliche Mantel- und Degenstücke, in denen er manchmal auch den routinierten Einbrecher oder Autoknacker gibt, wenig zu tun. »Die Härte, die wir verlangen«, schreibt er später in der Haft, »kann nicht Produktion einer harten Selbstkonzeption sein (die, wie man weiß, auch immer zusammenbricht in Aktionen, Stress, Konflikten) – sie ist Identität.«[159]

Manfred Henkels und Ellinors Drogenexperimenten gegenüber zeigt sich Andreas Baader vergleichsweise zurückhaltend. Und er ist es auch, der seine Lebensgefährtin dazu bringt, zumindest den übermäßigen Alkoholgenuß rigoros einzuschränken. Ello erwartet bald ihr zweites Kind, und Andreas ist der Vater. Am 17. März 1965 wird die Tochter Suse geboren. An-

Säulenheilige II: Die jugendliche Aggressivität von Marlon Brando und die geheimnisvolle Aura von Humphrey Bogart waren konkrete Vorbilder der Selbststilisierung Andreas Baaders, dem auch die selbstzerstörerische Rauschhaftigkeit eines Jim Morrison nicht fremd war. Aber erst durch die Begegnung mit Gudrun Ensslin wurde aus seiner rebellischen Attitüde revolutionäre Pose.

dreas Baader kann den Kindern gegenüber zärtlich und humorvoll sein, doch die Vaterrolle ist ihm in seiner Selbstbezogenheit kaum auf den Leib geschrieben. Mit Blick auf den heroischen Subjektivismus in seinen späteren RAF-Schriften drängt sich zudem der Gedanke auf, daß die elementare Hilflosigkeit von Kindern eine der anthropologischen Tatsachen ist, die er in einem tatsächlich existentiellen Sinn nicht ertragen kann. Zunächst nicht gerade unter behüteten Umständen aufwachsend, werden Suse und ihr Halbbruder Robert dauerhaft zusammenhalten und mit Hilfe ihrer späteren Pflegemutter keine andere Wahl, als weiterzuziehen. Er verläßt die Stadt, und als er eines Winterabends frierend dahingeht, spricht ihn ein Mann an und bittet ihn um Feuer, um dann zweimal auf ihn einzustechen. Obwohl er schwerverletzt ist, zündet sich der Junge mit einer abschließenden demonstrativen Geste eine Zigarette an und stolpert den verschneiten Weg hinab.

Die meisten Zuschauer waren unter fünfundzwanzig, und der Film gefiel ihnen ausgezeichnet; ich begriff auch, warum. Unter seiner scheinbar didaktischen Oberfläche mit der vorhersehbaren Handlung lag ein Exzeß des reinsten Narzißmus, ein cleverer Betrug. Unter dem Vorwand, alltägliche Züge des Lebens der sowjetischen Jugend darzustellen, unter dem Mäntelchen der „Modernität", der Behandlung „gegenwärtiger" Probleme, lieferte der Film den reinsten Eskapismus. Er enthielt keinerlei Bezug auf die Diskussionen über den Stalinismus, über Reform oder Stagnation, mit denen sich Politiker und Zeitungen obsessiv beschäftigen. Selbst das ökologische Thema, symbolisiert von dem vergifteten Meer, war reine Ablenkung, ebenso wie die Anti-Drogen-Botschaft. Der Film massierte die Phantasie der Jugend – wenn er „über" etwas war, dann darüber, wie man sein Haar trägt, rumhängt, zusammenzieht, sich verliebt. Kein Wunder waren die Soldaten in den unförmigen Mänteln begeistert und weinten die Mädchen mit den roten Baskenmützen am Ende lautstark. Es war ein Film, in dem jeder über dreißig ein Schuft war, ein Langweiler oder vollkommen uninteressant. Vielleicht hatte Viktor rechtgehabt, als er mir sagte, ich solle ins Kino gehen. Was ich dort fand, war noch eine Welt, die sich selbst genügte und von anderen nichts wußte oder wissen wollte. Moskau ist ein Kino – laufende Bilder: Wenn die Bilder nicht laufen, dann bewegt man sich selbst.

Die äußerst strengen Regeln gegen Vergnügungen, insbesondere öffentliche Vergnügungen, der Mangel an Treffpunkten, Tanzlokalen, Cafés, Plätzen, Eckkneipen, Hinterhöfen – kurz, das Fehlen irgendwelcher Orte, wo junge Leute mit ihrem natürlichen Geselligkeitsbedürfnis sich frei zusammenfinden könnten, ist zweifellos einer der düstersten und bedrohlichsten Züge der Stadt.

Es gibt fünfzig Jugendcafés in Moskau, alles ziemlich elende Löcher; viele sind Handelsplätze, Orte zum Aufreißen, Stützpunkte für den Verkauf amerikanischer Zigaretten und alles, was sonst angeboten wird, inoffizielle Märkte für Sex, Drogen und andere begehrenswerte Konsumartikel. Ein Videorecorder kann für sechstausend Rubel den Besitzer wechseln. Alle Jugendcafés sind theoretisch im Besitz der Jugendorganisation Komsomol.

Doch es gibt ein kleines Café ohne Namen, einen angenehmen, dunklen kleinen Raum nicht weit vom Puschkinmuseum, von so tiefer Anonymität, daß es im Winter beinahe unsichtbar ist, doch im Sommer läßt es sich durch den überraschenden Anblick von drei Punks lokalisieren – vielleicht die Hälfte des kleinen Moskauer Kontingents; gefärbt, bestachelt und benietet ruhen sie auf der kleinen Treppe, die zu der unauffälligen Eingangstür führt.

Die Gäste sind quer durch die letzten Jahrzehnte gekleidet, von den rührend altmodischen wallenden Locken und weiten Hosen der LSD-Generation bis zu den Lederjacken und Sicherheitsnadeln von gestern, dazwischen viel zeitloser Drillich und als Krönung der modischste Look des Augenblicks, kurzer Haarschnitt, weite Anzüge, schwarze Schuhe und weiße Socken. Selbst der Kaffee ist richtiger Kaffee. Nicht schlecht, wenn es einem gelingt, hinzufinden. Das Café ohne Namen liegt in der Marx-und-Engels-Straße, einer bescheidenen Seitenstraße, kaum groß genug, sollte man meinen, einen einzigen Namen zu tragen, schon gar nicht zwei. Beim Nachdenken über das anonyme Café entschied Valentin, daß es namenlos war, weil die offiziellen Stellen sich keinen angemessenen Namen ausdenken konnten. „Es fällt alles im Vergleich zu sehr ab“, sagte er, „außer natürlich sie beschließen, es ‚Das Kapital‘ zu nennen.“

Jung zu sein, war in Moskau ein echtes Problem, erklärte er. Die Kids betranken sich oder hingen endlos herum, fixten, machten eine Ausbildung in Vandalismus, *guligani*, Hooligans.

einzustellen, und daß es extrem schwierig ist, die intensiv erlebte moralische Qual von Privatleuten wahrzunehmen. Und die Partei – die Partei ist so gründlich diskreditiert, daß selbst ihre Mitglieder ihren Standpunkt kaum anders als mit Parolen und gemurmeltem Trotz diskutieren wollen.

Ich fragte nach einem besonders hübschen, stattlichen gelben Haus. War es eine Schule, ein Kunstmuseum? Valentin lachte. „Das ist das örtliche Hauptquartier der Kommunistischen Partei. Wenn Sie ein wirklich schön aussehendes Haus erblicken, können Sie mit ziemlicher Sicherheit davon ausgehen, daß es der Partei gehört. Dasselbe gilt meist auch für Waren und Dienstleistungen. Die Partei züchtet Aristokraten von Natur, die schlicht und einfach glauben, daß es gewisse Dinge gibt, welche ihnen zustehen. Und das heißt: die besten. Das beste Haus in der Straße, die beste Gesundheitsversorgung, die besten Hotels, Automobile, Wohnungen."

Es ist interessant, Reisegesellschaften von Russen in die paar großen Häuser zu folgen, die der Öffentlichkeit zugänglich sind. Es wäre verzeihlich, wenn jemand schließen würde, daß die einzigen großen Häuser, die es noch in Moskau gibt, einst Schriftstellern gehört haben: Tschechow, Dostojewskij, Alexej Tolstoi, Maxim Gorki. Es war ein kleiner Schock, im Gorki-Haus plötzlich vor einem bekannten Gesicht zu stehen, aber da war George Bernard Shaw auf einem Besuch im Jahre 1931, breit aus einem alten Photoalbum hervorlächelnd. Als sich dieses mörderische Jahrzehnt verfinsterte, wurden die lächelnden Mienen dünner, dann hörte das Lächeln ganz auf. Die Rache der Zeit war es, solche Gesichter mit freudigem Ausdruck auf Photographien wie dieser zu fixieren – das Cheshirekatzenlächeln ausländischer Besucher spukt in den Räumen, wo Träume erstarben; frohe Erinnerungen an ein Zeitalter des Tötens, photographische Beweise, daß es Leute gab, die sagten, sie hätten die Zukunft gesehen – und die Zukunft funktionierte! Leute, die sich an die infernalische Glut Josef Stalins anschmiegten und sich nur mit Mühe zurückhielten, sich in die Flammen zu stürzen.

Die kleinen Aufsichtsdamen führten überall im Haus das Regiment. Sie ließen die Besucher Segeltuchschuhe überziehen, und dann durften sie über die bloßen Dielen davonrutschen und vor den abweisenden Schnüren stehenbleiben, die quer über die Eingänge zu verbotenen, heiligen Zimmern gespannt waren. Die Menschen kamen nicht nur, um die Gegenstände zu sehen, die toten Autoren gehört hatten, sondern um vergoldete Bilderrahmen zu bestaunen, Ölgemälde, Kandelaber, Spiegel, Papiermesser, Schreibtische und Orientteppiche, teure Überbleibsel einer sagenhaften versunkenen Epoche, die lauter zur Gegenwart sprachen als jegliche literarische Hinterlassenschaft. In die Häuser der Schriftsteller kommen die Leute, um die Bilder zu betrachten. Was für ein Stuhl! Welch eine Vase! Es ist nicht überraschend, daß man die Solostimme des Dichters im Haus Alexej Tolstois nicht hören kann, weil sie vom üppigen Orchester seiner persönlichen Besitztümer übertönt wird.

Die einzige Ausnahme unter den Museumshäusern, die ich fand, wo der Geist des Künstlers noch zu wohnen schien, war das Heim von Viktor Wasnezow, dem alten Maler und Märchenerzähler, der 1926 starb. Es ist ein russisches Holzhaus in traditionellem Stil, im letzten Jahrhundert von Zimmerleuten aus Wladimir erbaut. Das Haus schien warm, schien eine natürliche Beziehung zu seinem einstigen Besitzer zu haben — vielleicht weil Wasnezows Bilder überall hingen. Am eindrucksvollsten war sein *Dornröschen*, gemalt zwischen 1900 und 1926, ein Kolossalgemälde, das eine ganze Wand einnimmt und die Prinzessin schlafend im überwucherten Schloß zeigt. Sie hat gelesen, und ein offenes Buch ist ihrer Hand entglitten. Bär, Fuchs und Hase schlummern zu ihren Füßen. Die Hofmusikanten nicken über ihren Instrumenten; der Narr ist eben erst eingeschlafen, denn sein Lächeln hat noch keine Zeit gefunden, von seinem Gesicht zu schwinden. Ein Bettler hat noch die Hand ausgestreckt, ob auch seine Augen schon fest geschlossen sind, und überall im Palast schnarchen leise die Höflinge. Die Szenerie pulsiert vor Farbe und Erwartung, denn der Maler lenkt den Blick an der Prinzessin auf ihrer erhöhten Lagerstatt vorbei durch das offene Fenster ins Herz der Landschaft, aus welcher eines Tages — vielleicht – ein Prinz kommen und sie wachküssen wird. Das ganze Gemälde balanciert auf dieser Messerklinge von Hoffnung wider alle Hoffnung, welcher die oberflächlich hübsche Darstellung die Schärfe nicht nimmt. Es ist ein Bild schmerzlicher Gespanntheit, malerisch geschönt, daß es eben erträglich wird; es gibt nichts Vergleichbares, bis man jenes andere angemalte Dornröschen in seinem gläsernen Sarg daliegen sieht, im Leninmausoleum. Wie *tief* solche Bilder gehen – von totengleicher Starre, Überwinterung, träumender Erwartung, von Hoffnung, die sich auf grausame Enttäuschung aufbaut! Vielleicht deshalb herrscht immer die Angst vor unerwartet zurückkehrenden Eiszeiten, die ganze Spezies lebendig einfrieren, immer die Skepsis dem darauf folgenden Tauwetter gegenüber, vielleicht scheint das Leben deshalb ewig zwischen Epochen der „Stagnation" und der „Erneuerung" zu oszillieren.

„Wir müssen immer den ganzen Weg gehen", wiederholte Andrej der Romancier melancholisch. „Von der Hölle zum Paradies auf Erden."

Beim nächsten Mal bestellte ich telephonisch einen Platz im Praga. Das Lokal wurde nachgerade zu einer Obsession für mich. Valentins skeptische Haltung machte die Sache nicht besser. „Lassen Sie sich von einem Russen raten. Praga bedeutet Prag – richtig? Wollen Sie nach Prag? Na, die einzige Art und Weise, wie die Sie hereinlassen, ist in einem Panzer." Doch war die Stimme am anderen Ende der Leitung hilfsbereit. Natürlich konnte ich für das Mittagessen reservieren! Nichts leichter. Meine Bestellung wurde notiert und bestätigt.

Ich kam am festgesetzten Tag mit reichlich Zeit dort an. Die kleine Menge der Bittsteller, die vor der Tür mit den Füßen aufstampfte und sich in die Hände blies, erinnerte sich an mich und lächelte ermutigend. Der Türsteher versuchte kurz, Widerstand zu leisten, aber ich verkündete, ich habe reserviert, und er wich zurück. Ich gab Hut und Mantel in der geschäftigen, überfüllten Garderobe ab. Der Garderobenwärter reichte mir eine Plastikscheibe mit der Nummer 41 und nahm sie mir dann prompt wieder ab. „Das erinnert mich an den Krieg", erklärte er entschuldigend und gab mir eine andere. Die Fürsorge von Fremden kann etwas Erschreckendes haben.

Ich ging in das Restaurant im ersten Stock. Das Praga besteht tatsächlich aus mehreren Restaurants: dem Tschechischen, dem Winter- und dem Spiegelrestaurant. Im Sommer wird dazu noch die Terrasse geöffnet. Das Tschechische ist angemessenerweise mit Erinnerungen an die Heimat dekoriert und warm mit rotem Plüsch gepolstert. Das Bier, wußte ich, war gut. Eine Violine spielte Zigeunerweisen. Ich glaubte, „Schwarze Augen" zu erkennen. Der Oberkellner stand am Eingang mit einem Clipboard Wache; auf diesem war mein Name nicht zu finden. Vielleicht würde ich es im Winterrestaurant versuchen? Ich tat es; er fehlte auch dort. So blieb das Spiegelrestaurant übrig, eigentlich ein großer Bankettsaal, eine Treppe höher, aber das war wegen „Frühjahrsputz" geschlossen.

„In Winter?" fragte ich die Aufsichtsdame.

„Es ist ein milder Winter", entgegnete sie.

Ich ging zurück ins Tschechische Restaurant. Wieder suchte der Oberkellner in seiner Liste und fand mich nicht.

„Ich habe reserviert. Ich habe angerufen. Man hat mir versichert, ich bekäme einen Tisch."

Er zuckte die Achseln – dieses unnachahmliche, empörende, elegante, viel mißbrauchte Moskauer Achselzucken, in dem ein Funke Mitgefühl mit kalter Gleichgültigkeit ringt. „Es tut mir leid."

Ich sah in den Raum hinein. Es aßen dort vielleicht ein Dutzend Leute. Das Restaurant war so gut wie leer. „Nun – kann ich trotzdem hier essen?"

Wieder das Achselzucken. „Unmöglich."

„Weshalb?"

„Es gibt keinen Tisch. Wir sind besetzt."

Draußen im Schnee kümmerte sich die Menge voll Sympathie um mich. „Sie hätten persönlich buchen sollen", sagte jemand. Ein junges Paar, Nadeschda und Michail, waren betroffen, daß ein Besucher in Moskau so schäbig behandelt worden war. Sie war Dolmetscherin, er Chauffeur für offizielle Gäste. Die Gesellschaft, welche die beiden begleiteten, saß drinnen im Praga und würde noch eine Zeitlang brauchen. Wie hatten die es geschafft, einen Tisch zu bekommen? Sie hatten eine offizielle Beziehung, erklärte Nadeschda. Ich dachte an den tellerwaschenden Freund von Viktors Freund. Vielleicht war ich voreilig gewesen.

„Aber ich habe auch eine offizielle Beziehung – in einem georgischen Restaurant. Vielleicht könnten wir alle dorthin gehen?" schlug Nadeschda vor. „Unsere Gesellschaft wird noch einige Stunden brauchen."

Das leuchtete mir ein. Wenn man einmal an einen Restauranttisch vorgelassen worden war, schien es vernünftig, dieses Ereignis mit einem langen Festmahl zu feiern. Also machten wir uns zu dem georgischen Restaurant auf, auf die andere Seite der Stadt. Die vertraute Schlange hoffnungsvoller Hungriger wartete geduldig vor verschlossener Tür. „Keine Plätze", murmelte jemand. „Alles voll."

Nadeschda achtete nicht darauf. Ein Klopfen an der Glastür holte den Geschäftsführer herbei, der uns hinab in ein höhlentiefes Kellerrestaurant führte, wo die Decken mit georgischen Folkloreszenen bemalt waren – blonde Maiden und Mohren im Turban, Teller mit Bergen von Kebab und Essiggemüse. Ein Tisch erschien auf zauberische Weise.

Zwischen zwei Gängen der Mahlzeit ging ich auf die Toilette; ein Mann folgte mir und fragte, ob ich Englisch spräche. Da ich wußte, daß dies eine Frage war, die derselben Kategorie angehörte wie die Almosenbitte des Zigeuners in der Metro: „Darf ich fragen?" – eine Annäherung, die von einem Angriff auf Hosentasche oder Geldbörse gefolgt sein könnte –, wurde ich sofort deutlich. Nein, ich war kein Engländer; nein, ich war nicht daran interessiert, zu tauschen.

Er war ein breiter, blonder junger Mann in Hemdsärmeln, und er hatte einigen Wodka intus. Er war in dem Stadium angelangt, wo das verworrene Interesse, den Standpunkt des anderen dargelegt zu hören, der Aggressivität Platz macht.

„Aber woher kommen Sie dann?"

„Afrika."

Ich sah die Ungläubigkeit in seinem Gesicht und spürte seine unausgesprochene Frage, weil ich diese schon oft gehört hatte. „Aber wenn Sie aus Afrika sind, warum sind Sie dann nicht schwarz?" Ich erbarmte mich.

„Aus Südafrika."

Eine tiefgreifende Verwandlung ging mit ihm vor. Ich glaubte, er würde zu Boden stürzen und meine Knie umklammern.

„Aber das ist wundervoll! Bitte, darf ich eine Frage stellen? Es ist für mich von entscheidender Bedeutung. Sir, sehen Sie, ich hasse dieses Land. Ich habe die Absicht, überzulaufen."

Ich sagte: „Ich muß jetzt wohl an meinen Tisch zurück."

Er vertrat mir den Weg. „Eine Frage? Bitte. Ist es wahr, daß russische Soldaten, die in Angola als Berater dienen, eine Belohnung bekommen, wenn sie nach Südafrika überlaufen?"

„Ich glaube, davon habe ich schon gehört, ja. Ich nehme an, daß irgendeine Prämie nur logisch wäre."

„Und wenn dieser Soldat dort hingehen würde, nach Südafrika, gibt es da andere Berufsmöglichkeiten für ihn, außer daß er Soldat ist?"

„Ja, viele."

„Selbst wenn er keine Qualifikationen hat?"

„Dieser Soldat hätte die beste Qualifikation, die es in Südafrika nur gibt. Er wäre weiß." Jetzt war ich an der Reihe zu fragen. „Wenn dieser hypothetische Soldat die Sowjetunion verlassen will, warum würde er sich dann die Mühe machen, bis nach Südafrika zu gehen? Es wäre doch sicher vernünftiger, nach Westeuropa zu gehen?"

Er schüttelte ungeduldig den Kopf. „Das würde gar nichts nützen. In Südafrika könnte er Schwarze töten."

Ich verarbeitete diese Information und betete dabei im stillen, daß jetzt niemand anderer in die Toilette kommen möge.

„Warum will er schwarze Menschen töten?"

„Er haßt sie."

„Warum?"

„Weil es zuviele davon gibt."

„Was, hier – in Moskau?“

„Sie sind überall! In den Läden, an den Universitäten. Sie führen sich sehr unanständig in den Schlangen auf. Die meisten Moskauer warten geduldig in der Schlange. Aber Schwarze drängen sich vor. Rücksichtslos. Wollen nicht warten. Es macht mich verrückt!“ Seine Augen wurden feucht. „Sir, ich kann Ihnen nicht genug für Ihre Hilfe danken. Kommen Sie an meinen Tisch, wir trinken zusammen – auf Afrika!“

„Entschuldigen Sie, aber ich muß zu meinen Freunden zurück. Sie werden sich fragen, ob ich das Land verlassen habe.“

Am Tisch sagte Nadeschda: „In der Ecke sitzt ein Mann, der immer zu Ihnen her lächelt. Kennen Sie ihn?“

Es war der Überläufer. Er hob sein Glas in stummem Trinkspruch und formte mit den Lippen das Wort: Afrika.

„Ich habe ihn noch nie im Leben gesehen.“

„Wahrscheinlich ein Georgier“, knurrte Michail. „Machen nur Schwierigkeiten, die Georgier. Gangster, Gauner. Die sind für viele der Schwierigkeiten auf der Welt verantwortlich.“

„Aber nein“, widersprach Nadeschda. „Die meisten Schwierigkeiten der Welt kommen von den kleinen Männern. Napoleon, Hitler –“

„Und Stalin“, unterbrach Michail. „Die gefährlichste Kombination von allen. Ein kleiner Georgier.“

Michail schlug vor, mich auf eine „Führung durch unser Leben“ mitzunehmen. Nadeschda ging zu ihren Schäflein ins Praga zurück. Michail steuerte seinen Wagen durch die unbedeutenderen Moskauer Vororte, auf der Suche nach jenen Lokalbeispielen für das Stalinbarock, den „Kulturpalästen“ der Stadtviertel.

Die Architektur unter Stalin war grandios – die Grundidee war wohl die, Momumente zu schaffen, die Ehrfurcht und Dankbarkeit erregen sollten, Gebäude, die den Arbeitern sagen würden: Das leistet der Kommunismus. Die einfachen Leute würden die Könige des Universums sein, sie würden breite Treppen emporsteigen und unter Kristallüstern über Marmorböden gehen. Es herrscht in den Kulturpalästen oder Gemeinschaftszentren, wie sie in vielen Vororten Moskaus in der Stalinzeit errichtet und für alles mögliche von Nähkursen bis zu Theateraufführungen verwendet wurden, eine ziemlich brutale Opulenz. In den meisten gibt es ein professionell eingerichtetes Theater. Die Büsten des Diktators sind natürlich verschwunden, aber es bleiben Parolen: „Kommunisten! Wir müssen durch die Kraft unseres Beispiels die Sache des Sozialismus korrigieren und erneuern!“ In großen roten Lettern quer oben über die Bühne gemalt, stellen solche Parolen eine Art Lärm fürs Auge dar, der unumgänglich die Würdigung dessen, was auf der Bühne stattfindet, beeinträchtigt. Die Zeit war nicht gut zu den Palästen – der Marmor ist vergilbt, die Lüster sind unzuverlässig, die besten Materialien haben der Brutalität der Amtsphantasie nicht widerstanden, welche die Kunst haßte, aber befahl, Paläste für Gruppenunterhaltung zu errichten.

Michail verachtete ebenfalls Kunst und Kultur. Er zog seine Sportzeitung vor, und er liebte Autorennen. „Aber nur, wenn die Wagen oft Unfälle haben.“ Er war ein schwerer, trauriger Mann mit einer Art unsichtbarer innerer Massigkeit, was bedeutete, daß man sein Gewicht nie korrekt schätzen würde.

„Ich kann meinen freien Tag nicht mit Schnapstrinken und Rauchen verbringen, was die meisten Männer ja wollen. Ich muß dann einkaufen. Um meiner Frau zu helfen. Das nennt man Gleichheit.“ Wie viele Leute hatte Michail unorthodoxe Vorstellungen über die Perestroika. Er wünschte, die Leute würden das Wort nicht weiter benutzen. „Gott sei Dank haben sie aufgehört von ‚Beschleunigung‘ zu reden. Kennen Sie die Geschichte? Herr Gorbatschow besichtigt eine Fabrik, da sieht er diesen Kerl, der eine leere Schubkarre hin und her schiebt. Warum legst du nicht etwas in die Karre? fragt er den Mann. Würde ich, sagt der, aber bei der ganzen Beschleunigung hab ich keine Zeit, anzuhalten und einzuladen!“ Er lachte und trat aufs Gas. Je wütender er wurde, desto schneller fuhr er.

Michail nahm mich mit in einen Industrievorort, wo die riesige Zil-Fabrik liegt, die Autos und Lastwagen herstellt, schwere Laster für die Industrie und große schwarze Limousinen für die Parteibosse, die Wenigen, die hohen Tiere, wie Michail sagt, „die Schischka“. Die Fabrik produzierte Automobile, und außerdem Rauch und Schmutz und eine verzweifelte trübe Dreckigkeit, die einem das Herz erstarren ließ. Vor den Fabriktoren war ein Lastwagen aufgestellt. Bunt bemalt wie ein Kinderspielzeug und irgendwie kleiner als normal erscheinend, ruhte er auf einem Altar aus gelben Ziegelsteinen. Der Drang, etwas zu inthronisieren, ist sehr stark: Panzer, Laster, Menschen. Gegenüber stand ein gelber Leninkopf. Der graue Schneeregen streifte seine Wangen wie mit Tränenspuren. Alles war alt, hinfällig und traurig. Viele der kleineren Fabriken in der Gegend, Zulieferer für das große Werk, arbeiteten ineffizient und mußten vom Staat gestützt werden.

„Das hier ist eine ökologisch negative Gegend. Ich habe früher hier gearbeitet“, sagte Michail. „Das beste wäre es, ein paar von den kleineren Werken zu schließen. Aber das machen sie nicht. Wahrscheinlich wird sich herausstellen, daß diese kleinen Fabriken irgendwelche Kleinigkeiten wie Schreibfedern oder Papier produzieren, und sowas braucht das ZK.“

Die Wohnungen in diesem Gebiet waren Slums aus den siebziger Jahren. Michail nannte sie Breschnewski, um sie von den noch älteren und schäbigeren Gebäuden zu unterscheiden, die er Chruschtschowski nannte, billigster Wohnbau, den Chruschtschow in den sechziger Jahren im Wettlauf um die Unterbringung der Arbeiter hingeknallt hatte. Beide Sorten fallen auseinander. Fabriken und Wohnblocks standen Seite an Seite, und die Menschen trotteten mit gesenkten Köpfen zwischen den beiden hin und her. Eines der zwei verlorenen kleinen Schaufenster bot kleine Pyramiden sehr kleiner roter Äpfel an. Nur der Spirituosenladen war voll. Große, ausdruckslose Männer, dick vermummt, ohne sichtbare Regung, warteten in der Schlange und packten schließlich Flaschen in Einkaufstaschen.

„Ich glaube nicht, daß die irgend etwas fühlen“, sagte Michail. „Die sind jenseits aller Gefühle.“

Im Kontrast hierzu wurden wenige Meilen entfernt neue Wohnblocks für Regierungsbeamte gebaut. Sie hatten Tiefgaragen, ein in Moskau sonst noch unbekannter Luxus. Michail hatte früher einmal daran gedacht, Fahrer für jemand Wichtigen zu werden, vielleicht für einen Parteifunktionär.

„Das Problem ist, daß die Prüfungen so streng sind. Wenn ich mich für so etwas melde, wollen sie alles über Mutter, Vater, Onkel und über meinen Großvater und meine Urgroßmutter wissen. Und wer weiß? Vielleicht entdecken sie, daß mein Urururgroßvater Monarchist war. So, wie die prüfen, könnte man meinen, *der* bewirbt sich um die Stelle!"

Er fuhr mich an einen Punkt, wo man den Unterschied zwischen den Standards für „die Leute" und „die Bosse" gut sehen konnte – ein einprägsames Beispiel von Arbeiterwohnungen gegenüber einem Wohnblock für die Begünstigteren. Die Arbeiter lebten in einer vierstöckigen Mietskaserne aus der Zeit vor der Revolution, gelbgestrichen, aber mit der Zeit so eingedunkelt, daß die Farbe altem Urin glich. Der fünfzehn Stockwerke hohe Turm gegenüber war aus strohgelben Ziegeln und hatte ein fröhliches, modernes Aussehen.

„Ich bin Patriot", gab Michail zu. „Ich war viele Jahre in der Armee. Ich habe an die Revolution geglaubt – aber wer hätte gedacht, daß die Revolution, die den Menschen die Gleichheit bringen sollte, am Ende Spezialwohnungen für die Chefs hinstellt! Was die Revolution auch gebracht haben mag, Gleichheit hat sie keine gebracht."

Die Partei steht vor demselben Problem, mit dem sich die regierende Nationalpartei in Südafrika konfrontiert sieht. Sie gibt vor, eine Reformbewegung anzuführen, während ihre Glaubwürdigkeit ständig dahinschwindet. Können die Männer, die die Kommandowirtschaft erfunden haben, ihre Zerstörung beaufsichtigen? Tatsächlich würde ich, wenn ich dazu aufgelegt wäre, genaue Vergleiche anzustellen, sicherlich sagen, daß die südafrikanische Nationalpartei, die Hüterin und Apologetin der Apartheid, die weiß Gott nur noch als leere Hülse, als Zerrbild ihrer selbst erscheint, sich doch noch in ein paar Fetzen Glaubwürdigkeit kleiden kann, vergleicht man sie mit dem moralischen und intellektuellen Bankrott der KPdSU.

Nehmen wir Jurij, einen Ökonomen, einen jungen Mann aus Sibirien – ein glühender Vertreter der Perestroika, ein Führer der Bewegung für internationale Kooperation in Form von „joint ventures“, die ausländisches Kapital, technisches Wissen und Unternehmertum mit sowjetischen Arbeitskräften, Rohstoffen und „Investitionspotentialen“ zusammenbringen sollen. Leidenschaftlich, ungeduldig bis zum Dogmatismus, was die Notwendigkeit von Reformen angeht, weitgereist und eines Tages für einen hohen Regierungsposten bestimmt, scheint Jurij spät in der Nacht in der Küche zu verzweifeln. Die Inflation beschäftigt ihn sehr. Sie verfolgt ihn, er wacht nachts auf und spürt sie, sagt er, „wie sie im ganzen Land anschwillt. Warum arbeiten die Leute nicht? Aus sehr guten Gründen. Wenn sie arbeiten, werden sie mit Geld bezahlt, das nicht viel kaufen kann, wenn überhaupt etwas. Wenn sie andererseits nicht arbeiten, dann wird es keine Waren geben, die sie sich kaufen könnten. Jeder Stock, sagen wir hier, hat zwei Enden. Die Leute stehen wie Zuschauer dabei.“

Jurij fordert mich auf, mir die Gefühle der Leute zu vergegenwärtigen, die ich in den Läden gesehen habe. Außer Ungeduld und Frustration, habe ich da nicht bei manchen eine Art grimmiges Vergnügen entdeckt, daß sich ihre schlimmsten Erwartungen erfüllt haben? Die Kunden in den Läden, meint er, haben eine Art harten Spaß daran, russischen Spaß. „Es ist alles eine Art Theater. Ein Spiel. Worte, Worte, Worte. Wir reden von Kostenrechnung und ökonomischem Pluralismus und Märkten. Aber was wir kriegen, sind staatliche Kontrolle und Monopole. Und doch fordern sie, wir sollen effektiv und unabhängig wirtschaften. Schauen Sie sich Ungarn an oder China. Da herrscht Inflation, ja, aber es gibt auch Waren, die die Leute kaufen wollen. Wir haben die Inflation ohne die Waren. Die Rüstungsfabriken stellen Fernseher her, die Fernseher explodieren. Oder sie machen uralte Maschinen und nennen sie Tonbandgeräte. Wir zahlen für scheinbare Waren mit fiktivem

Geld. Wir reden von neuen Prozessen, aber die werden immer noch von den Zentralbehörden gelenkt, neue Politik, gemacht von denselben alten Idioten. Früher haben sie von sozialistischer Planung geredet. Jetzt reden sie von Kostenrechnung. Wenn ich das Wort ‚Kostenrechnung' höre, greife ich nach meiner Wodkaflasche. Bitte kein Gerede mehr! Bitte Importe, Stiefel, Hemden, Turnschuhe, Armbanduhren. Und, jawohl, laßt uns bitte borgen, um die Importe zu bezahlen. Und bitte weigern wir uns, für imitierte Güter zu zahlen, hergestellt mit gefälschter Arbeitskraft."

Was würde geschehen, frage ich, wenn die Preise erhöht würden? Würde das der Inflation entgegenwirken?

Jurijs Antwort bestand darin, daß er sich die Ohren zuhielt. „Wenn die Preise erhöht würden oder der Rubel ‚gehärtet' würde, dann würde das Wenige, was jetzt noch in den Läden und Lagerhäusern in den Regalen steht, über Nacht verschwinden. Der Gedanke an höhere Preise ängstigt mich. Man sagt, mit der Zeit kriegen wir das schon in den Griff. Aber während das Gras wächst –"

Jurij brach ab und lächelte sein düsteres kleines sibirisches Lächeln. „Das ist ein halbes Sprichwort aus dem *Hamlet*. Wissen Sie, wie's weitergeht?"

Ich hatte keine Ahnung.

„– verhungert das Pferd", sagte Jurij.

Was soll man von den ganzen Widersprüchen halten? Für die Moskowiter sind Widersprüche nicht dazu da, daß man sie begreift, sondern dazu, sie zu ertragen. Die Konsumenten geben mehr aus, das Einkommen pro Kopf ist gestiegen, es werden mehr Wohnungen gebaut, doch stellt der Ministerrat mit Beklommenheit fest, daß die Wohnungsknappheit so akut ist wie eh und je, die Bedürfnisse der Konsumenten unerfüllbar sind und Dienstleistungen ausbleiben. Der Verbrauch von Obst und Gemüse ist sogar zurückgegangen, und in der Moskauer Region ist die Kultivation der Obstgärten fast zum Erliegen gekommen. Wo Gemüse angebaut wird, verrottet es und fällt

Schädlingen zum Opfer. Wo das Gemüse die Schädlinge überlebt, verfault es wegen der Transportprobleme in Lagerhäusern, und wo es weder Schädlingen noch Lagerzeiten zum Opfer fällt, da erreichen die überlebenden Gemüsekisten selten die normalen Konsumenten, sondern gehen an spezielle Interessengruppen und an Käufer mit viel Geld.

Wie das ZK der Kommunistischen Partei eingesteht, ist das dringlichste Problem in der Sowjetunion heutzutage die Lebensmittelknappheit. Die lange Zeit unabdingbaren, heißgeliebten Doppelzüngigkeiten beginnen jetzt langsam aus den Parteidokumenten zu verschwinden, aber die Gewohnheit sitzt tief. Zum Beispiel: Das Zentralkomitee kann versprechen, daß alle Pläne der Partei den Interessen des Volkes untergeordnet sind, und im selben Atemzug mit entschiedener Sicherheit klarstellen, was die Interessen des Volkes zu sein haben.

Mahlzeiten haben mit der dort verzehrten Nahrung nichts zu tun. Der Verzehr ist ohnehin eine problematische Sache. Das Interessante der Mahlzeiten liegt anderswo. Eines Morgens wurden beim Frühstück zwei blinde Passagiere hinter dem Schlagzeug auf der Bühne entdeckt, zwei mürrische, verschlafene Mädchen in engen weißen Röcken, die den stummen Leichenbitter anfauchten und kratzten, der sie zum Geschäftsführer zerrte. Ja, sie hatten auf der Bühne geschlafen. Es war zu spät gewesen, um noch nach Hause zu gehen, zu spät für ein Taxi, das Tanzen war bis drei gegangen. Aber *nein*, sie hatten sich unter den Gästen keine Freier gesucht! Nicht die Bühne mit jemand geteilt! Eine unerhörte Unterstellung. Wir schauten fasziniert zu, wie der Manager sich erhob und die beiden anwies, auf der anderen Seite der Tür zu warten. Da saßen sie, brachten ihr Make-up in Ordnung und rieben sich die blauen Flecken an den Handgelenken, während das Frühstück mit rituellen Gesten seinem unbefriedigenden Ende entgegenging

Die Mittagessen sind immer lang, da die Bedienung ein großer Unsicherheitsfaktor ist und der Kellner, der auf den neunten Ruf hin auftaucht, durchaus erklären kann: „Aber ich wollte

Ihre Unterhaltung nicht stören, Sie sahen so vertieft aus ...“, eine so unerwartete wie entwaffnende Begründung. Also verlassen Sie Ihren Tisch, erholen Sie sich ein wenig, strecken Sie die Beine. Machen Sie einen Spaziergang. Es kann durchaus sein, daß Sie die Toilette geschlossen finden – der Wärter in seiner ehrwürdigen olivgrünen Uniform, ein grüner Schatten in einer dunklen Ecke, sitzt nicht drinnen hinter der Tür auf seinem alten braunen Stuhl, er geht statt dessen draußen auf und ab. Er steht plötzlich Schmiere. Die Tür ist zu, aber nicht abgeschlossen; drinnen halten vier oder fünf junge Männer eine geschäftliche Besprechung ab, Geld wird hin- und hergereicht, ein Flachmann mit Wodka kreist, sie kämmen sich die Haare, sehen in ihren Terminkalendern nach, organisieren ihre nächste Unternehmung und sehen unbedingt wie aufstrebende junge Manager aus, die einen Coup planen.

Abendessen, an die ich gerne zurückdenke, waren zum Beispiel jene, die ich öfters mit einem Delegierten des Obersten Sowjet einnahm, der in meinem Hotel wohnte. Er dinierte mit einer Begleiterin, die Grübchen hatte, und ich geriet sozusagen in ihren gnädigen Bannkreis. Sie sprachen von Liebe, und ich machte dem Kellner ein Zeichen, der voller Ehrfurcht meiner Geste folgte. Der Delegierte war von breiter Selbstzufriedenheit, dicklich, wichtig; sie war nachgiebig, rosa, willig. Der Kellner muß mich für den Chauffeur des erwählten Paares gehalten haben, oder vielleicht den Sicherheitsbeamten, denn was sie auch aßen, ich aß dasselbe: Räucherlachs und Kaviar, georgischen Sekt und Huhn à la Kiew. Ein Mißverständnis? Wen kümmerte es! Kellner näherten sich unserem Tisch und wurden von unserem überlegenen Schwerefeld, unserer planetaren Bedeutung eingefangen. Das Abzeichen am Revers des Delegierten, das seine Zugehörigkeit zum Obersten Sowjet verkündete, glänzte üppig, ein glücklicher Stern, mit dem verbunden zu sein uns alle mit Stolz erfüllte.

„Die Schafe sehen hungrig auf, und niemand kommt“, sagte ich später versuchsweise zu Valentin.

Er war nicht dieser Ansicht. „Die hungrigen Schafe sehen nicht einmal auf, sie haben vergessen, wie man das macht."

Ich begann, mich obsessiv mit Restaurants zu beschäftigen; wie Viktor vorgeschlagen hatte, würde ich mich ins Herz Moskaus hineinessen. Nur hat das Essengehen in Moskau nicht viel mit Essen zu tun – wenn es um's Essen ginge, würde niemand essen gehen. Die Restaurants bewahren nur allerschwächste Erinnerungen an vergangenen Glanz auf: bei seinem Besuch in Moskau im Jahre 1903 fand ein gewisser Lieutenant-Colonel Newnham-Davis sich entzückt von der Auswahl an Speiserestaurants – die Ermitage, das Bolschoi, Moskowskij, Café Filipow, das Jar, der Goldene Anker – sie alle werden in seinem *Führer durch Europa für den Gourmet* empfohlen. Ach, dahin!

Von Kooperativen betriebene Restaurants kommen und gehen. Eine größere Auswahl, anständige Bedienung. Die meisten nehmen aber nur harte Währung und sind voller Ausländer und Mafiosi. Es gab früher das Glasur, angekündigt als „die erste Kooperative der Sowjetunion", von einer belgischen Brauerei unterstützt, mit Kellnerinnen, die wie Krankenschwestern fürsorglich über den Tisch hingen, einem weißen Klavier und dem Versprechen: „Die Cuisine des Restaurants wird den Geschmack des verwöhntesten Gourmets zufriedenstellen." Der Gebrauch des Wortes „wird" zog den Blick auf sich. Ob die Küche jenen verwöhnten Gourmet Newnham-Davis zufriedengestellt haben würde, weiß ich nicht zu sagen, aber sie bot das *Sakuska*-Buffet, das ihm um die Jahrhundertwende so gut gemundet hatte: Kartoffeln und Sellerie, Oliven, Rettich, gehackter Rotkohl, rohen Hering, eingelegte Pilze, Räucherlachs. Die Feierlichkeit des Unternehmens war etwas beklemmend – die Gerichte wurden mit zeremonieller Langsamkeit und Ernsthaftigkeit serviert, und überall herrschte die gravitätische Stasis, die man in Abbildungen von Totenmählern in ägyptischen Gräbern sehen kann.

Doch das Glasur hatte Erfolg. So sehr, daß die örtliche Mafia, welche die Kooperativen verfolgt, Brandbomben warf, nachdem der Besitzer sich geweigert hatte, Schutzgeld zu bezahlen; als ich das letzte Mal vorbeikam, war es eine ausgebrannte Ruine.

Nadja schlug mir vor, mich in ein Restaurant – vielleicht das einzige – außerhalb der Stadt zu führen. „Es heißt das Märchen – Skaska. Sie mögen doch Märchen."

Wir fuhren durch den Schnee hinaus. Auf einer Abkürzung durch einen Wald von Häuserblocks stießen wir auf einen defekten Baukran, der wie ein angespülter, verkrüppelter Riesenkrebs im Weg lag.

„Fahren Sie durch!" ermunterte uns der Kranführer. „Ich werde den Arm heben."

Wir fuhren durch und fanden uns nun irgendwie *in* der Maschine wieder.

„Wir müssen die Situation neu überdenken", sagte der Kranführer. „Nachdem ich meinen Arm gehoben habe, um Sie hereinzulassen, kann ich ihn anscheinend nicht noch einmal hochheben, damit Sie weiterfahren können."

„Es macht nichts", sagte Nadja in vollkommener Verzückung. „Mein Freund studiert unsere Lebenswelt. Das wird ihm gefallen."

Nach einer gewissen Zeit mit behutsamen Rückwärtsmanövern entronnen wir endlich der eisernen Umarmung des Krans.

„Sehen Sie, wie es ist?" fragte Nadja triumphierend, stolz auf diese lebendige Lektion über die Schwierigkeit einfacher Dinge. „Der Fahrer hat es gut gemeint. Aber irgendwie machen wir alles falsch."

Weitere Entzückungen standen uns bevor. Nadja holte für mich das alte patriotische Lied der Stalinzeit aus ihrer Erinnerung hervor: „Wir sind geboren, aus Märchen *(skaska)* Wahrheit zu machen." Die Intellektuellen parodierten dies mit dem bitteren Kalauer: „Wir sind geboren, aus Kafka Wahrheit zu machen."

Das Skaska, in waldiger Landschaft an der Ausfallstraße aus Moskau gelegen, enttäuschte uns nicht. Zwei hölzerne Chalets mit den Schildern „Bar" und „Restaurant", bis zum Fenstersims in den Schnee gebettet; beide schienen verlassen, beide waren geschlossen. Ein Schaschlikverkäufer stand am Straßenrand und wartete auf Kundschaft unter den vorbeikommenden Autofahrern; er drehte seine Fleischspieße auf einem selbstgebastelten Grill, einem halbierten Ölfaß voller Holzkohle.

„Verschwenden Sie nicht Ihre Zeit. Essen Sie hier", riet er.

Ich versuchte es zuerst an der Bar; hinter der Tür ahmte ein Tier überzeugend und aus voller Kehle einen Wolf nach. Ich entschied, die Bar Bar sein zu lassen. Dann schlug ich eine Zeitlang ohne irgendeine Reaktion gegen die Tür des Restaurants, und eben, als ich gehen wollte, kam ein kleiner Mann in weißem Mantel mit vollkommen schwarzen Haaren, die aussahen, als seien sie aufgemalt, wären aber noch nicht trocken. Er lauschte meinen Erkundigungen in Bezug auf das Mittagessen mitfühlend. Kommen Sie in einer Stunde wieder, sagte er, nicht nötig, daß Sie reservieren. Er gestikulierte hinter sich, und durch die offene Tür sah ich hölzerne Tische in einem holzgetäfelten Raum.

„Sehen Sie, wie das Ding da heißt?" fragte der Schaschlikverkäufer. „Ich habe Sie gewarnt."

Wir kehrten zur festgesetzten Zeit wieder zurück und standen nun jemandem gegenüber, der der ältere Bruder des Wirts hätte sein können. Das Haar war immer noch schwarz, jedoch dünner, und es sah nicht mehr aufgemalt aus, sondern angenäht, Haar um Haar, und seine Augen waren trübe wie Aquarien, in denen zwei letzte überlebende Fische schwammen. Es gab keinen Tisch mehr. Ein Mißverständnis. Das Skaska war voll. Ich verfiel in die lineare Argumentationsform, die Viktor so verachtete, und erinnerte ihn daran, daß man mir vor einer Stunde versichert hatte, es würde ein Tisch zur Verfügung stehen. Vielleicht würde er seinen Verwandten herbitten? Die Fische schwammen weiter durch das trübe Wasser. Sein Verwandter war nicht da. Sein Blick schien anzudeuten, daß er auf eine lange Auslandsreise gegangen war.

Nadja machte einen Schritt an mir vorbei und faßte ihn an der Kehle. Es erinnerte mich an Gennadijs Konfrontation mit dem Polizisten. Nach einer lebhaften Diskussion fand das Restaurant, das besetzt gewesen war, einen Tisch für uns. Nach einer weiteren Stunde hatten wir immer noch keine Bestellung aufgegeben. Nadja verlangte eine raschere Bedienung, und der Kellner wandte sich mit einem reizenden Lächeln zu ihr: „O bitte, Sie sind kaum erst angekommen, bitte verlassen Sie uns nicht schon wieder!"

Das Essen war überraschend gut. Hering, heiße Pilze und Kartoffelkuchen mit Käse überbacken.

„Sehen Sie?" sagte Nadja. „Zuerst lassen wir euch nicht herein. Dann seid ihr drin – aber wir lassen euch nicht mehr raus!"

Als wir schließlich von unserem Mittagessen aufbrachen, war es dunkel. Der Schaschlikverkäufer packte zusammen.

„Hat Ihnen das Märchen gefallen?" fragte er.

Ausländische Restaurants fangen alle, nehme ich an, nicht schlecht an, sie versprechen, ihre nationale Identität beizubehalten, aber tatsächlich fallen sie alle bald der schleichenden Sowjetisierung zum Opfer. Das erste, das verschwindet, ist die Stille. Musik, vorzugsweise laute Musik, ist unerläßlich. Es ist dies das einzige, was Lieutenant-Colonel Newnham-Davis wiedererkannt hätte. Als er um die Jahrhundertwende im Strelna im Petrowskij-Park dinierte, bemerkte er zu seinem Unbehagen, daß das Podium mit einer Reihe von Musikern besetzt war. „Keiner", notierte er trocken, „von erster Güte." Dies ist ein früh auftretender und wahrscheinlich fataler Fehler in ausländischen Restaurants. Fängt einmal die Musik an, dann ist das Lokal auch schon erobert, und alles andere folgt: die Verwandten des Kellners hängen am Telephon, die Zuhälter flegeln sich an die Bar, der Vater des Tellerwäschers betreibt seine Bankgeschäfte auf der Toilette, die Speisekarten werden zum Witz, und die Kellner sind unsichtbar.

Vor kurzem eröffnete in Moskau ein Etablissement, das behauptete, das erste echt französische Restaurant zu sein. Eine Zeitlang strahlte es eine charmant gallische Atmosphäre aus, doch dann kam leider die Varietéshow. Halbwegs durch das

Abendessen sieht man plötzlich einen Mann in weißem Regenmantel mit diamantglitzernden Revers, so groß wie Fledermausflügel, auftreten, begleitet von drei Girls, die als schwarze Katzen gekleidet sind, und er singt ein Lied, das selbst auf Russisch ganz unverständlich bleibt, da die Lautstärke einen dazu zwingt, sich die Ohren zuzuhalten. Dann kommt ein junger Schlangenmensch in roten Hosen und weißem Top, er läuft auf den Händen und scheint den russischen Bürgerkrieg nachzuspielen, Rot gegen Weiß. Wie damals haben auch hier meist die Roten die Oberhand. Dann folgt eine Rhythmusnummer, die Show sinkt ab, der Mann im weißen Regenmantel singt von der Hoffnung, was ein seltsames Begehren in diesem Kontext ist, während die Chorusline beträchtliche Fähigkeiten offenbart, das Becken zu schwenken – Girls, die alle einmal den Ehrgeiz gehabt haben müssen, am Bolschoi zu tanzen, denn was auch ihre Hüften improvisieren mögen, die Handbewegungen beschwören fossile Erinnerungen an das klassische Ballett herauf, anmutig und luftig, wie Spuren versteinerter Farne auf einer Felswand. Die Show – wie die meisten in Moskau – bricht die Grundregel: Niemals das Licht aufdrehen! Schwedische Geschäftsleute zucken zusammen, als sie sehen müssen, wie die Mädchen vor ihren Augen altern.

Unter demselben enthüllenden Licht verlassen die Musiker die Show, winden sich zwischen den Gästen hindurch, klammern sich an ihre Beute in den prallen Plastiktüten. Der Zugang zum Hotel öffnet den Musikern den Berjoska-Laden, wo man mit Fremdwährung zahlt und an das Füllhorn voll amerikanischer Zigaretten, Scotch, Batterien und Rasierklingen darf. Im Straßenanzug sehen sie erschreckend normal aus. Selbst der Fledermausflügelsänger verwandelt sich in einen sowjetischen Normalbürger im Tweedjackett, dessen Plastiktüte voll Schnaps klirrt.

Das japanische Restaurant beim Hotel International beansprucht für sich, das teuerste in Moskau zu sein. Das ist seine einzige Distinktion. Gut, es gibt eine japanische Kellnerin in traditionellem Kimono, gut, man bekommt heiße Handtücher und, ja, Eßstäbchen. Doch die Kellner sprechen weder Englisch, Französisch noch Japanisch, legen für die Speisekarte nur Verachtung an den Tag, raten vom Seetang ab, suchen den Wein selber aus und verbringen lange Zeit am Telephon – wenn ihre Nichten es nicht blockieren. Die restlichen japanischen Kellnerinnen sind Russinnen unter ihren Kimonos, und die Zuhälter hinten in der Bar betreiben ein lukratives Schwarzmarktgeschäft mit italienischen Schuhen. Gut, manche Japaner essen in diesem Restaurant, aber nur als Folge rabiater Nostalgie. Viele Amerikaner, getäuscht vom hellen Licht und den hölzernen Tischabteilen, glauben, es handele sich um eine Pizzeria oder einen chinesischen Imbiß und wandern in großen Gruppen herein, tragen Strickmützen mit großen Puscheln und rufen nach Cola.

Ich versuchte es zum dritten Mal im Praga. Niemals aufgeben! Zumindest nicht in Moskau. Und den Kopf immer schön warm halten. Ich brach auf, nachdem ich telephonisch einen Tisch bestellt hatte und noch einmal angerufen hatte, um mir die Vorbestellung bestätigen zu lassen. Die kleine Menschenmenge, die draußen zitterte, winkte mir Glück wünschend zu. Der Türsteher hatte keine Einwände, der Mann an der Garderobe nahm mir den Mantel ab und begrüßte mich wie einen alten Freund. Selbst der Oberkellner am Eingang zum Tschechischen Restaurant schien mir gewogen, und, jawohl, mein Name stand auf der Liste. Es gab jedoch eine einzige Mißlichkeit: aus irgendeinem unerklärlichen Grunde war meine Vorbestellung für morgen eingetragen, und heute war das Restaurant, mußte er es erwähnen? gedrängt voll belegt. Ich konnte, wenn ich wünschte, auf eine Abbestellung warten.

Ich setzte mich auf eine der roten Plüschbänke im Korridor vor dem Tschechischen Restaurant, in einer Reihe mit anderen Hoffnungsvollen. Der Geiger spielte wieder „Schwarze Augen“. Ich war in Gesellschaft von Kunden, die ich von den früheren Besuchen her erkannte, und wir alle warteten auf das Wunder einer Abbestellung, doch ohne viel Hoffnung in unseren Herzen, als ein Mann in braunem Anzug zu mir trat.

„Sie wollen einen Platz drinnen?“

Ich sagte, das wollte ich.

„Warten Sie hier. Ich werde mit gewissen Freunden sprechen.“ Mit einem Augenzwinkern verschwand er.

Ich wartete. Etwa eine halbe Stunde später kam der Oberkellner zu mir. „Sie verschwenden Ihre Zeit.“

„Jemand hat gesagt, er könne mir weiterhelfen.“

Der Oberkellner sah mich an wie ein schwachsinniges Kind. „Ein Mann in braunem Anzug? Der ist verrückt. Er macht nur gern Eindruck bei Ausländern. Hören Sie nie auf den Mann im braunen Anzug.“

Daheim im Hotel hatten Viktor der Kellner und seine Freunde wieder den Frühstückstomatensaft verwässert. Sie saugten einen Teil des Inhalts aus den großen Dosen ab, in denen der Saft geliefert wurde, füllten mit Wasser auf und verkauften oder tauschten ihren Rest. Man beklagt sich über den Mangel an unternehmerischer Phantasie in der Sowjetunion. Im Gegenteil, solche Unternehmungslust trifft man oft, das Problem ist, daß sie meist illegal ist.

Valentin erklärte es einfach: „Leute, die sich betrogen fühlen, verbringen ein Gutteil ihrer Zeit damit, andere zu betrügen.“

Viktor hielt nichts von solchem Moralisieren. Es schien, daß noch nicht alle Hoffnung verloren war. Seine Augen glühten wieder, und der Grund ist erwähnenswert. Es gab einen Markt für Videokopien von den Bruce-Lee-Filmen seines Vetters. In der ganzen Stadt waren Vertreter ausgesucht und Lieferungen verkauft worden. Das Geschäft ließ sich gut an, und alles deutete auf eine rasche Expansion hin. Viktor prüfte die Möglichkeit einer stadtweiten Franchise-Operation.

Und was, wenn überhaupt etwas, soll ich daraus schließen? Ich biete denen, die sich in Moskau hineinessen wollen, zwei Richtlinien an, eine unbedeutendere und eine wichtige – man mag selbst entscheiden, was sie wert sind. Ich nenne sie den Potemkinfaktor und das Pragaprinzip.

Den Potemkinfaktor kann man an einer Erfahrung erläutern, die ich bei meinem allerersten Besuch in Moskau machte, zusammen mit einer Gruppe von Schriftstellern. Wir diskutierten mit unseren russischen Kollegen über Literatur, im Konferenzraum der Schriftstellergewerkschaft, und als der Morgen schon halb vorüber war, wurde vorgeschlagen, daß wir uns auf einen Kaffee ins Foyer vertagen sollten. Wir gingen ins Foyer und warteten. Nach einer halben Stunde lud man uns wieder in den Konferenzraum ein und gab der Hoffnung Ausdruck, daß wir uns erfrischt fühlten. Man ging davon aus, daß wir den Kaffee genossen hatten, obwohl kein einziger Tropfen davon erschienen war. Der Potemkinfaktor läßt sich weit ausdehnen – was Hamlet „Luft essen" genannt hat, denn die Luft ist „voll Versprechen".

Das Pragaprinzip lautet: Ein Restaurant kann voll sein, auch wenn es leer ist. Die Umkehrung gilt ebenfalls: Ein Restaurant kann leer sein, auch wenn es voll ist.

Daraus leiten sich verschiedene Folgesätze ab: Ein Restaurant kann Kellner beschäftigen, damit sie die Mahlzeiten essen, welche für die Gäste bestimmt sind. Manche Restaurants gewähren keinen Zutritt. Andere gestatten Ihnen nicht, zu gehen.

Und denken Sie *immer* daran – in welchem Restaurant Sie auch sein mögen, hören Sie nicht auf den Mann im braunen Anzug.

Moskau kann aus seinem Vorrat unerwarteter Bilder plötzlich für fast jede Stimmung ein passendes Zeichen als Erwiderung präsentieren. Als ich spät am Abend einmal am Fluß entlangging, nachdem man mich im „English Pub" des International abgewiesen hatte, wo man sich erbötig macht, den ganzen Tag Frühstück zu servieren – abgewiesen, weil das Frühstück „ausgesetzt worden war", da hoben die Schornsteine des Kraftwerks, weiß im Mondlicht, zwei steife Finger höhnisch über die dunkle, nörgelnde Moskwa.

5

Hochzeitschüsseln

Ich stand mit Enrico, einem italienischen Filmemacher, an einem eisigen Samstagnachmittag auf dem Roten Platz. Wir sahen zu, wie neuvermählte Paare ihren rituellen Besuch (ein Hochzeitsbrauch, der angeblich aus den fünfziger Jahren stammt, obskur, doch seltsam rührend) am Leninmausoleum machten, um vor dem Eingang für ein Photo zu posieren, und dann am Grab des Unbekannten Soldaten, der hinter den eindrucksvollen schmiedeeisernen Gittern des Kremlzaunes liegt (der unerwarteterweise mit markanten schwarzen Fasces besetzt ist). Enrico war in Moskau, um mit sowjetischen Kollegen ein „joint venture" zu arrangieren, Herstellung und Vertrieb einer Reihe von Rockfilmen. Er war soeben aufs Kreuz gelegt worden, als er sich im zweitältesten joint venture versucht und schwarz getauscht hatte – wobei er ein so günstiges Angebot für seine Lire bekommen hatte, daß er alles, was er besaß, in Rubel investiert hatte. Damit hatte er sich bei seinem ersten Besuch in Moskau sofort mit einem Schlag in die Lage vieler Moskowiter versetzt: die Taschen voller Rubel und nichts, wofür man sie ausgeben könnte. Er trug eine schwere Plastiktüte, die er mit einer gewissen Verachtung behandelte und von Zeit zu Zeit mit metallischem Klirren zu Boden fallen ließ. Ich sah, wie er mit seinem spitzen italienischen Schuh dagegen trat. Die Temperatur lag einige Grad unter dem Gefrierpunkt, und Enrico war starr vor Kälte und Frustration. Ich fragte mich laut, was er wohl in der Tüte haben mochte, aber er ging nicht darauf ein.

„Aber *irgend etwas* mußte ich kaufen", sagte er immer wieder, während er die schwere Tüte von einer Hand in die andere schwang.

Es war ein zweiter Schlag für Enrico, der schon früher am

Tage einiges im Hotel einstecken mußte, als er entdeckte, daß es unmöglich war, direkt nach Rom zu telephonieren. Die Dame an der Rezeption nahm seine Beschwerde mit einem Blick tiefster Verachtung entgegen. Es war niemandem gestattet, ohne vorherige Anmeldung ins Ausland zu telephonieren. Sie wies ihn an, die Nummer aufzuschreiben, die er in Rom haben wollte, und schickte ihn dann mit einem Kopfnicken fort und mit dem Satz, den all die jungen Frauen in einem Dutzend Sprachen in der Nahkampfausbildung der Intouristschule lernen.

„Gehen Sie auf Ihr Zimmer und warten Sie."

„Ich warte zwei Stunden, und dann wird das Gespräch nach ein paar Minuten unterbrochen!"

Enrico starrte die Bräute bitter an, die in Kavalkaden kleiner schmutziger Leih-Ladas auf dem Roten Platz eintrafen. Sie schwärmten wie weiße Schmetterlinge über den Platz aus, und der Schnee hinterließ keine Spuren auf ihren Brautkleidern, dafür befleckte er die dunklen Anzüge der Bräutigame. Besonders faszinierte ihn eine kleine, warm eingepackte Frau, die aus dem Wagen kletterte und über die Pflastersteine losmarschierte, das Kleid vorsichtig über die Knöchel gehoben, während ihre Mutter mit der Schleppe folgte.

„Ich habe noch nie eine Braut in einem Dufflecoat gesehen", sagte Enrico.

Der Bräutigam, in einem weißen Sommeranzug, schwarzen Hemd und silberner Krawatte nicht so gut geschützt, zitterte sichtlich. Am Grab des Unbekannten Soldaten schlüpfte die Braut aus ihrem Dufflecoat und überreichte ihn der Mutter, während sie sich mit ihrem Gatten für die Photos in Positur stellte. Dann warf die Mutter sich den Mantel über die Schulter, hob die Schleppe auf, und die Hochzeitsgesellschaft marschierte stramm zur Tür des Leninmausoleums, wo rote Nelken niedergelegt und weitere Photos gemacht wurden. Die kleine Braut war rundlich, ihr Kleid eine Spitzenexplosion – sie sah aus wie ein dicker kleiner wandernder Federball. Als sie auf uns zukamen, ging uns plötzlich ein Licht auf. Die Mutter barg die Braut wieder in der Wärme des Dufflecoat; das Lächeln des Bräutigams blieb hartgefroren in seinem Gesicht stehen. Der mürrische Chauffeur des gemieteten Lada drückte seine Zigarette aus, knallte die Tür zu und fuhr über die windverwehten Weiten des Oktoberplatzes Richtung Bolschoitheater davon. Eigenartig berührt zeigte mir Enrico, was er in der Plastiktüte hatte: mindestens ein Dutzend bleierne, ziemlich bedrohlich wirkende kleine Leninbüsten.

„Die muß mindestens im siebten Monat sein", murmelte er. „Armes kleines Ding." Er trat nach seiner Leninsammlung, und die Köpfe klirrten melancholisch wie versunkene Glocken.

„Sie machte einen recht glücklichen Eindruck", sagte ich.

„Nicht sie – das Kind! Überlegen Sie mal – in diesen Zirkus hineingeboren zu werden! Ich würde lieber sterben."

Tatsächlich war es wundervoll, kleine neugeborene Moskowiter zu sehen – ein Zeichen der Hoffnung, zu sehen, daß sie gesund, wütend, voll Protest waren. Hier zumindest war noch alles offen, die normalen Regeln griffen noch nicht, die Welt hatte sie noch nicht überwältigt. Und der Anblick wird seltener: Die Abtreibungen sind seit einigen Jahren zahlreicher als die Lebendgeburten. Viele Mädchen sind mit zwanzig verheiratet, die meisten mit einundzwanzig; vom Teenager zur Ehefrau zur Mutter, ohne Atempause. Man kann nicht zusammenleben, wenn man nicht verheiratet ist. Man kann keine eigene Wohnung bekommen, wenn man keine Familie gründet. Geburtenplanung ist selten, auch da, wo sie grundsätzlich als Möglichkeit bekannt ist, und selbst da, wo Verhütungsmittel zur Verfügung stehen, ist der Druck groß, sie nicht anzuwenden. Säuglinge (bis zu fünftausend Lebendgeborene pro Jahr) kommen in der großen Moskauer Frauenklinik zur Welt, wo mir der große, stämmige Direktor mit einer unerwarteten Erklärung entgegentrat.

„Ich bin Internationalist. Ich komme zwar aus Georgien, aber ich arbeite ohne Schwierigkeiten hier in Moskau. Wäre das in Ihrem Teil der Welt möglich?" Er sah mich herausfordernd an. „Haben Sie Angst vor Blut?"

„Unglücklicherweise nein."

„Ziehen Sie einen Kittel an und kommen Sie mit."

Ich folgte ihm und ebenso sein Personalstab – aus jeder Abteilung, an der wir vorüberkamen, traten sie unaufgefordert heraus und schlossen sich stumm hinten an den Zug an: Geburtshilfe, Gynäkologie, Intensivstation; sie blätterten wieder ab, wenn die Grenze ihres Reviers erreicht war, und machten anderen Platz: Pathologie, Hebammendienste, Kreißsaal. Der Direktor schaute nicht nach links und nicht nach rechts, er rollte wie eine Flutwelle die abgewetzten Korridore hinunter.

In der Lehrabteilung stieß er plötzlich eine Tür auf und enthüllte eine Gruppe von jungen Studenten, die grinsten und erröteten und beim Anblick der Besucher tausend Tode starben. Ein großes Modell einer Gebärmutter stand auf dem Tisch; an der Tafel standen schwach leserliche Kreidenotizen; doch das Gebaren der Studenten war das von Leuten, die verstohlen mit Angelegenheiten beschäftigt sind, die mit der Medizin nicht das geringste zu tun haben – die Luft, die sie atmeten, war die der Langeweile alleingelassener Schulklassen, der frustrierten Energien der Menschen, die warten müssen und nicht wissen, wie lange und nicht, auf wen. Hatten sie Poker gespielt, ihre Bleistifte die Bänke hinunterrollen lassen, sich mit Tinte bespritzt, waren sie irgendwelchen trivialen, aber notwendigen Ablenkungen nachgegangen? Sie langweilten sich trotzdem, die Zeit dehnte sich vor ihnen, öde, uninformativ und leer.

Es war ein rascher Blick auf eine Szene hinter den Kulissen. Die Studenten waren nicht nur verlegen, sie waren auch ein wenig ärgerlich. Hinter verschlossene Türen zu spähen, das entsprach nicht den ungeschriebenen Regeln – und bis jetzt sind alle wahren Regeln in dieser Gesellschaft ungeschrieben. Geschriebene Regeln, Gesetze, sind nur leere Prahlereien oder Drohungen. Es war eine Frage der Wahrung des Gesichts. Alexander Herzen, der hellsichtigste aller russischen Beobachter vor der Revolution, erwähnt in seinen Memoiren die unglückliche Neigung der Westeuropäer, die Russen für unaufrichtig zu halten, wenn sie doch nur eine gute Figur machen wollen, nur den Schein wahren. So verübelten die Studenten es dem Direktor, daß sie überrascht und dem prüfenden Blick eines uneingeladenen Ausländers preisgegeben worden waren. Die Gebärmutter, die Tafel und die erschrockenen Studenten stellten, zumindest in meiner Phantasie, einen dreifachen Protest gegen diesen Bruch des Vertrags zwischen dem Chef und den Arbeitern dar. Denn hier herrschte nicht nur eine Kommandowirtschaft, auch alles andere folgte einer Kommandostruktur. Die Basis dieser Befehlsherrschaft ist die folgende: Ich habe die Macht, du bist in einer untergeordneten Position (bist der Student, der Kunde, der Klient, der Wähler). Deshalb werde ich dir sagen, was du machen sollst, und du wirst es tun. Oder ich werde sagen, daß es schon geschehen ist, und du wirst mir – zumindest öffentlich – nicht widersprechen. Dafür wirst du rechtzeitig gewarnt, daß ich kommen könnte, damit du so tun kannst als ob. Das nennt man „Instruktionen", nennt es auch „progressiv", und ich fürchte, in manchen Kreisen nennt man es sogar Sozialismus. Du für dein Teil wirst es ertragen, wenn du mußt, vermeiden, wenn du kannst, verachten, wenn du allein bist, als das beste auf der Welt bezeichnen, wenn Fremde dich fragen, aber in deinen privaten Momenten möchtest du, daß man dich in Ruhe dein Leben leben läßt, ohne Unterbrechungen durch einen stürmischen Direktor oder einen neugierigen Ausländer. Das war schließlich die Pointe des Ganzen, das war die Abmachung, und durch unser ungestümes Hereinplatzen hatten wir die Abmachung gebrochen. Das wahre Leben des Sowjetbürgers, des Moskowiters, spielt sich, wie ich vermute, auf einer nicht wahrnehmbaren Ebene ab, er führt es in Ecken, in der Küche, wo die Autorität nicht hinsieht.

Vielleicht erklärt dies etwas von der auf beiden Seiten empfundenen Peinlichkeit, als ich auf die eiserne Einladung des Direktors hin zwei jungen Müttern in einem schlichten kleinen Krankenzimmer gegenübertrat. Sie schauten mich mit großen, großen Augen an.

„Sprechen Sie mit ihnen", befahl der Direktor und schnitt mir meine Entschuldigung, daß ich hier einfach eindrang, ab. „Fragen Sie, was Sie wollen."

Die Mutter, die auf ihrem Bett lag, schloß die Augen. Die andere stillte ihr Kind und konnte keine Ausweichaktion einleiten, da sie erst vor einigen Tagen Zwillinge zur Welt gebracht hatte, und das zweite Baby, sicher eingewickelt, neben ihr auf dem Bett lag und wartete, daß es an die Reihe kam.

„Können Sie Ihre Kinder bei sich behalten?"

„Das ist nicht möglich", antwortete der Direktor.

„Ist Ihr Mann hier?"

„Ich vermisse meinen Mann", sagte sie.

„Die Väter sind nie hier", erklärte der Direktor. „Wir haben einfach keine Räumlichkeiten." Er schwenkte eine Hand durchs Zimmer. „Sie sehen, wie es hier ist."

Ich sah, wie es war. Nicht nur waren keine Ehegatten hier, es waren gar keine Männer da außer den Ärzten, und keine Schwestern, Brüder, Mütter, Väter oder Freunde oder Freundinnen. Es gab keine Form von Behaglichkeit, keine Leselampen, Radios, Bücher, Früchte, Spielsachen, Bilder, Illustrierten oder Vorhänge, keines der kleinen menschlichen Details, die eine solche Anstalt bewohnbar machen, keinen Privatbesitz – keine Privatheit. Ein Schauer schockierter Heiterkeit lief durch die Reihen der subalternen Ärzte, als ich meine Frage an die stillende Mutter stellte. Sie schienen die Vorstellung, Väter könnten in den Abteilungen auftauchen, mit Entsetzen zu betrachten. Die Väter hatten schon genug angerichtet. Hier konnte man eben noch mit Müttern und Säuglingen über die Runden kommen.

Die Mutter der Zwillinge hob ihr zweites Baby an die Brust und warf mir einen bleichen, ängstlichen Blick zu, als habe man ihr soeben eine Prüfungsfrage vorgelegt und sie könne durchgefallen sein.

Der Direktor streckte den Arm hinunter und tätschelte ihr die Schulter, unbeholfen, doch nicht ohne Liebenswürdigkeit. „Es geht alles gut. Und Ihre Kinder sind fabelhaft."

Auf dem Flur sagte er: „Unsere Säuglingssterblichkeitsrate schneidet im Vergleich mit Belfast in Nordirland sehr gut ab. Wir haben eine Parallelstudie durchgeführt."

Ich wußte, daß die Säuglingssterblichkeitsrate in der Sowjetunion sehr hoch war; das Land lag an fünfzigster Stelle der weltweiten Statistik hinter Barbados und gleichauf mit Paraguay. Nach den 1987 veröffentlichten Zahlen sterben von tausend Kindern achtzehn bei der Geburt und dreizehn vor Ablauf des ersten Lebensjahres. Doch die große Moskauer Frauenklinik war nach sowjetischen Maßstäben ein effizient geführtes Krankenhaus. Obwohl die Arbeitsüberlastung ihn ungeduldig gemacht hatte, war die Hingabe des Direktors an seine Arbeit und seine Patienten bemerkenswert, und die Anstrengungen seines übermüdeten Personals – manche sahen vor lauter Mangel an Schlaf gespenstisch aus – waren übermenschlich. Doch selbst so blieb es ein hallender, abweisender Ort. Geldmangel erklärt bis zu einem gewissen Grad das Fehlen auch der geringfügigsten Annehmlichkeiten, doch kam noch etwas hinzu: Die Klinik war wie ein Bahnhof, die Frauen wurden durchrangiert, die Ärzte waren dazu da, daß die Züge pünktlich einliefen und abfuhren. Sowjetische Gynäkologen haben den Ruf, grob und herrisch aufzutreten. Davon bemerkte ich nichts, aber ihre Haltung den Frauen gegenüber war brüsk, bestenfalls eine freundliche Ungeduld (die ganz offensichtlich manche Frauen in Angst und Schrecken versetzte), der Wunsch, mit der Arbeit fertigzuwerden, ehe die nächste Ladung hereingerollt wurde. Die Kinder wurden den Müttern fortgenommen und nur zu den Stillzeiten wiedergegeben. Der Mangel an ausgebildeten Hebammen, deren beruflicher Status aus Gründen, die niemand versteht, im Absinken begriffen ist, verschärft noch den Druck.

Der Direktor hielt einen Wagen an, auf welchem eine Frau in schon vorangeschrittenen Wehen in den Geburtsraum geschoben wurde.

„Stellen Sie ihr eine Frage. Was Sie wollen."

„Das ist wohl nicht ganz der richtige Zeitpunkt."

„Unsinn. Passen Sie auf, ich werde sie fragen." Er beugte sich hinunter. „Sind Sie froh, meine Liebe?"

Die Augen der Frau füllten sich mit Tränen, und sie schüttelte den Kopf. „Ich habe Angst."

Er strich ihr über das Haar. „Keine Sorge, wir passen auf Sie auf."

Ihre Angst war nur allzu natürlich. Viele Mädchen wissen kaum etwas von Empfängnisverhütung oder auch nur von Empfängnis. In Unwissenheit gezeugt, unter Qualen geboren, in Ängsten gestillt – es ist ein Wunder, die Kinder scheinbar so ungerührt zu sehen, wie sie den herrlichen Zorn der Neugeborenen zeigen.

Die Geburtsabteilung war geschäftig und laut, die Hebammen freundlich, erfahren, erschöpft. Neben anderen Knappheiten macht sich der Mangel an schmerzstillenden Medikamenten bemerkbar. Das Problem kompliziert sich dadurch, daß viele russische Ärzte meinen, die Schmerzen beim Gebären seien etwas vollkommen Natürliches, und die Frauen seien so gebaut, daß sie all dies gut ertragen können. Ich fragte den Direktor, ob die Frauen befragt werden, auf welche Weise sie am liebsten gebären möchten.

„Nie. Schließlich weiß der Arzt das am besten."

Die Frau, die beinahe geweint hätte, wurde in einen kleinen Vorraum gefahren, wo Mütter in fortgeschrittenen Wehen lagen und wohin auch die, die soeben geboren hatten, gebracht wurden – eine Art Parkplatz oder Abstellspur, um den Verkehrsfluß zu entlasten. Die Frauen lagen auf fahrbaren Betten unter grauen Decken. Jene hatte Schmerzen, doch furchtbarer war ihre Angst. Sie wußte nichts, hatte nichts mitgeteilt bekommen, nun fand sie sich allein, unmittelbar vor dem Gebären, eine Prüfung, welche sie schreckte. Wie schlimm auch die Krämpfe sein mochten, es war nichts, verglichen mit ihrer inneren Qual. Und die Ärzte waren beschäftigt, nicht grob, aber beschäftigt, und die Hebammen, die menschlichsten und freundlichsten Leute in der Abteilung, waren es noch mehr. Der Frau, die hatte weinen wollen, gelang es plötzlich, als sie in den Geburtsraum gerollt wurde, eine Fahrt, die sie nicht wahrnahm. Sie konzentrierte sich auf ihr Weinen – es war, als hätte sie endlich etwas entdeckt, das sie selbst für sich tun konnte, nachdem sie bis dahin ganz in den Händen anderer gewesen war. Sie bemerkte die Geburt nicht wirklich, oder das Baby, das sang wie eine Primadonna.

Es war ein Fließband, ein Produktionsablauf, und auf eine gewisse Art funktionierte es auch. Doch haftete an dem Ritual — wie Fossilien an alten Steinen — etwas, das die Prozedur untergrub, das sie veraltet erscheinen ließ. Und das Altmodische zeigte sich eben in den Anzeichen, daß man den Organisationsablauf einmal für höchst progressiv gehalten hatte, zeigte sich in den eckigen, ruckartigen Handgriffen; Relikte des Glaubens vergangener Zeiten, des Beginns der kommunistischen Revolution, die immer noch ihre Ursprünge verrieten — eine seelenlose Gewißheit, daß diese Technik „modern" war, daß die Wissenschaft die Menschennatur in die Hand nehmen und sie aufs brillanteste dem Stand der Dinge anpassen würde.

Niemand traf eine Schuld. Es war einfach so, wie es war. Man gab sich in die Hände von anderen, diese brachten das Kind zur Welt; sie beobachteten eine Weile, wie es ging, dann kam man wieder aufs Zimmer. Ja, alles klappte, auf eine Art, aber indem es funktionierte, lange nachdem die *raison d'être* des Funktionierens sich als grausamer Betrug herausgestellt hatte, beraubte es alle Beteiligten ihrer Phantasie, Spontaneität, Sympathie, Wärme, ihres Mitgefühls. All dies — immateriell, nebensächlich — war schon vor so langer Zeit zerstört worden, daß sich niemand mehr daran erinnern konnte, was das eigentlich gewesen war.

Später saßen der Direktor und ich in seinem Arbeitszimmer, tranken Kaffee und aßen Kastanien in Sirup, eine georgische Spezialität. Da er ein Internationalist war, fragte ich ihn etwas, das mich verwundert hatte.

„Sie verwenden englische Geräte auf der Intensivstation, aber keiner Ihrer Ärzte ist je in England gewesen oder hat die Methoden von Kliniken in anderen Ländern studiert."

„Da gibt es natürlich das Problem mit dem Geld", sagte er. „Wir haben keins, heißt das. Ich habe dieses Land nie verlassen. Keiner hier war je im Ausland. Manche von uns träumen davon. Jetzt gibt es Veränderungen und Reformen. Ich hoffe, es kommt dazu."

„Warum, glauben Sie, ist es nicht schon früher dazu gekommen?"

Er dachte eine Weile nach. „Weil wir Angst hatten", sagte er einfach.

Die neugeborenen Kinder in der Klinik wissen noch nichts davon, was es heißt, zu warten. Sie werden es im Lauf der Zeit herausfinden, aber ob sie bereit sind, es mit dem geduldigen Fatalismus ihrer Eltern zu ertragen, ist die Frage. Irina, blond und besorgt, eine Lehrerin, erklärte: „Wir warten alle. Das Problem ist, daß ich so lange gewartet habe, daß ich mich wirklich nicht mehr daran erinnern kann, worauf ich warte. Können Sie es mir sagen, worauf ich warte?"

„Ich bin hier fremd, ich glaube nicht, daß ich es Ihnen sagen kann."

„Warum nicht, als Fremder? Niemand hier kann es. Natürlich, wenn ich an ganz bestimmte Dinge denke, dann weiß ich schon, worauf ich warte. An meiner Schule warten wir auf Computer. Auf die warten wir schon lange Zeit. Wir sind zu einem Kurs eingeladen worden, der uns vorbereiten soll. Man zeigt uns Bilder und unterrichtet uns auf diese Weise, weil wir noch keinen Computer gesehen haben. Kann man an Bildern lernen, wie man mit einem Computer umgeht? Wir warten außerdem darauf, daß sie das Gebäude endlich zusammenflikken. Ständig braucht es Reparaturen."

Das war in der Tat überall so. Beim Anblick der alten, verfallenden Wohnblocks, die mit allgegenwärtiger Häßlichkeit in Moskau herumstehen, fragte ich Irina: „Glauben Sie, daß welche von denen eines Tages einfach umfallen werden?"

„Warum? In Armenien hat es immerhin ein Erdbeben gebraucht, damit es sie umgeworfen hat. Nein", sagte sie leise, „diese Gebäude werden ewig stehen. Moskau ist kein Ort für Erdbeben."

Dann — falls ihre Prophezeiung zu düster wirken sollte —

dachte sie daran, mich zu trösten. „Aber ich höre, daß im kommenden Sommer auch in sonst seismisch stabilen Zonen des Globus mit Erdbeben zu rechnen ist. Wer weiß also? Vielleicht haben wir Glück." Sie wandte ihren theatralisch unschuldigen Blick zum Himmel. „Die Leben der vielen hängen vom Entschluß des einzelnen ab. Das sitzt tief. Ich versuche, meinen Schülern beizubringen, daß sie ihre eigene Identität haben sollen. Sie hören mir zu, aber wenn sie die Schule verlassen, fangen sie an, sich Sorgen zu machen. Dann rufen sie an und sagen: ‚Ich glaube, ich verliere meine Identität. Was sind die Anzeichen?' Und ich sage ihnen: Wenn ihr eure eigene Identität habt, dann braucht ihr mich nicht, um euch zu beruhigen."

Man sagt den Leuten immer noch, was sie brauchen. Irina würde sagen, daß das den alten Tagen gegenüber, wo man ihnen sagte, sie bräuchten nichts, doch eine Verbesserung ist. Aber nach beinahe einem halben Jahrhundert, während dessen den Leuten befohlen wurde, zu tun, was man ihnen sagte, werden sie nun ermuntert, für sich selbst zu denken. Kein Wunder herrscht Verwirrung. Es gibt keine Tradition des unabhängigen Denkens — bis vor kurzem gab es keine Erlaubnis dazu, und selbst jetzt gibt es viele, die das für keine gute Idee halten. Wenn man auf die Gesellschaft insgesamt die Erfahrungen mit den allgegenwärtigen Türstehern und Aufsichtsdamen projiziert, wird einem klar, daß eine ganze Klasse Menschen sehr gemütlich sitzt und um nichts in der Welt erkennen kann, wieso es überhaupt gute Gründe geben sollte, sich zu bewegen. Ihr Leben mag eines der Entbehrung sein, aber es ist eine verläßliche, hart erarbeitete, vertraute Entbehrung und hat als zentralen Vorteil, daß man weiß: es sitzen viele im selben Boot.

Es gibt ein Dilemma: die Initiative der wenigen muß ermuntert werden, das gehört zum Kern der Perestroika. Phantasie, Einfallsreichtum, Geschäftsklugheit müssen entwickelt und belohnt werden. Das wird dazu führen, daß einige reicher werden. Die Leute verabscheuen jedoch von Herzen die Anzeichen materiellen Erfolges an anderen. Das ist verständlich — schließlich richtete sich bis vor kurzem der Haß der Mehrheit gegen begünstigte Parteifunktionäre, die bei der Lebensmittelversorgung, Unterbringung und mit ihrem Status allgemein weit über die Möglichkeiten gewöhnlicher Leute hinaus privilegiert sind. Für die, welche wenig haben, muß es schwierig sein, die neue Tugend der frischgebackenen Entrepreneure einzuordnen. Einstmals hat man, wenn der Klempner nicht kam und die Leitung reparierte, den Staat beschimpft; heute beschimpft man die Kooperativen, welche diese Dienstleistung privatisiert und alle Werkzeuge an sich genommen haben und dann von den Arbeitslöhnen reich geworden sind.

Im Hin und Her der Wortgefechte über politische und ökonomische Reformen übersieht man leicht, daß die Veränderungen in der Wirtschaftsordnung noch jung und bescheiden sind. Um den Würgegriff, in dem die Staatsmonopole die individuelle Risikobereitschaft halten, langsam zu lockern, hat die Partei die Kooperativenbewegung mit einer Mischung aus Faszination und Furcht ermutigt. Zum Zeitpunkt der Niederschrift dieses Buches gab es weniger als 50 000 Kooperativen, die etwa 800 000 Angestellte bei einem Umsatz von drei Millionen Rubel hatten. Durchaus eine Art Fortschritt, im ersten Jahr der Unternehmung, doch bleibt das Kind kränklich und seine Zukunft ungewiß. Schon nach einem Jahr hatte der Staat bestimmte Formen kooperativer Firmen untersagt – der Gesundheitsbereich sollte geschützt bleiben, das Verlagswesen, die Presse, die Künste: all dies galt als zu wichtig, als daß man es Individuen überlassen wollte. Das Ergebnis ist etwas, was Arkadij, der Regierungsökonom, „Steinzeitkapitalismus“ nennt, was aber für den ausländischen Betrachter eher wie Kätnerkapitalismus aussieht. Man kann beispielsweise heute auf den Straßen Moskaus Blumen kaufen, wo vor einem Jahr die staatlichen Floristinnen mit müder Geste auf leere Regale wiesen oder einem einzelne Geranien zu drei bis vier Rubel anboten. Das ist auch immer noch der Preis in den staatlichen Läden, aber die Kooperativenmitglieder bieten sie für einen bis anderthalb Rubel an. Das ist ein gewisser Fortschritt, aber bei einem Monatsgehalt von 200 Rubel ist es immer noch sehr viel. Öffentliche Toiletten, Restaurants und Friseursalons, Wurstbuden und Reparaturwerkstätten werden zunehmend als Kooperativen betrieben. Aber das sind ökonomische Nebenkriegsschauplätze, Randbereiche.

Manche der kleinsten Unternehmen verbinden Charme und Profit in einzigartiger Weise. Ein Mädchen im Leningrader Bahnhof verleiht einen Stapel Magazine, einmal Schauen ein Pfennig. Kunden drängen sich um ihren Tisch und blättern zwischen Zügen die Seiten um. Im Jaroslawl-Bahnhof hat eine Dame den Beruf der Geschichtenerzählerin für gelangweilte Kinder ergriffen. Kooperativen jagen nach Materialien, kaufen, verkaufen, tauschen; pulverisiertes Nickel gegen Strickkleider, Holzschnitzereien gegen IBM-Geräte; Leute, die Kiefernbarke und Torfziegel zur Verfügung haben, Töpferöfen und Automobilwerkstätten, suchen Partner. Und auf der Jagd nach den Kooperativen ist bereits die Mafia – Restaurantbesitzer sind erschossen, erstochen, verbrannt worden. Man verlangt Schutzgelder und erhält sie auch; Schrotflinten liegen unter der Theke, Wachen stehen an der Tür. Es gibt wenig Sympathie für jene, die den Wölfen zum Opfer fallen – Polizei und feindselige Öffentlichkeit finden sich in Gleichgültigkeit oder Abscheu: „Na, die können sich's doch leisten, oder?" Oder aber noch ominöser: „Die verdienen das ja auch, oder?"

Beim Versuch, zu begreifen, was vor sich geht, sucht der augenrollende Ausländer Erklärungen – nicht von den Leuten auf der Straße, deren Reaktion in der Regel nicht gedruckt werden könnte (eine Zeitungsumfrage ergab, daß lediglich ein Drittel der Männer und nur 14 % der Frauen die Kooperativen für eine wichtige Neuerung hielten). Also muß man sich an eine offizielle Stelle wenden, um Aufklärung zu erhalten. An jemanden wie einen Abteilungsleiter im Amt für Wirtschaftsangelegenheiten, der mich bittet, seinen Namen nicht zu erwähnen, sondern ihn einfach als „einen Bürokraten" zu beschreiben. Der Bürokrat sagt: „Wir haben uns verpflichtet, den Pluralismus von Staatsunternehmen und Kooperativen in der sowjetischen Gesellschaft zu erweitern. Was aber unter keinen Umständen gestattet ist, das ist die Unterminierung der moralischen, sozialen und ideologischen Kraft unserer Gesellschaft durch Kooperativen."

Nun hat es, wenn man solche tönenden Banalitäten hören muß, seinen Vorteil, Südafrikaner zu sein. Dies sind keine Phrasen, das ist die verbale Entsprechung zum Ausrücken der Panzerwagen. Sie verführen zu der Frage: „Was *sind* die moralischen, sozialen und ideologischen Kräfte Ihrer Gesellschaft?" Auf diese Frage folgt Unverständnis. Das ist begreiflich, da es sich im Grunde um eine Nicht-Frage handelt: Moral, Ideologie, Gesellschaft sind eben das, was die Partei dazu erklärt. Im Augenblick, im Zeichen der Perestroika, erklärt sie dazu Formen begrenzten und kontrollierten Individualunternehmertums, welches die Früchte des Kapitalismus ernten wird, ohne den Primat des Kommunismus anzutasten.

Und wenn man das Glück hat, einen sogar noch bedeutenderen offiziellen Sprecher zu finden, der die Gedanken des Zentralkomitees kennt, und wenn er bereit ist, mit einem über die wirklichen Ziele der wirtschaftlichen Reformen zu reden, den Träumen tatsächlich ein paar Tatsachen und Zahlen mitzugeben — dann wird man nur in erhöhtem Maße Erstaunen und Erschrecken empfinden. Sind die Fakten des sowjetischen Alltags beunruhigend, so bedrohen die Erklärungen dafür ernsthaft das geistige Gleichgewicht. Wladimir war ein solcher Sprecher, und er sprach in aller Offenheit.

„Die praktischen Ziele bei unserer Umstrukturierung der Wirtschaft sind ein persönliches Gehalt von tausend Rubel für jeden Arbeiter im Jahre 2000; Regale voller Konsumgüter, elektronischer Geräte, Schuhe, Kleider; anständige Pensionen für die Alten; eine Vierzimmerwohnung für jede Familie, und zwar ohne Warteliste, anstatt der vier Quadratmeter pro Person wie jetzt, mit Schlangen bis ins nächste Jahrtausend; Krankenhausbetten für die Patienten, die auf den Gängen warten müssen ..."

„Und wie werden die Leute all das bekommen?"

„Sie müssen es fordern. Sie müssen aufwachen und ihre Rechte verlangen!"

Sage niemand, die Träume jener, welche Eigentümer der Perestroika sind, seien nicht ehrgeizig! All das – *und* Moral, Ideologie und soziale Reinheit!

Nach diesem Erlebnis setzte ich mich in ein Café in der Nähe der Gorkistraße, wo ich Tee trank und mir mit Lydia, die aus Lettland kommt, einen Würfelzucker teilte. „Schwarzbrenner, gebt uns unseren Zucker zurück!" Lydia hatte Probleme, und so schien es taktlos, sie zu fragen, was sie davon hielte, im Jahr 2000 tausend Rubel im Monat zu verdienen. Ihre Mutter war eine Wolgadeutsche, die, wie viele Deutschstämmige es schon getan haben, nach Westdeutschland emigrieren möchte.

„Ich lebe in Lettland. Meine Mutter lebt, wo sie immer gelebt hat, in Sibirien. Das war einmal eine ziemlich große Ansiedlung. Jetzt gibt es im Dorf vielleicht noch dreißig Personen. Manche leben in Höhlen. Meine Mutter will fortgehen, aber sie hat Angst, sich zu erkundigen. ‚Fragen bringt Plagen', sagt sie. Weil es schon immer so war, und sie kann ihr Denken nicht ändern."

Lydia aus Lettland hat unmittelbarere persönliche Probleme. Ihre Freundin hat entdeckt, daß sie schwanger ist, und der beteiligte Freund ist verschwunden. „Ich habe ihr gesagt – was glaubst du, was geschehen wird, wenn du mit jemandem zusammenlebst? Handlungen haben Folgen."

Handlungen haben Folgen. Aber was geschieht, wenn die Handelnden die Folgen kontrollieren? Oder behaupten, es zu tun? Diejenigen, welche die Legitimität von etwas festlegen und kontrollieren, bilden immer noch einen geschlossenen Kreis. Aber was ist mit der großen Masse der Menschen, die auf Seiten der Legitimität leben? Wie sollen sie aufwachen und ihre Rechte verlangen? An wen sollen sie sich wenden?

Das Lernen fängt früh an und dauert ein Leben lang. Im sandigen Hof hinter ihrem Wohnblock spielten an einem Frühlingsabend ein kleiner Junge und ein kleines Mädchen Kaufladen. Sie war der Bäcker, er war die Schlange. Er schob sich langsam vor und verlangte Brot; sie betrachtete prüfend eine Reihe von Steinen auf dem Boden hinter ihr und gab ihm dann einen kleinen Steinlaib. Er tat ihn in seine Einkaufstasche und bezahlte. Sie schrie ihn an. Er entschuldigte sich, daß er nicht die passenden Münzen hatte. Dann wechselten sie die Plätze.

Anna lebte mit ihrem Mann, Nikolai, einem Ingenieur, und ihren zwei kleinen Kindern, Nina und Maxim, in einer bescheidenen Wohnung, vierzig Minuten Elektrobusfahrt vom Zentrum Moskaus entfernt. Sie erzählte sehr instruktiv vom Dschungel der einheimischen Straßen und vom großen, Erschöpfung erzeugenden Spiel des Einkaufens. Wir gingen zum Brotladen, aber die Schlangen waren unmöglich lang und erstreckten sich in weite Fernen. Anna wurde ziemlich zornig.

„Das sind die Auswärtigen! Die blähen die Schlangen auf. Wir sind in der Nähe einer Bushaltestelle, da kommen sie von meilenweit her. Das ist ein guter Brotladen."

Brot gibt es reichlich, und es ist billig. Der Preis wurde schon 1926 festgesetzt, aber die Auswärtigen waren nicht gekommen, weil es billig war, noch beruhigte sie der reiche Vorrat, sie kamen, weil es da war.

„Wenn Sie glauben, daß in Moskau die Waren knapp sind", sagte Anna, „dürfen Sie nicht aufs Land gehen. In Moskau haben wir noch etwas. Auf dem Land haben sie nichts, also kommen die Auswärtigen in die Stadt. Manchmal reisen sie zwei- oder dreihundert Kilometer weit mit dem Zug oder dem Bus an. Sie kommen mit leeren Taschen und stellen sich den ganzen Tag lang an. Das ist kein Einkaufsausflug, das ist eine Lebensweise, ein Beruf. Wir kommen später noch einmal her und kaufen Brot."

Als wir später wiederkamen, waren die Regale leer. Anna blickte in der Nachbarschaft umher. „Es ist häßlich hier", sagte sie, mit derselben Nüchternheit, mit der sie sowjetisches Huhn als unmöglich bezeichnete. „Der Schnee verdeckt es im Winter. Moskau braucht seinen Schnee. Im Sommer wird es sehr staubig hier. Ich glaube wirklich, wir sind dazu verdammt, alles häßlich zu machen. Meine Kinder sehen sich um und fragen mich: Wie lange muß das noch so weitergehen?"

Anna war es, die mir die sprechenden Hühner zeigte. Die waren tot, aber davon abgesehen in hervorragender Form. Sie kamen aus Ungarn und waren die großen Stars in einem armen, halbleeren kleinen Vorortsupermarkt, den wir besuchten. Glänzende Trophäen im großen Plastikcontainer, warteten sie auf begierige Käufer. Anna zögerte keinen Augenblick. „Sie sind soviel besser als unsere. Sowjetisches Huhn schmeckt nach Fisch", erklärte sie mit der klaglosen Genauigkeit der sowjetischen Hausfrau. „Wahrscheinlich vom Futter."

Selbst im Tod waren diese ungarischen Hühner überlegen. Sie zeigten es mit ihrem eisblauen Glanz, ihren fülligen Brüsten mit der Gänsehaut. Sie hatten alles, um in Moskau groß rauszukommen: Sie waren aus dem Ausland, teuer und selten. Kunden hielten vor der heiligen Lieferung inne wie einst Gläubige vor Ikonen. Für westliche Augen mochten sie einfach wie tote Vögel aussehen, Schatten ihres einstigen maisgenährten, gakkernden, pickenden Selbst. Aber die westlichen Augen sind oft blind in Moskau, und das westliche Ohr taub für die Sprache der Hühner. Man lege sie in einen Moskauer Laden, und diese Vögel stehen sozusagen auf und krähen sich die Köpfe wieder an den Hals. Sie ansehen hieß von einem Schwindelgefühl ergriffen werden vor ihrem kalten Hochmut, ihrer Hühnerhofunverschämtheit. „Wir sind da, wir sind fett, wir gehen rasch weg", schrien diese Nachfahren stolzer magyarischer Hennen. „Greift jetzt zu oder bleibt hungrig. Oder laßt euch mit unseren entfernten sowjetischen Verwandten abspeisen, den dürren Opfern eines stalinistischen Schlächters, lebt tagelang mit dem Geschmack von Fischmehl im Mund. Hierzulande sind wir das, was den alten Hebräern das Manna in der Wüste war. Nur sind wir nicht vom Himmel gefallen. Und nicht umsonst."

In der Tat nicht. Sie kosteten sechs Rubel das Stück, aber das war bloß Geld, und das Geld schien bei den Moskowitern selten knapp, es auszugeben war das Problem, mit all dem Geld auf etwas Eßbares zu stoßen.

Was Abhilfe betrifft, nun, es gibt da Versprechungen, aber Versprechungen sind dazu da, daß man sie macht, nicht dazu, daß man sie hält. Die jüngste ist die uneingeschränkte Zusicherung eines Ministers, daß sich die Lage stark verbessern wird. Mit seinen Worten: „In zwei Jahren wird es Gelage auf den Straßen geben." Die verlassenen kleinen Pepsicola-Stände mit ihren verblichenen Markisen und abgedeckten Fenstern, die verloren an Straßenecken stehen, sind eine schmerzliche Erinnerung daran, was aus großen Worten wird. Man kann jetzt in Moskau Pizza kaufen — können da die Hamburger noch lange auf sich warten lassen? Und dicht dahinter werden westliche Hotels und Mikrowellenherde kommen. Aber nur sehr wenige werden sie sich leisten können, und die Moskowiter werden die Köpfe über solche Frivolitäten schütteln, in den langen Schlangen vor den Läden in den Vorstädten.

Was aber ist mit dem Überfluß? — Nun, auch diesen gibt es. Drunten auf dem Ryschki-Kooperativenmarkt brüllten die Standbesitzer wie Börsianer, was sie in gewisser Weise auch sind; sie behalten einen Teil ihres Profits, den sie in Assoziation mit der großen Holding, dem Staat, erzielen. Sechs Sorten Knoblauch am Eingang: perlschimmernde Zwiebeln auf den langen Steintischen aufgehäuft. Fleisch und Obst jenseits der Träume normaler Läden, zu Preisen für Millionäre; rote Trauben aus Georgien für eine Handvoll Rubel — pro Beere. Doch wie viele Millionäre schien es zu geben! Begierig, zu kaufen, während abgetrennte Schweinsköpfe mit pfiffigen Äuglein zusahen. Draußen im Schnee verkaufte eine Frau Brautschleier, welche sie hoch übereinandergestapelt auf dem Kopf trug, ein zarter Hochzeits-Turm von Pisa. Und die Polizisten riefen durch ihre Flüstertüten: „Bürger, bitte weitergehen!" Die dichtgedrängte Menge strömte durch schmale Gassen, wo sich Buden reihten, die nachgemachte Jeansjacken zu Pariser Preisen verkauften, Goldfische, Kameras, alles und jedes gab es zu kaufen — am Gespenstischsten von den unerschütterlichen Händlern waren die langen Reihen von Frauen, die jede nur einen einzigen Gegenstand in die Höhe hielten: eine Ausweishütte, ein Paar gestrickte Socken, einen Roman, eine Fuchspelzmütze. Ein Tourist machte eine Aufnahme, und mehrere Leute machten ihm ein Angebot für seine Kamera.

Eine kürzlich durchgeführte Umfrage war aufschlußreich. Nach ihrer Meinung zu den Lieferschwierigkeiten bei den verschiedensten Produkten befragt, sagte die Hälfte der Leute, sie würden nie aufhören. Ein Fünftel meinte, sie würden mindestens bis zum Jahre 2000 andauern, und der Rest waren, wie mir ein lakonischer Betrunkener in einem Weinladen sagte, „entweder Optimisten oder Parteimitglieder". „Ist das nicht dasselbe?" fragte ein anderer. Der Verkäufer löste das Rätsel. „Ein Optimist ist einfach ein Parteimitglied mit Gedächtnisschwund."

Unter der verdienenden Klasse kann man die vorteilhaften Folgen der Wirtschaftsreform am deutlichsten sehen, doch die Preise sind astronomisch. Ein neues Auto wie ein Schiguli zum Beispiel kostet etwa 12 000 Rubel. Man könnte es privat für 20 000 verkaufen. Ein gebrauchter Mercedes kostet 160 000. Bestechungssummen für bessere Wohnungen belaufen sich auf Zehntausende von Rubeln. Dazu gehört ein tiefsitzender Widerwille gegen einheimische Produkte, die Frucht bitterer Erfahrung. Ein bekannter französischer Couturier, der jetzt in Rußland Kleider für Russen herstellt, könnte die Entdeckung machen, daß damit der Reiz, den sein Etikett besessen hat, verschwunden ist. Die Leute ziehen es vor, keine Kleider zu kaufen, von denen sie wissen, daß sie in der Sowjetunion hergestellt worden sind. Fabrikanten reagieren, indem sie ausländische Etiketten auf lokale Produkte nähen – die amerikanische Connection ist am machtvollsten.

Mit den Worten meines singenden Taxichauffeurs: "In God we trust, and the dollar!"

Ein sicheres Zeichen neuer Entwicklungen: ein Rockstar. Ein sicheres Zeichen alter Probleme: er gehört zur verdienenden Klasse. Und er und der opernliebende Taxifahrer sind vereint im selben Traum von Amerika.

„Vor Jahren hat meine Gruppe in einem Stadion vor siebentausend Leuten gespielt, und wir haben vierzig Rubel bekommen. Das hat sich alles geändert. Heute werde ich richtig bezahlt. Und ich kann reisen."

Er hat einen Sechsjahresvertrag im Westen ausgehandelt, wird in der Schweiz eine Platte aufnehmen und hat sich in Kalifornien verliebt. Als er anfing, von Kalifornien zu reden, begann er zu schweben. Er war ein paar Monate dortgewesen. Was ihm nicht klar war, war, daß er nicht zurückgekehrt war.

„Was ich an den Kaliforniern liebe, ist, daß sie uns so ähnlich sind!"

Und wenn er nun glücklich war, wie stand es mit seinen Freunden?

Er wurde ernst. „Die Leute hassen einen. Sie glauben, wenn sie nicht reich sein können, soll ich arm bleiben. Vielleicht ändert sich diese Haltung bei den Kindern in den Schulen. Sie sollten mit ein paar Kindern reden — wenn Sie in eine Schule reinkönnen, eine ganz gewöhnliche Schule, nichts Besonderes."

Moskauer Schulen tragen keine Namen, sondern Nummern, und sie sind alle ähnlich aufgebaut. Sie nehmen Jungen und Mädchen im Alter von sechs und sieben Jahren auf, und die bleiben dann zehn-elf Jahre an derselben Schule. Meine Schule war in keiner Hinsicht eine besondere oder begünstigte Anstalt. Sie versorgte keine Kinder von Parteifunktionären, und ihr Einzugsgebiet in einem Vorort könnte man als typisch Moskau, ohne besondere Merkmale, charakterisieren. Es gab Dutzende dieser Art, in den sechziger Jahren gebaut, mit engen kleinen Klassenzimmern und abgewetzten Fluren. Der Rektor trug die Miene eines nervösen Idealisten, abgekämpft, aber noch auf den Beinen, ein dünner, fahriger Kettenraucher, den ungeheuer starken, gelben, runden Papirossi zugetan. Sein Ehrgeiz war es, die Grenzen des Erlaubten ohne Instruktionen der fernen pädagogischen Kommandozentrale zu testen, ohne wiederum diese zu irritieren.

Ich sagte, es sei schade, daß so viele gute russische Schriftsteller seinen Schülern noch immer verboten waren. Er antwortete, indem er mir erklärte, daß bis vor kurzem der Literaturunterricht auf den von Gorki formulierten Prinzipien des sozialistischen Realismus beruhte, was unvermeidlicherweise bedeutete, daß bestimmte zeitgenössische Autoren nicht auf den Lehrplan kamen. Doch diese Mängel ließen sich beheben. Nichts hielt einen Lehrer davon ab, seinen Schülern inoffizielle Autoren vorzustellen. Tatsächlich hatte ein Literaturlehrer an seiner Schule Vorträge über so verschiedene Autoren wie Nabokov und Joseph Brodsky gehalten.

„Dann spielt die Zensur also noch eine Rolle?"

Der Rektor starrte traurig in die Ferne, als wären dort Wahrheiten und Komplexitäten sichtbar, die dem Ausländer verborgen bleiben mußten, und sagte nichts.

Der Literaturlehrer war impulsiver. „Ja", nickte er entschieden, „ja!"

Und wie stand es mit Geschichte? Nun, das war noch komplizierter. Der Geschichtsunterricht war, wie es schien, kurzfristig ausgesetzt worden, wegen unvorhergesehener Umstände. Wie die Zukunft, die in den oberen Räumen des Moskauer Museums verborgen blieb, war auch die Vergangenheit „wegen Renovierung geschlossen". Der Rektor wählte seine Worte sorgfältig. Wegen Ungewißheiten hinsichtlich des zeitgeschichtlichen Rahmens war im vergangenen Jahr kein Thema für die Geschichtsprüfung angegeben worden. Die in Gebrauch befindlichen Bücher berücksichtigten die sich verändernden Interpretationen der Geschichte des zwanzigsten Jahrhunderts nicht. Folglich wurde der Geschichtslehrplan augenblicklich einer „Durchsicht" unterzogen, eine anhaltende Prozedur, in deren Verlauf Diskussionen innerhalb des Erziehungswissenschaftlichen Instituts stattfanden, *ausgedehnte* Diskussionen. Sobald diese abgeschlossen waren, würde der neue Lehrplan an das Unterrichtsministerium gehen, zur Verteilung an den Schulen. Bis dahin waren die einzelnen Lehrer aufgerufen, die Lücken in der modernen Geschichte zu schließen.

Und wie stand es mit den politischen Reformen, welche eine

Neueinschätzung der jüngsten Geschichte erst hatten zwingend werden lassen, wie reagierten die Schüler auf die? Er blies Rauch gegen die Decke und schüttelte leise den Kopf, ein schwaches Echo einer früheren massiven Bekundung von Ungläubigkeit. Liberalisierung, Reform, Restrukturierung, Offenheit – diese fortgeschrittenen Vorstellungen und Tugenden ließen die Schüler kalt. Als man sie fragte, ob sie die politischen Veränderungen unterstützen oder sich an ihnen beteiligen wollten, antworteten drei Viertel der Schüler mit einem festen „Nein, danke". Diese Gleichgültigkeit, sagte der Rektor, ging zweifellos auf die ihrer Eltern zurück.

Gegen zwei Uhr, eben, als die Schule zu Ende ging, lud man mich ein, die Schüler zu treffen. Auf den Fluren roch es nach Essen, Büchern und Langeweile, gemildert durch die Lebhaftigkeit der Kinder, die in himmelblauen Jacken in schwatzenden Strömen von einem Klassenzimmer ins andere zogen. Ein Raum voller Computer war die größte Überraschung, daneben ein starkes Sprachprogramm – viele Schüler lernten Englisch und Deutsch. Ein Blick in den Unterrichtsraum für Naturwissenschaften jedoch enthüllte wieder einen von jenen Orten, wo Kinder anscheinend hingeschickt werden, damit sie warten lernen – ein muffiges enges Zimmer mit Bunsenbrennern wie verdorrte Blumen; das durch das Fenster hereinfallende Licht glitt an der grünen Tafel ab, und in den Augen der Kinder stand die stumme Bitte: o Gott! laß mich gehen.

Tatsächlich bedeutete das Treffen, daß ich an einer Diskussion teilnahm, unstet und erfrischend, bei welcher die Schüler meine politischen Reaktionen überprüften und die irrtümlichen Ansichten, die ich von der Stadt noch gehabt haben mochte, kritisierten und korrigierten – das heißt, sie strengten sich an, mir alle Illusionen zu nehmen, die ich vielleicht noch haben könnte. Um wirklich zu erfahren, was politisch in Moskau vor sich ging, sagte mir ein dunkelhaariges Mädchen, vielleicht dreizehn Jahre alt, müßte ich zu den Demonstrationen der demokratischen Oppositionsbewegung auf dem Puschkinplatz gehen. Da der Rektor, der Schulbibliothekar und mehrere Lehrer hinter mir aufgereiht standen, war es klar, daß viele der Bemerkungen indirekt auf die schulischen Autoritäten zielten, indirekt auf das Erziehungswissenschaftliche Institut, das Unterrichtsministerium und schließlich auf alle, die irgendwie dafür verantwortlich waren, was geschah oder nicht geschah. Langweilige Fragen von schüchternen Schülern wurden mit lautem Aufstöhnen begrüßt; konventionelle Vorschläge, ich sollte den Kreml, das alte Arbat-Viertel und andere touristische Sehenswürdigkeiten besuchen, wurden als bestenfalls dekorativ, schlimmstenfalls unnütz verspottet.

„Besuchen Sie lieber die Schlangen", meinte ein Junge.

„Gehen Sie in unsere Läden. Schauen Sie sich den Schrott an, den die verkaufen", sagte ein anderer.

Ein eindrucksvoll beredter vierzehnjähriger Provokateur, klein für sein Alter, aber mit großem Selbstbewußtsein ausgestattet, lud mich ein, mir die neuen Vororte an den trostlosen Rändern von Moskau anzusehen.

„Wie können politische Ideen schön sein, wenn das, was mit ihnen gebaut wird, so häßlich ist? Kommen Sie und sehen Sie sich an, wo wir wohnen. Wir haben nichts! Keine Läden, keine Parks. Nur Block um Block häßlicher Wohnungen. Das ist das wahre Moskau. Ich habe gehört, daß es einen guten Grund dafür gibt, daß sie die Wohnblocks in ziemlicher Entfernung voneinander bauen. Das wird deshalb gemacht, damit der eine, wenn er umfällt, nicht die anderen auch noch umwirft."

Der Applaus war ohrenbetäubend. Dann stand die Vertreterin der demokratischen Oppositionsbewegung wieder auf. Sie hatte gehört, begann sie harmlos, daß es Leute im Westen gab, die ihr Land als einen totalitären Staat ansahen. War das auch meine Meinung?

Ich war überrascht und antwortete offen, zur Kürze provoziert, alle Höflichkeit vergessend: „Ja."

Die Lehrer in der Reihe fingen an, ihre Schuhe zu betrachten, oder starrten gegen die Decke. Die Fragerin erwog meine Antwort schweigend; dann, als hätte ich bestätigt, was sie alle wußten, nickte sie ernst und setzte sich. Wir erwähnten die Sache nicht mehr, der Rektor nicht, der Bibliothekar, die Lehrer, die Kinder nicht. Es gab nichts weiter zu sagen.

Die Mächte, welche die Älteren einzwängen und behindern, sind etwas, das die junge Generation nicht akzeptiert. Diese Jugendlichen sehen mit wilder Klarheit alle Mängel ihrer Lage und haben genügend Selbstvertrauen, um ihre Ansichten ohne das geringste Zögern auszusprechen. Ich lernte wieder einmal, daß nichts, was ein Ausländer über Moskau sagen kann, sich mit der verheerenden Aufrichtigkeit seiner Einwohner messen könnte. Ich will nicht sagen, daß diese Kinder sich immer so deutlich äußern, aber die Anwesenheit eines Ausländers im Zimmer machte einige dieser Dinge sagbar, seine Anwesenheit garantierte eine Art freies Geleit für Meinungen, die man sonst nur privat äußerte. Und ich habe auch den Verdacht, daß das scheinbare Desinteresse an den gegenwärtigen Reformen nicht daher kommt, daß die jungen Leute apathisch sind, sondern daher, daß sie mit ihren Erwartungen schon viel weiter sind und die laufende Liberalisierung als viel zu schwächlich ablehnen. Sie wollen mehr und wollen es jetzt.

Vielleicht gehört es zu den Grundzügen autoritärer Regime, daß sie die Leute wie Idioten behandeln. Ich fragte Valentin nach seiner Meinung. Er dachte einen Augenblick nach und sagte dann: „Ja. Und es fällt mir immer schwerer, mich daran zu erinnern, daß ich keiner bin."

Es gab auch Kinder, die nicht in einem Zuhause wohnten, nicht in eine normale Schule gingen, Kinder wie jene, die einst das Danilowskij-Kloster beherbergt hatte, wo sie dem Staat für die Atemluft dankten. Ich machte mich auf, sie zu finden, obwohl meine Freunde mich nicht ermutigten. „Warum wollen Sie das tun? Das ist keine bereichernde Erfahrung", warnte Valentin.

Das Gebäude hätte eine Bibliothek sein können oder ein Bahnhof oder ein Flugzeughangar; die Kinder bewohnten es wie wirbelnde, gewandte Gespenster. Es war ein Heim, ein staatliches Internat für Fürsorgezöglinge. Es lebten etwa vierzig oder fünfzig Kinder dort, aus verschiedenen Gründen von ihren Eltern getrennt – weil sie mißhandelt oder mißbraucht worden waren; weil die Eltern unfähig oder Alkoholiker oder drogenabhängig waren. Es war ein Ort der Sicherheit, theoretisch jedenfalls; manchmal wurde es Kindern erlaubt, an Wochenenden ihre Eltern zu sehen.

Lilja und Lena waren acht beziehungsweise neun und führten mich herum.

„Es ist schrecklich", sagte Lena.

„Ich hasse die Jungs", flüsterte Lilja.

Beide hielten Kuscheltiere umklammert. Lena war offensichtlich die Anführerin und reagierte mit Verachtung auf die Jungen, die mit imaginären Pistolen schossen und sich den Qualm von den Fingern bliesen. Die Mädchen gingen voran, die Spielsachen an die Brust gepreßt, in dünnen Kattunkleidchen, mit weisen kleinen Gesichtern und dem Gebaren von Dreißigjährigen. Die Jungen folgten uns, sie besaßen nichts außer ihrer auftrumpfenden Haltung, und zusammen schritten wir durch leere Räume: ein Geruch nach Staub, Plastik, altem Essen und ungewaschenem Bettzeug. Die Jungen kämpften mit den Mädchen, Lilja beklagte sich, und die Mädchen waren gezwungen, zurückzuschlagen. Die Kinder aßen, schliefen, stritten sich, weinten an diesem Ort, und oft taten sie es alleine. Valentin hatte recht – es war kein bereicherndes Erlebnis.

„Entschuldigung, mein Herr." Ein kleiner Junge tauchte an meiner Seite auf. „Haben Sie nicht-sowjetischen Kaugummi?"

Lilja zeigte mir die Schlafsäle. Strengriechend, nicht gescheuert, nicht gefegt. Kahle, dunkle Räume mit hohen Decken. Die mageren Matratzen waren von den eisernen Bettgestellen geglitten. Das Ganze wirkte wie ein hastig errichtetes Flüchtlingslager – oder Feldbetten in einer Bahnhofshalle, einem Keller. Lena schlief mit einem wollenen Grauesel, den sie auf der Straße gefunden hatte. Ein Ohr war abgerissen, und das Gesicht war zu einer Nüster und einem halben Auge verblichen.

Erwachsene waren nach Einbruch der Dunkelheit rar: eine alte Frau an der fernen Tür und zwei freiwillige Helfer. Christliche Freiwillige und christliche Wohltätigkeit, das sind Vorstellungen, welche erst seit kurzem gestattet sind, denn eigentlich soll ja der Staat für diese Kinder sorgen – was er auf seine Weise auch tut: Sie werden gekleidet und genährt. Die Lehrer, staatliche Angestellte, gehen am Ende des Schultags, und zwei Freiwillige übernehmen die Aufsicht über die Kinder, spielen mit ihnen, lesen vor, machen Tee und leisten ihnen bis zur Schlafengehenszeit Gesellschaft. Dann kommt eine weitere Freiwilligenschicht und gibt die Nacht hindurch auf die Kinder acht, wenn sie im Bett sind.

„Entschuldigung, mein Herr", sagte ein anderer kleiner Junge, „haben Sie noch mehr Waisen aus Armenien mitgebracht?"

Lilja und Lena scheuchten ihn davon, und unsere Führung ging weiter. Lena zeigte mir, was sie „unseren Saal" nannte, eine Art Warteraum mit einem Tisch, einer schwachen kleinen Lampe und einer Weltkarte, auf der die Ostblockländer rot eingezeichnet waren, ähnlich alten Karten des britischen Empire.

„Drüben an der Wand ist unsere politische Karte", sagte Lena, „und hier ist unsere Anschlagtafel."

Ein Anschlag an der Anschlagtafel war mit fester, runder Handschrift geschrieben, mit Filzstift auf einem linierten Zettel: *Jemand hat ein Päckchen mit zwölf Nadeln verloren. Die Person, die die Nadeln verloren hat, bittet die Person, die sie genommen hat, das Päckchen zurückzugeben.* Neben dieser Notiz hingen Zeitungsausschnitte, die die Heimkehr junger Soldaten aus Afghanistan zeigten. An der Wand hing ein Leninbild, und er lächelte – hier war es Lenin, der gute Onkel.

Die Freiwilligen geben sich große Mühe, aber sie sind nur wenige, und die Kinder sind zahlreich und wild, und so oder so sind es nur die Jüngsten, denen man noch helfen kann. Die anderen entfernen sich – drunten in der dunklen Eingangshalle drängen sich die Vierzehnjährigen um das einzige Telephon; draußen im dunklen Hof kleben die Siebzehnjährigen an einem Kassettengerät und sehen mit trostlos mißtrauischen Gesichtern auf, wenn ein Erwachsener in Sicht kommt.

Lena und Lilja zupften an ihren dünnen Kleidchen, wandten mir abgehärmte, sorgenvolle Gesichter zu und gestanden, daß sie ihre Mütter vermißten und wünschten, sie wären daheim, als könnten sie, indem sie einem Fremden den Traum ihres Herzens zuflüsterten, das langersehnte Wunder herbeiführen.

Moskau hat viele Stimmungen – nuttig, deprimiert, mürrisch; dann plötzlich hellt es sich nach einem reichlichen Schneefall auf wie frischgestrichen. An einem schönen Sommertag kann es beinahe einladend wirken – ein plötzliches Lächeln aus einem staubigen Hauseingang. Heute morgen, zu Beginn des Frühjahrs, liegt es in grauen Nebel gehüllt da, faul, tut so, als sei es eine rußige Industriestadt, ihrer selbst und ihrer Fabriken überdrüssig; die letzten kleinen Schneeflächen zergehen rasch und lassen den schwarzen nassen Schmutz sehen.

Wenn man hinter die äußere Ringstraße hinabsteigt, die Moskau wie ein Galgenstrick aus Beton umschnürt, fällt das Atmen sogleich leichter. Innerhalb der Stadtgrenzen läßt das Fehlen von Farbe, Abwechslung, von irgend etwas nicht Uniformem, etwas Scheckigem, Schrägem, Üppigem oder auch nur ein klein wenig Frischem das Herz erkalten. Und die Betonklötze der Wohnblocks dominieren die öden Flächen der Stadtränder noch brutaler als anderswo. Aber gleich hinter der Stadtgrenze verschwinden sie abrupt, und es gibt Felder, Wäldchen und bemalte Holzhäuser. Sie stehen auf ihren eigenen Grundstücken, einfache Häuschen – ein Stück Erde, ein Baum, blätternde Farbe und krumme Balken, aber Häuser mit geschnitztem Holz, mit hübschen Linien, rosa gestrichen, pistaziengrün, indigofarben, meerblau, manchmal mit Fenstern oder Dachtraufen, die wie Hochzeitskuchen mit farbigem Zuckerguß glänzen, manchmal wie Spitzenbesatz gezackt sind. Da stehen sie, besonders zahlreich in den, wie ich wohl sagen müßte, periurbanen Zonen, wie Blumen in den Wäldern aus Betonbäumen, auf denen die meisten Menschen hausen. Die Häuser stellen eine Erinnerung an organisches Wachstum dar, während die mutierten Betongewächse, die über ihnen aufragen, jemandes Traum von der Zukunft zeigen. Nun, ich habe die Zukunft gesehen, und sie deprimiert.

Es ist die formschöne, einfallsreiche Individualität der Häuser, die so erfrischend ist – wie das Holz bearbeitet worden ist, geformt, ausgehöhlt, gekerbt; und die Liebe zur grellen Buntheit, zu den Grundfarben, in denen die Häuser gestrichen sind, und den vielen Tönungen, die als Kontrast und Zierde verwendet werden – die Fensterrahmen werden in Weiß, Rot, Blau oder Grün abgesetzt, in gepunkteten, gestrichelten, gerauteten Mustern. Die Wirkung ist komplex und reizvoll, die Farben werden wie Make-up an Augen verwendet, um die Fenster einzufassen und hervortreten zu lassen. Farben sind eine enorme Erleichterung für den Blick nach all den grüngrauen Betonwohntürmen, in welchen die Moskauer Außenbezirke begraben sind, brutale Zeugnisse der Unfähigkeit der Stadt, ihre Bürger in etwas anderem unterzubringen als in trübseligen Hochhäusern, wenn ihr überhaupt das möglich ist. Aber für Gefühle dieser Art ist kein Raum. Hinter den kleinen Häusern wuchten sich die Hochhäuser empor. Und dort möchten die Bewohner der kleinen alten Häuschen sein – fort vom Abort vor dem Haus, dem Zug, dem leckenden Dach, geborgen in den Stallungen des Hochhauses.

Definieren, begrenzen, zuweisen – das scheint lange Jahre das Programm gewesen zu sein: nach Gruppe, Klasse, Vorort, Beruf. Man wird danach eingeordnet, wo man wohnt; man kann auch durch die verschiedensten Bezeichnungen eingeordnet werden. Im Gegensatz zur Wahl der Wohnung gibt es hier viele Möglichkeiten. Die verschiedenen Formen der Beleidigung, die zur Verfügung stehen, vor allem die politischer Natur, sind zahlreich und lehrreich. Man kann unter die geistigen Erben von Dan und Martow eingereiht werden, was bedeutet, als Jünger der Menschewiki oder russischen Sozialdemokraten angeklagt zu werden; man kann als geistiger Jünger von Trotzki und Jagoda bezeichnet werden (letzterer das gefürchtete Oberhaupt der stalinistischen Geheimpolizei, der von Jeschow abgelöst wurde, bekannt als der Giftzwerg, auf welchen wiederum Berija folgte, vielleicht der mörderischste von allen); man kann sich als NEP-Apostel kritisiert sehen, was heißen soll, daß man (zu Unrecht) an Lenins Neue Ökonomische Politik geglaubt hat; oder man wird Basmatsch oder Kulak geheißen – ein reicher Bauer. Und wenn jemand fragt, zu welcher „Loge" man gehört, liegt darin die höhnische Andeutung, daß man wohl Jude ist. Der Glaube an eine sinistre Beziehung zwischen Juden und Freimaurern ist sehr stark.

Dieser Form verbaler Prügelei liegt der Glaube zugrunde, daß man mit solchen Waffen Leute motivieren kann, und diesem wiederum die Überzeugung, daß die Leute nicht in der Lage sind, sich selbst in Bewegung zu setzen. Im Augenblick wird die Geschichte auf den Kopf gestellt, und diejenigen, die gerne die Partei an der Spitze der Reformbewegung sähen, haben vor kurzem entdeckt, daß Lenin behauptet hat, die Leute müßten zur Unabhängigkeit verpflichtet werden. Die Sache fing an, sich falsch zu entwickeln, als Stalin und andere sie zwangen, gehorsam zu sein. Das Problem ist im Grunde nicht, daß sie zu dem einen oder anderen gezwungen wurden, sondern daß sie überhaupt das eine oder andere tun *mußten*. Unter den eifrigsten Verfechtern des Zwangs sind die Ökonomen. Einst sollten die Menschen sich zu Helden der Arbeit entwikkeln, jetzt sollen sie unbedingt Produzenten und Konsumenten sein. Kein Wunder, daß sich viele Moskowiter versteckt haben, tief in ihrem eigenen Inneren.

Ein Besuch auf der Allunionsausstellung Ökonomischer Leistungen zeigt einen Park von 553 Morgen mit verschiedenen Pavillons, die eine architektonische Verwandtschaft mit den Stilen der verschiedenen Sowjetrepubliken vorgeben, und ein paar weiteren, die allgemeinen Themen wie der Wissenschaft, dem Weltraum und den Konsumgütern gewidmet sind. Man wird von einem triumphalen Eingangstor begrüßt, einem schönen Beispiel für Stalinbarock, nichts als Säulen, Spitzen, Kolumnen, und hoch droben vor dem Giebel riesige vergoldete Figuren, Mann und Frau, welche den versprochenen Überfluß in Form einer Getreidegarbe in die Höhe halten. Es scheint das Schicksal der Mehrheit zu sein, von den eigenen Denkmälern verspottet zu werden. Aber die Leute schlagen zurück, und wenn es minus fünfzehn Grad hat, dann dienen die Pavillons oft einem anderen Zweck als dem, die ökonomische Leistungsfähigkeit des Landes zu demonstrieren – sie sind geheizt und bieten Schutz zwischen Arrangements aus Meringuen, Milchflaschen, Schokolade, Limonade, Cocktailssnacks, Koriander, Gewürznelken und Kurkuma, Geweben, Computern und Kugellagern. Instruktiver Anschauungsunterricht für eine dankbare Bevölkerung, Lektionen in Stein und Stahl und Glas, Betonbestätigungen, lebendige Beweise, daß alles funktioniert. Warum liegen dann die Meringuen wie radioaktive Champignons in ihrer Schale? Weniger denn je scheinen sie ihren extravaganten Namen zu rechtfertigen – den eines schneeigen, zukkerigen, luftigen Gebäcks, mit Sahne gefüllt. Aber so sollen Meringuen doch eigentlich sein? Nicht diese bleiernen kleinen Kuhfladen.

„Gips“, sagte Valentin.

Gipsmeringuen; künstliche Milch in Flaschen, deshalb sieht sie auch so körnig aus, hat nie eine Kuh gesehen, eine dichtgedrängte Sammlung weißer Kügelchen; und die Schokoladen waren über jedes Menschengedenken hinaus uralt; die Limonade war keine; die Cocktailsnacks waren bloß Schachteln mit Bildern drauf; die Gewürze konnten sich des Orients nicht erinnern; die Gewebe sind nicht erhältlich, die Computer ein fernes Gerücht, die Kugellager längst dahingerollt. Aber was ist das? Drei Bücher, alle etwa einen halben Zoll dick, bunt gebunden, liegen unter einer Klarsichtblase. Der Titel dieser Werke weist darauf hin, daß sie „Maßnahmen zur Durchsetzung der Qualitätsstandards des Bezirkssystems der Wirtschaftsverwatlung“ enthalten, für die Jahre 1980, 1983 und 1987.

Der modernste Pavillon, mit einem Stufendach und seinem eigenen Eingang, beherbergt die neuesten und besten Produkte sowjetischer Technologie und Konsumgüterindustrie – Videospiele, Kinderspielzeug (von allem ein paar Muster, wie die Gegenstände, die man in Zeitkapseln legt, um späteste Generationen zu verblüffen), Elektroorgeln und elektrische Gitarren, Freizeitjacken und Kühlschränke. Es liegt eine gewisse Logik in diesem Trieb, das Beste und Schönste sofort ins Museum zu stellen. So bewahrt man das Vorzügliche, beweist aber auch gleichzeitig überhaupt die Existenz von Klavieren, einwandfreien Kühlschränken und großen Kassettenrecordern — bescheidene Produkte vielleicht, doch kostbar, weil es sie sonst nirgendwo gibt. Konsumgüter existieren in Reservaten, in Museen, in Vitrinen, zu bewundern, aber nie zu berühren. Eigenartig, daß eine Ideologie, die das Gemeineigentum an Gütern vertritt, so vieles unberührbar gemacht hat, so weniges erhältlich. Ein Museum ist ein durchsichtiges Grab, es braucht beträchtliche Phantasie und großes Selbstvertrauen, will es dem Leben Konkurrenz machen, vor allem, wenn die Ausstellungsgegenstände nirgendwo sonst existieren. Im Ausland zeigen Museen oft, was außerhalb ihrer nicht mehr existiert; sowjetische Konsummuseen zeigen, was es noch nicht gibt, sie scheinen den Besucher anstacheln zu wollen oder vielleicht auch nur ihn traurig machen.

Es bleibt mir die Erinnerung an eine große Photographie eines wundervollen Supermarkts, dessen Regale mit Nahrungsmitteln vollgepfropft sind, dessen Registrierkassen bereitstehen und auf Kunden warten. Die Leute kamen her und starrten das Photo an. Dieser Supermarkt war nicht zum Benutzen da. Nur zum Bewundern.

Unter der Photographie stand der Text: *Wie die sozialen Probleme auf Bezirksebene gelöst werden.*

In der Hotellobby füllten sie den Colaautomaten auf. Seine Tür stand offen, die ganze Ecke war mit einer Schnur abgesperrt, um die Menge zurückzuhalten, und zwei Männer knieten vor dem Automaten, während eine Frau über ihre Schultern zusah, wie sie feierlich Coladosen aus Kartons in die Fächer des Automaten stellten. Es war kein geschäftlicher Vorgang, es war keine Arbeit. Es war eine Art heiliger Handlung. Alle Zuschauer standen ordentlich ein gutes Stück hinter der Schnur – oder war das weißes Band, wie es die Polizei nach schweren Unfällen oder Bombenexplosionen spannt? Was es auch war, es hielt die Neugierigen zurück, sie wagten nicht, die heilige Grenzmarke zu überschreiten, sondern sahen ruhig und achtungsvoll zu, wie die roten Dosen von Hand zu Hand gingen und im Automaten verschwanden. Es war etwas Geheimnisvolles daran, der hungrige Automat, die gähnend aufgesperrte Tür, die vielbegehrten Dosen Coca Cola (nicht Pepsi, was manchmal an den Straßenkiosken verkauft wird). Das war das Wahre, Coladosen, in flottem Rot wie der Weihnachtsmann, Ikonen des Kapitalismus. Kein Wunder, daß die Leute erregt waren, ehrfürchtig, sogar andächtig. Es schmeckte gut, es kam aus dem Ausland, und es kam aus einer gehorsamen Maschine – man steckt sein Geld hinein, und heraus kommen die blitzblanken Dosen, köstlich und glänzend wie frischgestrichen. Der Automat wollte keine Namen wissen und schickte niemand ans Ende der Schlange zurück. Es ist nicht überraschend, daß die Leute Stunden unter Automaten zubringen.

Eine internationale Automatenausstellung fand in einer Halle in einem großen Birkenwald statt, noch innerhalb der Stadt gelegen, doch eine gewisse Entfernung vom Zentrum.

Ich war von einem Regierungsökonomen namens Wladimir eingeladen worden, einem Mann, der in der Gruppe, welche die Regierung über moderne Methoden beriet, rasch aufgestiegen war.

„Das Problem ist, daß wir den Preis der Sachen kennen, aber nicht die Kosten. Den Preis von etwas zu wissen, die Kosten aber nicht, das ist etwa so, wie wenn ein junger Mann etwas mit einem Mädchen anfangen will, aber ihre Taille nicht finden kann.“ Er dachte einen Moment lang nach. „Wir sind gewiß nicht eine Nation von Idioten.“

Viele der Automaten schienen sich danebenzubenehmen. Das Rocotron zum Beispiel, auch als Bürstroboter bekannt, war zu einem völligen Stillstand gekommen; die Rollen, welche eine Kupferplatte durch die Maschine lenken, hatten sich festgefressen, und ein bemühter junger Mann in blauem Anzug reinigte sie mit der Flüssigkeit aus einer Dose, auf welcher „Terpentinersatz" stand. Ein Computer spielte Schach mit sich selbst.

Aber nicht weit weg stand ein Automat, der von jemandem namens John Brown entwickelt worden war, einer Firma, die zur Trafalgar-House-Gruppe gehörte. Die unüberbietbar britische Namensgebung machte die Maschine von Kopf bis Fuß solide. Sie war beliebt bei den Russen; die Zuschauer standen drei Reihen tief. Der Automat versuchte, kleine Blöcke aus rotem Plastik in eine Schalttafel einzusetzen. Der gelbe Arm arbeitete unaufhörlich und holte neue Plastikteile, bewegte sich mit schwungvollem Selbstvertrauen zur Vorratskiste, griff rasch nach einem neuen Stück, fuhr zu einem Punkt direkt über der Schalttafel und steckte dann mit einer schnellen kleinen Bewegung die hellrote Plastikscheibe in eine Ecke der Tafel. So ging es zumindest theoretisch, doch die Maschine war von einer gewissen Willkür, ja Wildheit. Ich konnte es an der Miene des Mannes erkennen, der sie beaufsichtigte. Er trug einen englischen Anzug, einen englischen Schnurrbart und eine sehr englische Aura von Gereiztheit. Er betrachtete den Automaten, wie man einen törichten Ausländer betrachtet, der bei einer primitiven englischen Verrichtung scheitert – es nicht fertigbringt, am King's Cross richtig umzusteigen oder falsch über den Zebrastreifen geht. Die Maschine glaubte, daß sie nach der Plazierung ihrer vier kleinen roten Plastikspielmarken in den Ecken der Schalttafel alle vier wieder wegnehmen und in einen runden Abfallcontainer zur Linken werfen müßte. Das bedeutete, daß ihr Wärter die kleinen roten Teile wieder aus dem Eimer fischen und von Hand auf die Tafel legen mußte, wobei er natürlich versuchte, sich im zuversichtlichen Rhythmus des automatischen Arms zu bewegen. Die Russen sahen wohlwollend zu. Ihnen gefiel der beträchtliche Arbeitsaufwand – Menschen als Verbindung zwischen dem theoretischen Ablauf und der unvollkommenen Praxis der Maschine. Eine größere Automatisierung der Produktion würde zumindest auf dieser Ebene kaum zu größerer Arbeitslosigkeit führen. Der Wärter justierte die Maschine mehrere Male, was der Arm mit einem Zischen von Preßluft quittierte, das einem leidenden Aufseufzen glich, um dann prompt eine neue Variante ins Spiel einzuführen. Er fing an, die Plastikteile ein paar Zoll entfernt vom Abfalleimer fallen zu lassen. Ganz offensichtlich hatten die Automaten begonnen, sich zu verständigen, und der mechanische Schalttafelbauer hatte von dem unzuverlässigen Rocotron schlechte Angewohnheiten übernommen.

Die Russen standen herum, unter den Armen Stapel von Gratisbroschüren, glänzenden Beispielen der Automaten von Morgen, dicken und auf Glanzpapier gedruckten Exempeln der Kunst der Werbung. Manche hatten acht oder neun solche Kataloge, manche waren offenbar nur wegen ihnen gekommen. Es herrschte eine Urlaubsstimmung, eine heitere Fröhlichkeit. Ausländer verschenkten hübsche Bilder und glänzende Magazine. Drüben ließ ein Mitsubishi-Computer schöne Muster über seinen Schirm laufen, Linien wie Speichen, die sich auseinanderfalteten, krümmten, wie vielfarbige Wellen auf das Auge zuflossen, sich brachen und wieder zurückwichen. Ein Hinweis unter dem Computerschirm riet: *Press Any Key to Regenerate.*

Der Schachcomputer hatte nach den ersten Zügen zu spielen aufgehört. Weiß und Schwarz hatten jeweils einen Bauern und einen Springer gezogen und dann wohl das Interesse verloren.

Die Deutschen hatten innerhalb des Gebäudes unter einer Markise einen Bewirtungsstand aufgeschlagen und reichten prospektiven sowjetischen Klienten Kaffee und Kognak. Nach ein paar Stunden würden sie ihnen vorsichtig den Arm reichen, um sie hinauszuführen. Enorme Photographien des deutschen Bundeskanzlers, von Gorbatschow und Sacharow strahlten herab auf Russen und Deutsche, die Arm in Arm aus dem Zelt schwankten und sich fröhliche Hinweise auf den Weg zu den Toiletten zuriefen.

Diese lagen im Keller, in praktischem Schwarz gekachelt, etwa um die Revolution erbaut und seither nur selten gesäubert oder repariert. Mehrere der Pissoirs waren „geschlossen". Dies wurde angedeutet, indem man ein Blatt Papier darüberspannte. Das Toilettenpapier lag in einzelnen Blättern auf einem Tisch am Eingang aus, wie Lotterielose.

Eine Zeitlang danach erwähnte ich Valentin gegenüber, daß die Toiletten wahrscheinlich noch aus der Zeit vor der Revolution stammten.

Valentin lächelte mich kalt an. „Durchaus nicht."

„Woher wissen Sie das? Haben Sie sie gesehen?"

„Nein, aber ich habe nach Ihrer Beschreibung sofort gewußt, daß sie modern sind. Wenn sie vor der Revolution eingebaut worden wären, dann funktionierten sie noch."

Press any key to regenerate.

Ein Zimmer, wo jemand ein Stück Keramik gerettet hatte, ein Bild, ein Glas, ein paar Bücher, Ikonen aus früheren Zeiten. Schätze, Reliquien, ein kleiner Blick auf die Lebensqualität, die für manche einst selbstverständlich gewesen war, im Glänzen des Schildpattrahmens, der Linie eines Tisches, in jener dicken, pompösen Vase, die mit ihrem behäbigen, geheimnisvollen Glanz matronenhaft den Raum regiert, im Schwung eines Tischbeins, dem Bild, das eine Straße zeigt, die durch ein Dorf hindurch in die Welt vor dieser führt.

In ihrem Wohn-Schlafzimmer wartete Natalja mit dem Tee auf mich. Sie wohnte in einer sogenannten „Gemeinschaftwohnung" zusammen mit mehreren anderen Familien, mit denen sie sich Küche, Bad und Toilette teilte. In den dreißiger Jahren hatte Natalja einen Amerikaner geheiratet, der in die Sowjetunion gekommen war, weil, wie sie sagte, „der arme Junge an den Aufbau des Sozialismus glaubte ..." Ihre Augenbrauen hoben sich, sie strich sich über das sehr elegante flaschengrüne Kleid und schüttelte langsam den Kopf, als könne sie es immer noch nicht glauben, welch seltsamer Ehrgeiz ihren amerikanischen Mann beseelt hatte. „Natürlich gab es Probleme. Er war schon verheiratet, als er hierherkam, und seine Frau folgte ihm von Amerika herüber. Aber es gefiel ihr nicht. Ich glaube, sie sah ein paar Photos von mir, und das gab den Ausschlag. Sie reiste nach Amerika zurück. Und so haben wir geheiratet. Aber erst mußte er ein Sowjetbürger werden. Das waren schwierige Zeiten. Stalin war an der Macht, und wir hatten nur wenig Freiheiten. Um mich zu heiraten, mußte er sich einbürgern lassen, und er hat es getan." Nataljas Haar war immer noch rot, recht gut gefärbt, und ihr Kleid war wirklich das, was man einst eine „Toilette" genannt hat. Hinter der Tür war eine Photographie des Sängers Wladimir Wysotzki angeheftet, den Breschnew schikaniert hat und der jetzt ein „inoffizieller" Held für Millionen ist, mit seinen Balladen von Suff und Langeweile. An der Wand hinter ihr hing eine Zeichnung von Oscar Wilde. „Ich liebe Oscar Wilde."

„*Bunbury?*"

„*Salome. Salome* lesen, heißt sterben!" Jetzt Ende siebzig, hat Natalja viele Jahre lang Englisch unterrichtet. Sie beklagt den Mangel an, wie sie sagt, Finesse. Sie konnte nach dem Tod ihres Mannes nicht wieder heiraten. Vierzig Jahre lang wies sie alle Freier wegen ihres Mangels an intellektueller Finesse ab. Einmal wies sie einen Mann nur deswegen von sich, weil er ein Wort falsch aussprach; es war nicht die falsche Aussprache, die ihr zuwider war, sondern der prätentiöse Gebrauch des Wortes überhaupt.

„Wir sind eines Abends ins Kino gegangen. Es ging ihm nicht gut, er war erkältet — Influenza. Er hat sich bei mir entschuldigt, er hat gesagt: ‚Ich bin *influiert!*' Später hat er um meine Hand angehalten. Natürlich habe ich das glatt abgelehnt."

Hausgemachte Fleischpastete und Madeira, dann Tee und Marmelade auf hübschen kleinen Silbertellern. Natalja beklagte sich nicht über ihr enges Zimmer oder die Schwierigkeiten mit den Nachbarn — eine greise Dame, die nicht mehr ganz bei Verstand war, Ehepaare mit jungen und wachsenden Familien. Sie fürchtete und verabscheute junge Leute. „Feindseligkeit haben sie bereits hinter sich. Heute sind sie alle gleichgültig. Sie bedrohen alte Menschen nicht mehr. Sie sehen sie gar nicht."

Ihr Zimmer war eine Insel von Geschmack und Dekorum. Ihr Englisch wurde wundervoll ausgesprochen, mit betonter Korrektheit. Sie konnte auch fließend Französisch und Deutsch und lernte zur Zeit Spanisch und Italienisch mit dem Sprachunterrichtsprogramm des Moskauer Fernsehens. Sie war, glaube ich, eine glückliche Frau. Ihr Bedauern, daß es auf der Welt keine „Finesse" mehr gab, war tatsächlich so groß, so umfassend, daß sie sich aus der Gesellschaft zurückgezogen hatte. Diese empörte sie. Sie nickte von Zeit zu Zeit in stummem Vorwurf, wenn ihr wieder ein Beispiel für den krassen Mangel an Formen einfiel.

„Nehmen Sie noch etwas Marmelade", sagte sie. „Die Engländer schätzen, glaube ich, Marmelade immer noch sehr."

Glücklich zu sein — das ist eine vielfach verhüllte, gefährliche Vorstellung. Valentin bezweifelte, daß es so etwas gab. „Glück lernt man am Beispiel anderer", sagte er, „und es gibt immer weniger Menschen, die wissen, was Glück ist."

Ich dachte über den Mann im Restaurant nach, der „Schwarze" umbringen wollte. Die russische Sprache kennt kein solches Wort und spricht von „Negern", wenn sie Menschen afrikanischer Herkunft meint. „Schwarze" ist ein Begriff, der für Angehörige der eigenen südlichen Republiken gilt, der Moslemrepubliken etwa oder Georgiens, und es kann natürlich eine Beleidigung sein. Der Schriftsteller Andrej erzählte mir von Tausenden solcher „Schwarzer", die als interne Gastarbeiter nach Moskau gekommen waren, aus den Republiken des Südens.

Ich erkundigte mich. Zehntausend „Gastarbeiter" werden in den Jahren 1989—1990 aus anderen Städten nach Moskau kommen, nach Zahlen des Exekutivkomitees des Moskauer Stadtsowjets — der nicht durch Wahlen eingesetzten, geheimniskrämerischen Stadtverwaltung. Der Moskauer Stadtsowjet hat versprochen, diese Zahl zu senken. Tatsächlich ist die Zahl Jahr um Jahr gestiegen, weil man keine Arbeiter für die riesige Lichatschewfabrik (Zil) findet — die „ökologisch negative Gegend", die mir Michail der Chauffeur gezeigt hatte. Und auch die Metro braucht Arbeiter, die Moskau selbst nicht stellen kann. Diese „ausländischen" Arbeiter werden als nur zeitweilige Bewohner der Stadt betrachtet. Theoretisch werden sie am Ende ihres Arbeitsvertrags in ihre – der Südafrikaner würde sagen: Homelands zurückkehren. In Wirklichkeit geschieht das nicht. Tatsächlich würde jedem Südafrikaner die Situation unbehaglich bekannt vorkommen, denn die importierten Arbeitskräfte sind Menschen mit „vorübergehendem Aufenthalt", bedauerliche Notwendigkeiten, über die man am besten nicht spricht. Und weil diese Ankömmlinge aus den südlichen Republiken sind, sind sie klarerweise und sofort „Fremde", sind keine „Russen" – und da der russische Nationalismus an Verbreitung und Aggressivität zunimmt, verschärft durch das Bewußtsein, daß die Volksrussen in der gesamten Sowjetunion nur mit Mühe noch so etwas wie eine Mehrheit erreichen, ärgert die Moskowiter die Anwesenheit einer zunehmenden Anzahl „schwarzer" Wanderarbeiter in ihrer Stadt.

Wirkliche Schwarze, Afrikaner in Moskau, werden als exotische, leicht beunruhigende Wesen wahrgenommen, wenn auch die gebildeteren, literarischen Kreise vorgeben, dem sei nicht so. An der Universität Moskau legten mir Studenten aus Ghana, Uganda und den französischsprachigen Staaten Afrikas den ruhig geführten, aber zwingenden Nachweis vor, daß es einen sowjetischen Rassismus gibt, und erklärten die Gründe. Leute über fünfzig neigten weniger zu rassistischen Ansichten, während die jüngeren Menschen an den ganzen negativen Symptomen litten – sie glaubten, schwarze Studenten würden in unverhältnismäßigem Maße unterstützt, weil ihre Studiengelder bezahlt werden und sie freie Unterkunft haben; glaubten, die schwarzen Studenten nähmen den Russen das weg, was sonst ihnen zugefallen wäre – sie seien arrogant, träten ostentativ mit der Kaufkraft ihrer harten Währungen auf, und dann gab es noch Aids, eine schwarze Seuche, ein Import aus Afrika: Alle schwarzen Studenten mußten sich auf Aids untersuchen lassen und verdienten das nach Ansicht vieler auch. Es war nicht ungewöhnlich, daß Schwarze auf der Straße verhöhnt wurden. Daß die Jungen dabei intoleranter waren als ihre Eltern, kam wohl daher — versuchten die Studenten aus Ghana, nicht sehr überzeugend, zu erklären —, daß die Jungen ganz narzißtisch und ohne Kenntnis irgendeiner Welt außerhalb der Sowjetunion waren, während ihre Mütter und Väter wenigstens noch gewisse Erinnerungen an die Außenwelt hatten. Allgemein waren die Ansichten vieler junger Leute voller Vorurteile und Klischees, abschätzig, stammten aus schlechten alten Filmen voller typischer Unwahrheiten und Karikaturen, was die Afrikaner anging.

Größere Schwierigkeiten gab es gelegentlich, wenn schwarze junge Männer mit weißen Mädchen gesehen wurden. In diesen sah man unvermeidlich Prostituierte. Zweifellos waren es gelegentlich welche, aber die Meinungen, die hinter dieser Annahme standen, waren überraschend. Ansonsten intelligente Moskowiter, Puschkinleser und Verteidiger der Freiheit, erzählten mir, daß „gewisse weiße Huren" von schwarzen Männern „fatal angezogen" würden.

Das Gefühl ist da, selbst bei denen, welche es beklagen. Andrej der Romancier erzählte mir von einem Erlebnis, wo ihn die Stärke seiner eigenen Abneigung unangenehm überrascht hatte. Er stand eines Nachts vor einem Hotel und wartete auf ein Taxi, und er sah zu, wie ein junges Mädchen und ihr schwarzer Kunde sich in die Schlange stellten, wobei sie immer noch über den Preis stritten und das Mädchen wissen wollte, was denn wäre, falls sie schwanger würde. Schließlich kamen sie zu einer Einigung, und der Schwarze verschwand; das Mädchen, das vielleicht noch einmal sein Glück versuchen wollte, ging ins Hotel zurück, in den Schwarm der Prostituierten um die Bar, der im Laufe des Abends immer dichter wurde, eine kleine Welt, die jede Nacht die hauptsächlichen Hotels umkreist, vom Schwerefeld der ausländischen Genüsse eingefangen — harte Währungen, Zigaretten, Sekt, Geschäftsleute.

„Aber sie hat's nicht gepackt. Kein Zuhälter vielleicht."

Die meisten dieser Mädchen arbeiten auf eigene Faust. Nur

in den teuersten Hotels sieht man die Zuhälter, in teuren italienischen Schuhen, wie sie Marlboros rauchen und sich ernst mit ihren Mädchen an der Bar über die Umsatzaussichten der Nacht unterhalten, während finnische Geschäftsleute mit reglosen Mienen ins Dämmerdunkel starren und Reisegruppen aus Kansas stetig und laut sich betrinken.

„Als ich zusah, wie sie mit ihrem schwarzen Kunden feilschte, fühlte ich mich beunruhigt", gab Andrej zu. „Ich war wütend. Sie war blond und sah aus wie ein strahlendes Tier, sie war so jung, ein junges russisches Mädchen. Und sie war mit einem Schwarzen zusammengewesen. Es schien wie ein Sünde. Also kommt sie schließlich wieder heraus, und wir warten immer noch auf ein Taxi. Ich sah sie an – ich hatte diese Vorstellung: Ich war sicher, daß sie ein Mädchen vom Land war, aus einem winzigen Dorf. Ich wollte nicht, daß ihr etwas zustieß. Sie war weit weg von Zuhause – und nur ein Kind. Ich hätte diesem Schwarzen etwas antun können! Jedenfalls, es kam kein Taxi. Sie wissen, wie das ist. Schließlich kam ein Kleinbus. Ich erkannte den Typ, es war der Bus, mit dem man bei Beerdigungen die Leiche transportiert, aber es war spät, und mir war es gleich. Und den anderen, die mit mir im Schnee standen, auch. Wir vereinbarten einen Preis für eine Rundfahrt zu unseren verschiedenen Adressen und fuhren los, das Mädchen auch dabei. Erst als wir schon ein Stück gefahren waren, sagte jemand irgend etwas, das sich auf die sonstige Verwendung von dem Bus bezog. Das Mädchen bekam panische Angst. Ich wußte, ich hatte recht – sie war aus der Provinz. Und sie hatte noch den ganzen Aberglauben vom Land. Der Gedanke, in einem Bus zu fahren, der normalerweise tote Leiber transportierte, machte sie verrückt. Sie wurde hysterisch. Sie zwang den Fahrer, anzuhalten. Wir waren im Nirgendwo, und es gab keine Möglichkeit, wie sie nach Hause kommen könnte. Wir versuchten sie zurückzuhalten, aber sie stieg aus dem Bus und rannte in die Nacht davon. Ich frage mich oft, was aus ihr geworden ist. Ich frage mich auch, warum ich solche Gefühle hatte, was den schwarzen Mann betraf. Ich wünschte, sie wäre wieder in ihrem

Dorf, zuhause. Wo sie so leben könnte, daß sie es versteht, wo sie sich traditionell verheiraten könnte. Und ich wußte, daß alles, was ich da wünschte, Quatsch war."

Ich erinnere mich an Alja, eine große junge Frau mit dichtem blondem Haar und langen weißen Stiefeln, auf die sie sehr stolz war. Sie mochte ausländische Besucher und trieb mit ihnen das älteste, höchst effektive joint venture; sie warf ein Auge auf sie, wenn sie unter dem Boulevard durch die Unterführung schlenderten. „Ausländisch macht Spaß", sagte Alja, und dazu zwinkerte sie einem gerne zu. Es war schwierig, dieses Augenzwinkern nicht zu erwidern, egal, welche Absichten man haben mochte, denn so war Alja, warm, offenherzig und im Geschäft.

„Ich treffe jemand, und Minuten später ist er mein Freund!"

Machte ausländisch auch Spaß, wenn es schwarz war? wollte ich wissen. Alja dachte nach, berührte ihre Nase mit der Fingerspitze und verzog vor Konzentration das Gesicht.

„Besser als manche, schlimmer als andere. Mit anderen Worten – kein Unterschied. Außer mit den Russen. Das Problem dabei, mit Negern zu gehen, sind die Russen – manchmal werden sie wütend. Russische Männer", sagte Alja entschieden, „machen mir keinen Spaß."

Ihre Position in der Unterführung unter dem Boulevard war perfekt. Wenn Gäste aus dem großen Hotel auf der anderen Straßenseite manchmal kein Taxi bekamen, entdeckten sie schließlich über der Straße die Bushaltestelle und liefen in die Unterführung. Dort wartete Alja mit ihren weißen Stiefeln und dem hübschen Seidenkleid und dem warmen Lächeln, an dem man kleben blieb: eine Bonbonspinne.

„Ich spreche sie an, und das ist's dann schon ..." Alja zuckte ungläubig die Achseln, als hätte sie sich nie daran gewöhnen können, wie einfach das alles ging. „Nach einem Moment verstehen wir uns schon."

„Ist es eine Frage des Preises?"

„Es ist eine Frage der Stimmung. Oder vielleicht der Währung. Manchmal ist es einfach Liebe. Wir werden uns dann einig, und ich sage: ‚Geh auf dein Zimmer und warte auf mich.‘ Ich habe viele ausländische Freunde. Eines Tages werde ich nach Holland gehen. Ja. Und ich komm nicht zurück!“

Bei ihrem Talent für ausländische Beziehungen wäre es nur vernünftig, wenn die sowjetische Regierung ihr den Flug bezahlen und sie offiziell delegieren würde. Sie würde die perfekte Botschafterin abgeben, wenn die Menschen eines Tages wirklich im „europäischen Haus“ von Zimmer zu Zimmer gehen.

Viele der Mädchen, die die Hotelgäste abpassen, haben den Herzenswunsch, eines Tages einen freundlichen Ausländer zu treffen. Manche hoffen sogar auf eine Heirat – nicht, wie man meinen könnte, um so das Land verlassen zu können, sondern weil eine ausländische Eheschließung, sei sie auch nur pro forma, in den Genuß des Privilegs bringt, harte Währungen erwerben zu können. Die Kosten sind hoch – die Standardsumme, um den Portier zu bestechen, beträgt in einem Moskauer Hotel zwanzig Rubel, und man muß vielleicht auch Kellner, Polizisten und Aufsichtsdamen schmieren. Es ist auf jeden Fall eine fröhliche, geschäftige, effizient arbeitende Schwesternschaft, die mit ihrer Professionalität, ihrem Einfallsreichtum und ihrem Charme die säuerlichen Drohnen an den Türen, hinter den Tischen, in den Restaurants weit hinter sich läßt, deren Aufgabe eigentlich darin bestünde, die großen Hotels mit den legalen Waren und Dienstleistungen zu beliefern.

So sehr viele der Mädchen für das Ausland schwärmen, so beunruhigend ist gelegentlich ihre Unschuld in diesen Dingen. Galja widmet sich hingebungsvoll einem belgischen Freund, der – wie sie mir strikt vertraulich mitteilte – „etwas ganz Hohes in der Personalabteilung“ war. Sie sprach davon, als wäre ein Posten in der Personalabteilung etwas Phantastisches, ein Preis, der ganz wenigen zuteil wird, ein Land der letzten Zufriedenheiten, wo alle unbegrenzte Mengen ausländischer Währungen besaßen, der Lippenstift umsonst war und Diorkleider auf den Bäumen wuchsen. Belgien selbst war zu einem Ort so ungeheuerlicher Möglichkeiten, eines so üppigen Luxus geworden, daß Galja nicht davon reden konnte, ohne zu zittern. Und die „Höhe" der Position ihres Freundes wuchs und wuchs, bis sie den Himmel ihrer Phantasie ganz erfüllte. Galja hatte eine Besuchserlaubnis für Belgien beantragt. Und wenn sie dann flog (dies war so geheim, daß sie es nur flüsterte), dann kam sie *nicht* mehr zurück.

Ich hoffe, Belgien ist vorbereitet.

Ich wollte doch sehen, wo all die Bräute herkommen, die bei jedem Wetter über den Roten Platz flatterten, und so nahm Nadja mich mit in den Hochzeitspalast. Sie versicherte mir, daß niemand etwas dagegen haben würde. Und wenn doch?

„Also, dann füllen wir einfach die Eheformulare aus. Oder wir sind wichtige Fremdlinge. In alter Zeit war es üblich, ein paar wichtige Fremdlinge zur Hochzeit einzuladen. Das gab der Sache ein gewisses Format. Solche Gäste nannte man ‚Hochzeitsgenerale'. Es gibt heute Hochzeitsgenerale für alle Kreise. So kriegt ein ärmliches Leben mal ein paar Medaillen angesteckt."

Nadja hatte das Auge einer Chirurgin und ein skeptisches Herz. Sie bestritt, eine Nihilistin zu sein, doch sie war der Mensch mit dem reinsten Pessimismus, der mir je begegnet ist. Ihr Pessimismus war dunkel und tief und erlesen, aus Zorn, Kummer und Verzweiflung gemischt, durch den Filter ihrer zerstörten Erwartungen getrieben, bis er so rein und klar war, daß man vergaß, wie tief er war.

Niemand kümmerte sich anfangs um uns, sie waren alle zu sehr damit beschäftigt, Formulare auszufüllen, ruhig vor sich hin zu dösen oder selber zu heiraten. Der Hochzeitspalast war eine Art Eheschließungspostamt – die Leute kamen an, wurden gestempelt und ihres Weges geschickt. Große getäfelte Warteräume, wo die Lüster strahlten und die Wände aus Spiegeln bestanden. Sofas nahmen die Hochzeitsgesellschaften auf, die in langem Zug durchgeschleust wurden. Jemand übte hinter verschlossener Tür am Klavier Mendelssohns Hochzeitsmarsch.

Wir setzten uns auf ein Sofa. Ein Angestellter sagte: „Warum setzen Sie sich hierhin? Das ist nicht Ihr Raum. Gehen Sie in einen anderen Raum und warten Sie da.“ So gingen wir in einen anderen Raum, wo junge Paare Formulare ausfüllten und um die Erlaubnis nachsuchten, zu heiraten, und Termine für die Hochzeit festsetzten. Viele Paare müssen einen Monat nach dem Antrag warten, ehe sie sich vermählen können. Dies soll junge Hitzköpfe von allzuraschen Eheschließungen abhalten, die oft rasch nach der ersten Begegnung stattfinden, obwohl sich manche der jungen Männer die Sache noch einmal überlegen und nicht zur Hochzeit kommen. In Moskau sind beinahe sechzig Prozent der Bräute unter zwanzig – dreißig Prozent der jungen Gatten unter zweiundzwanzig. Anschlagzettel an den Wänden boten Beratung an: *Rufen Sie uns an – Hinweise zur traditionellen Ehe, nach altem Brauch.* Nadja ging zum Telephon, um sich beraten zu lassen. Sie kam eine Weile später zurück und lächelte zufrieden. „Die Nummer ist ständig belegt. Ich komm nicht durch.“

Bräute kamen in kleinen Spitzenexplosionen an – klein, rund, groß, weinend, in Weiß, Rosa, Lila. Familien und Freunde kauften rote Nelken zu vier Rubel den Strauß in der Eingangshalle. Die Türsteherin sah aus wie eine Krankenschwester am Ende eines langen Tages mit unruhigen Patienten; auf einem großen Fernsehschirm lief immer wieder dasselbe Hochzeitsvideo, das die Zeremonie zeigte, welche die Paare bald hinter verschlossenen Türen durchlaufen würden, während überall um uns Brüder, Mütter, Trauzeugen mit roter Schärpe und Väter mit Kameras ständig ihre Kleidung, Frisur, Krawatte, Schärpe in Ordnung brachten. Immer wieder kam eine neue Braut an, zu Fuß oder in einer alten Zil-Limousine mit Heckflossen und viel Chrom sowie mit roten und rosafarbenen Bändern, die sich vom Kühler bis zur Windschutzscheibe zogen, und mit zwei ein wenig rostigen, aneinandergeschmiegten Hochzeitsglocken auf dem Dach. Die großen, polierten Türen einer Hochzeitssuite öffneten sich weit, das Klavier begann den Hochzeitsmarsch zu spielen, und Braut und Bräutigam schritten unsicher den roten Teppich hinunter zum Schreibtisch des Standesbeamten. Minuten später kam die Hochzeitsgesellschaft durch eine Seitentür in ein Nebenzimmer, wo der Photograph wartete. Er setzte das Paar aufs Sofa, und mit der Gestik eines Paradeoffiziers, der die Truppen aufreiht, hatte er alle in drei Minuten abgelichtet, und schon waren sie wieder draußen. Es gab vorhochzeitliche und nachhochzeitliche Warteräume, doch nur die Beamten kannten den Unterschied.

Wieder kam einer der Palastangestellten auf uns zu. „Warum sitzen Sie in diesem Raum?"

„Dürfen wir hier nicht warten?"

„Können Sie die Tür sehen?"

„Aber man hat uns gesagt, in diesem Raum sollten wir warten. Wo sollen wir jetzt hingehen?"

„Gehen Sie in einen anderen Raum und warten Sie da."

Nadja lachte. „Es gibt zwei einander widerstreitende Kräfte – die Erwartung des Glücks und die Unmöglichkeit des Glücks. Vielleicht geht aus dem Zusammenstoß der Humor hervor?" Das Video wiederholte sich; die Blumenverkäuferin schlief; der Hochzeitsmarsch begann wieder. „Das Leben ist zwischen Traum und kruder Realität gefangen. Hauptsächlich dem zweiten."

Wir gingen in einen anderen Raum und warteten da. Eine kleine Braut besah sich in einem großen Wandspiegel – ein dicker kleiner Schmetterling, ein Spitzenbällchen, gebannt und entzückt vom Bild ihrer schleierwehenden Metamorphose. Der Anblick so vieler in die Flamme eilender Hochzeitsschmetterlinge ekelte Nadja. „Zusammenleben ist ganz unmöglich – es gibt keinen Ort, wo man leben könnte, damit fängt's schon an. Viele sind schwanger. Sie werden ein Jahr oder so bei ihren Eltern leben, ehe sie eine Wohnung finden. Viele werden sich in ein paar Jahren scheiden lassen." Dann, ganz leise, beinahe für sich und in einem so vernünftigen Tonfall, daß ich einen Augenblick lang dachte, sie könnte das Gefühl haben, daß sie mich über Gebühr bedrückt gemacht hätte, fügte sie hinzu: „Und doch glaube ich, daß eines schlimmer ist, als in diesem

System zu leben ...“ Wider Willen ging ich darauf ein. Ich hätte es besser wissen sollen, ich kannte die Anzeichen, aber ich vergaß alle meine Erfahrungen und stieg auf diese unerwartet optimistische Konzession ein.

„Und was ist das?“

„Sterben“, sagte Nadja.

6

Geläut und Grabesstätte

Das Mädchen in dem kleinen rosa Sarg war vielleicht zehn oder elf. Sie wartete im Aufbahrungsraum des Leichenschauhauses, das Gesicht mit weißem Tuch umwunden, die Hände über der Brust gefaltet. Ihr Sarg war offen, der Deckel lag auf dem Boden; so konnten die Familie und die Freunde sie noch einmal küssen, nach russischem Brauch. Ihr Gesicht war eine gelassene Maske, es zeigte jene ferne, unerträgliche Heiterkeit, die für die Lebenden eine Qual ist. Ihre Mutter stand mit einer Freundin der Familie neben ihr; sie konnte nichts sagen.

Ich hatte erwartet, daß die Leichenhalle leer sein würde, es war schon fast Schließenszeit. Ich fühlte mich als Eindringling. Dann wurde mir bewußt, daß es täglich, den ganzen Tag lang, dasselbe sein mußte. Trauergäste, die im Vorraum warteten, konnten nicht anders als den Kummer derer stören, welche von ihren Lieben Abschied nahmen, da Glastüren in den Aufbahrungsraum führten, wo auf einem schwarzen Steinsockel das kleine Mädchen in ihrem rosaroten Sarg lag. Es war ein gelbes, abblätterndes Gebäude mit staubigen Fenstern, erfüllt von der bedrückenden Schäbigkeit der Herrschaft des Bürokraten; man betrat es durch eine schmutzige Seitengasse zwischen dem Schauhaus und dem Krankenhaus nebenan. Tschechow hat einmal bemerkt, daß jeder das Ausmaß an Nihilismus in der russischen Literatur begreifen würde, der eine gewisse Zeit in der Eingangshalle der Moskauer Universität verbracht hätte. Die Eingangshalle zum Moskauer Leichenschauhaus setzt diese Tradition fort. Am Eingang der Gasse war ein kleiner grauer Lieferwagen geparkt, mit offenen Hintertüren. Der Fahrer stand neben seinem Wagen, rauchte und betrachtete gelegentlich prüfend die rauchigen Schneewolken droben. Es war um vier Uhr an einem Samstagnachmittag, und bitterkalt. Das Licht schwand.

Ein Anschlag neben dem Haupteingang teilte den Verwandten kurzangebunden mit, daß die Abholung der Leichen zwischen neun und vier Uhr an Werktagen und zwischen zehn und fünf Uhr an Sonntagen stattfand. Ich hatte die Empfindung, daß ich eigentlich gehen sollte, doch ich konnte mich nicht bewegen. Ich saß auf einer der Bänke in der Eingangshalle und beobachtete den alten Hausmeister, wie er agil, eingerunzelt, flink wie ein Heimchen sich mit seinem Besen um meine Füße zu schaffen machte und Reste von Zellophanhüllen zusammenfegte, gequetschte Nelken, zertrampelte Überbleibsel der Blumenspenden früherer Trauergäste bei früheren Beerdigungen. Der alte Mann hatte große blaue Augen, mitfühlende Augen, trotz seines drängenden, ledrigen Hin- und Herhüpfens. Es war irgendwie peinlich für ihn; es war peinlich für uns alle.

Kein Zartgefühl – kein Ort, um allein zu trauern, kein Ort für den kosmetischen und doch so wichtigen Trost des Leichenbestatters, keine Blumen, keine Musik, keine Ansprachen und Gebete, keine Ermunterung zu menschlichem Mitgefühl, das hilft, das Herz ein wenig abzudichten und den bohrenden Schmerz solcher Gelegenheiten zu verhüllen, keine Szene solchen Gefühles: alles fehlte; schlimmer noch – niemand erwartete es hier. Der Umgang mit dem Tod war theoretisch so ziemlich derselbe wie der mit dem Leben – er bedeutete, daß man die Hand in die Maschinerie des Systems steckte; er bedeutete eine Schlange mit einem Problem an ihrem Ende. Das Mädchen war im Krankenhaus nebenan gestorben, wahrscheinlich ohne Vorwarnung, denn ein kleines Bündel ihrer Habseligkeiten, in ein Krankenhauslaken gewickelt, wartete neben ihr auf dem Boden. Der Mann, der den Boden der Eingangshalle fegte, war nicht ungeduldig, er war von beispielhafter Zurückhaltung, aber er hatte ein Problem. Er wollte nun gerne alles in Ordnung bringen und nach Hause gehen, aber er konnte nicht in den Aufbahrungsraum, solange die Familie noch nicht gegangen war.

Die Mutter des Mädchens war vor Kummer gelähmt; sie beugte sich tief über den Sarg und sah auf ihr Kind hinunter, und immer wieder neigte sie sich hinunter und umarmte es. Die

Freundin der Familie, taktvoll, liebevoll, tat, was sie konnte, um sie zu trösten. Der Vater war glücklicherweise durch die Vorbereitungen für die Abfahrt abgelenkt. Er ging viele Male zwischen dem Sarg und dem Wagen hin und her, welcher am Ende der Gasse hielt, und die verschiedenen Schwierigkeiten wurden diskutiert. Zwei junge Soldaten halfen ihm, Jungen unter zwanzig, unbeholfen, aber hilfsbereit, Neffen vielleicht – oder es mochte auch sein, daß der Vater ein Militär war und die Jungen aus seiner Einheit oder seinem Regiment kamen. Er trug wegen der bitteren Kälte einen Hut, und immer, wenn er das Leichenschauhaus betrat, wo seine Tochter lag, nahm er den Hut ab. Es war nichts Heiliges an diesem Ort, es war keine Kapelle oder Kirche, es war das Leichenschauhaus, doch er nahm den Hut ab. Wenn er vorbeikam, hörte der Hausmeister mit dem Fegen auf, und ich erhob mich. Es schien das mindeste, was wir tun konnten. Die jungen Soldaten hatten ihre Mützen hinten im Wagen gelassen.

Der Mann hatte folgende Probleme: Es stand nur begrenzter Raum zur Verfügung. Der Sarg des Mädchens, zusammen mit ihren Habseligkeiten und denen der Eltern, mußte hinten in dem kleinen Lieferwagen untergebracht werden. Dann der Schmutz: Der Metallboden des Wageninneren war mit einer zolltiefen Schlammschicht bedeckt, und der rosa Sarg, hübsch und gepolstert, würde so ruiniert werden. Schließlich wurde von irgendwoher im Leichenschauhaus ein weißes Laken geholt und sorgfältig auf den Boden des Wagens gebreitet. Die ganze Zeit sah der Fahrer zu, rauchend und mit einem Auge auf das Wetter achtend und die Zeit. Er war nicht ohne Sympathie, aber er war nur der Fahrer – er trug die Miene beschämter Verlegenheit, die Menschen manchmal tragen, welche wider Willen in eine tiefe emotionale Krise anderer verwickelt worden sind. Er hatte vielleicht seinen Lieferwagen angeboten oder vermietet, um das tote Mädchen nach Hause zu bringen, und wollte nun losfahren; es würde eine lange Fahrt werden – die Nummernschilder des Wagens zeigten, daß er aus Leningrad kam.

Endlich war alles arrangiert. Während der Vater Anweisungen gab, gingen die beiden jungen Soldaten in den Raum, wo das Mädchen lag. Die Freundin der Familie nahm die Mutter in den Arm und drehte sie sanft weg, als die Soldaten den Deckel auf den Sarg legten. Dann trugen sie mit der fast schmerzhaften Vorsicht, die nach Unbeholfenheit aussieht, jedoch tatsächlich zitternde Fürsorge ist, den kleinen Sarg durch die Schwingtüren, mit feierlicher Haltung, wie eine Ehrengarde, und der Hausmeister und ich standen reglos, als sie vorüberkamen, und sie ließen den Sarg hinten in den Wagen gleiten.

Es ging nur knapp. Das weiße Laken knüllte sich an den Metallrippen des Bodens immer wieder zusammen und mußte erst sorgfältig geglättet werden. Das Bündel in dem Krankenhauslaken und andere Gepäckstücke, dies und jenes, wurden um den Sarg herum angeordnet – der Zustand der aus Moskau hinausführenden Straßen ist nicht gut, und wenn man den Sarg nicht anständig festklemmte, würde er wahrscheinlich hin- und herhüpfen. Endlich war es Zeit zu fahren. Die zwei Soldaten kletterten hinten in den Wagen und ließen sich in unbequemer Stellung auf den Gepäckstücken nieder; dann schloß man die Tür. Die Freundin der Familie versuchte, die Eltern dazu zu überreden, vor der Abfahrt aus Moskau noch etwas zu essen.

„Unsere Freunde wären *beleidigt,* wenn ihr nicht noch bei ihnen kurz Halt macht. Sie erwarten euch. Es ist eine lange Fahrt. Bitte, laßt uns wenigstens eine warme Mahlzeit für euch auftischen."

Ich bin mir nicht ganz sicher, aber ich glaube, die Bitte fiel auf taube Ohren. Mutter und Vater zwängten sich ins Fahrerhaus zum Fahrer, und die Begräbnisprozession rollte, eben als das letzte Licht verschwand, aus der Gasse hinaus. An die Krankenhausmauer dem Eingang zum Leichenschauhaus gegenüber hatten Trauergäste sich als Vandalen betätigt und die Namen westlicher Heavy-Metal-Rockgruppen hingekritzelt. Slade und Genesis waren besonders geschätzt.

Ich sah zu, wie der Hausmeister mit dem Ausfegen des Raumes, wo das kleine Mädchen gelegen hatte, fertig wurde. Es war eine geflieste runde Kammer; der schwarze Steinsockel in der Mitte wirkte wie ein Altar. Die Fliesen im ganzen Raum waren schwarz und alt. In zwei Nischen an der Wand standen Statuetten, weinende Frauen, Personifikationen der Trauer, Überbleibsel vielleicht aus vorrevolutionärer Zeit, ein wenig antikisch, ziemlich künstlerisch, vage religiös. Aus irgendeinem Grunde hing eine Schnur aus bunten Papierblättern von einem Teil der Decke herab und raschelte bei jedem Öffnen der großen Glastür im Zug. Der flinke Feger fuhr mit seinem Besen in Winkel und Ecken, rasch wie ein Chamäleon. Er lächelte mich freundlich, bittend an. Ich begriff und ging. Es war ein langer Tag gewesen.

In gewissem Sinne könnte man sagen, daß viele der Menschen, die um eine Veränderung ringen, von dem Bewußtsein verfolgt werden, daß die Geschichte des modernen Rußland – ganz so wie *Hamlet* – die Nachgeschichte eines ungesühnten Verbrechens ist. Der Erzverbrecher war Stalin. Die Welt, welche die Leute nun bewohnen, ist von ihm erschaffen, in stärkerem Maße als von jemand sonst – das Verbrechen war Mord, und Mord bedeutet Gespenster, Schuldgefühle, Opfer. Es gibt mittlerweile kein Verbrechen mehr, wie entsetzlich auch immer, das man Stalin nicht zur Last legen kann. Die Geister schreien laut nach Rache, die namenlosen Millionen ruhen nicht in ihren Gräbern.

Während Stalin eine wachsende Last von Schuld trägt, genießt Lenin ein unverhältnismäßiges Maß an Lob, und die Schlangen vor seinem Grab werden länger. Tatsächlich muß man sich in einer Schlange für die Schlange anstellen. Sie steht etwa eine Viertelmeile vom Leninmausoleum selbst und beginnt in den Gärten neben der Kremlmauer; vielleicht sechzig oder siebzig Leute warten darauf, sich der richtigen Schlange anzuschließen, die sich weiter vorn schlängelt, durch die Gärten und um die Ecke, über die Pflastersteine des Roten Platzes und dann in einem Winkel von neunzig Grad ins Mausoleum selbst hinein. Nach fünfzehn oder zwanzig Minuten in der Schlange zur Schlange bekommen Gruppen von zehn oder zwanzig die Erlaubnis (das heißt, sie werden von einem Polizisten brüsk weitergewinkt), sich der richtigen Schlange anzuschließen. Wir schlurfen gehorsam voran, schweigend, alle zehn Meter oder so von einem Milizionär gemustert, der in sein Funksprechgerät murmelt.

Was soll man zu der Art und Weise sagen, wie die Polizisten die Schlange beobachten? Es hat hier einmal eine Revolution gegeben, oder zweimal (wenn man den Februar 1917 mitzählt), und die Machthaber haben beschlossen, daß so etwas nie wieder vorkommt. Menschenmengen werden beobachtet, aufgestellt, überprüft, abgeschritten, infiltriert, diszipliniert, verachtet und, wo notwendig, auseinandergetrieben.

Im Gegenzug zeigen die Menschen in der Menge eine Art rabiater Fügsamkeit, eine wütende Milde, die alle charakterisiert, von Männern in einer Wodkaschlange bis zu den Delegierten des Obersten Sowjet. Tatsächlich ist es eine Eigenschaft, die insbesondere an den Mitgliedern dieser erhabenen Körperschaft zu sehen ist; es ist ein schönes Beispiel für das, was Viktor der Kellner „die Kunst des Wegschauens" nennt. Denn jedes dieser Gesichter ist vorsichtig und fügsam, ist sich dessen bewußt, daß es beobachtet werden kann. Die Züge nehmen die Konsistenz von Buttermilch an; fragende Blicke von Fremden gleiten an den verschlossenen Mienen ab; die Augen sind zwar geöffnet, doch der Blick geht nach innen. Wenn beispielsweise Gorbatschow spricht, vom Politbüro flankiert, werden die Gesichter zu einem Feld blasser Sonnenblumen, die sich wie mit einer Bewegung der fernen Wärmequelle zuwenden; doch die *Augen* schweifen nicht ab, sondern bleiben weiter starr geradeaus gerichtet. Applaus prasselt gehorsam. Jedes Gesicht muß seine eigene Strategie finden, um nichts zu verraten. Unter den originellsten Darstellern in diesem Gesichtstheater war Herr Kossygin. Sein Gesicht, in offizieller Ruhestellung, wurde weich, feminin, beinahe mädchenhaft, es lag eine Art leeres Lächeln um die Lippen, etwas wie ein leises Flattern um die Wimpern, was alles in seltsamem Kontrast zu dem steinernen Antlitz stand, das er bei diplomatischen Anlässen trug.

Gewöhnliche Russen setzen dieses Talent auch im Privatleben

ein. Manche von den eindrucksvollsten, heroischsten Leuten, die ich in Moskau kenne, haben diesen verachtungsvollen Gehorsam sehr weit entwickelt. Er ist nicht mit Wut oder Unzufriedenheit zu verwechseln, wie man sie in westlichen Gesellschaften politischer Inkompetenz oder Ungerechtigkeit gegenüber empfindet. Er drückt sich aus in kalter Verachtung für die gegenwärtigen politischen Autoritäten oder in eisiger Gleichgültigkeit gegenüber Gerede von Reform; am schlimmsten ist es, wenn er sich nicht mehr zutrauen kann, überhaupt noch zu sprechen, wenn er so tief in bittere Desillusionierung verfallen ist, daß Wörter nicht mehr taugen und alle Aussagen durch Pausen, Momente des Schweigens, Achselzucken, Grimassen erfolgen oder durch Bezugnahmen auf Gegenstände, die vom Thema so weit entfernt sind und zu ihm in so verquerer Beziehung stehen, daß es sich anhört oder zumindest *ansieht* wie ein Stück Beckett, schwarze Verzweiflung, die vor melancholischem Gelächter klappert, wie Kieselsteine auf einen Sargdeckel.

Niemand spricht in der Schlange zum Leninmausoleum außer dem kleinen Jungen vor mir, der seine Mutter immer wieder fragt: „Warum haben wir hier so lange gewartet?" Mehrere Leute bewundern die prophetische Natur dieser Frage.

Nach einer halben Stunde schlurfendem Fortschreiten kommen wir auf die Höhe des Grabs des Unbekannten Soldaten. Eine Flammensäule tanzt aufwärts wie eine glühende Sprungfeder; die Schneeflocken scheinen wie Schmetterlinge von der Feuersäule angezogen, werfen sich hinein und werden verzehrt. Weitere fünfzehn Minuten, und wir sind auf dem Platz selbst angekommen. Die Pflastersteine des Roten Platzes erinnern, wie Iwan der Bucklige mir einst gezeigt hat, an die Krümmung der Erdoberfläche. Zu unserer Linken liegt die bizarr opulente Fassade des Staatlichen Kaufhauses GUM; vor uns die Türme der Basiliuskathedrale im Zwiebelwahn; und zur Rechten fließen die Pflastersteine dahin, bis sie endlich die lange Verteidigungsmauer des Kreml selbst aufhält. In diesem Wetter und bei dieser Beleuchtung sehen wir aus wie die Schlange vor einer Suppenküche, wenn wir langsam vorwärtsschlurfen und gelegentlich mit den Füßen stampfen und in unsere klammen Hände blasen. Auf das Pflaster ist eine lange weiße Linie gemalt, und ein Polizist geht an ihr auf und ab und kontrolliert, daß niemand die paar Zoll aus der Reihe kommt, die ihn mit der Linie in Berührung brächten. Diese Linie darf man nicht überschreiten, man darf sie nicht einmal betreten. Alles läuft nach solchen Linien, es geht darum, wie die Sache aussieht. Anderswo spielt sich das Leben ab, außer Sicht, aus dem Sinn: da wird die wirkliche Arbeit getan, von der niemand spricht, von der nichts erscheint. In der Öffentlichkeit geht man besser sicher, daß man nicht aus der Reihe tanzt, nicht die Linie berührt.

Die Schlange bildet bei der Annäherung an den Einlaß zum Grab einen rechten Winkel, immer noch an der weißen Linie entlang. Das Mausoleum ist tatsächlich ein Bunker, solide, fest, ursprünglich 1924 aus Eichenholz errichtet, aber jetzt aus rotem und schwarzem Granit. Hierher kommen die Bräute, um ihre roten Nelken niederzulegen. Zu beiden Seiten des Eingangs stehen Wachposten, auf Grund ihrer ungewöhnlichen Körpergröße ausgesucht, mit aufgepflanztem Bajonett.

Eine Treppe führt in die leise und heilige Dunkelheit; noch mehr Wachen sind in diesen engen Raum gezwängt. Wir bewegen uns unablässig in einer Reihe am beleuchteten Glassarg vorbei, wo der große Architekt des ersten sozialistischen Staates in dunklem Anzug und Krawatte liegt, so bleich und kreidig wie die Meringuen in der Ausstellung ökonomischer Leistungen – es sieht aus, als sei auch er aus Gips geformt. Unsere Schatten werden vom Licht aus dem Sarg an die Wand gegenüber geworfen und bewegen sich ziemlich so wie in dem Höhlengleichnis bei Platon im *Staat*, wo die Schatten an der Wand einer Höhle vor Gefangenen vorbeiziehen, Phantome, die das Feuer erschafft, Schatten von Illusionen. Dies ist das Allerheiligste, das Tabernakel, erschaffen vom selben Impuls, der die alten Ägypter dazu bewegt hat, ihre Pharaonen auszuweiden und dann zu mumifizieren, oder demselben Glauben, der den wundersamerweise erhaltenen Leib des Heiligen Vincent de Paul in einem Sarg aus Glas und Silber in einer Pariser Kirche ausstellt. Es ist eine sehr menschliche, hartnäckige, perverse Handlungsweise, und es geschieht aus uralten, kindlichen Gründen: um das wilde Vergnügen zu empfinden, etwas vor der Katastrophe der Zeit zu retten. Das ist verantwortlich für das seltsame Aufflackern einer schuldbewußten Freude, wenn wir lesen, daß der Leichnam eines prähistorischen Mammuts noch vollständig in einer Eiswand ragt, oder daß in der Arktis ein Trupp gefrorener Polarforscher gefunden wurde, oder ein Mann aus der Eisenzeit, erdrosselt und in einem Torfmoor begraben, an die Oberfläche gezogen wird und vor uns liegt. Es ist der Trieb hinter Friedhöfen, Denkmälern, Erinnerungsgärten, es ist ein grimmiges kleines Spiel, das wir gegen die Zeit spielen, wobei wir das warnende Räuspern der Vernunft, ihr wütendes Flüstern, daß es nicht wahr sein kann, ignorieren. Wir spielen es alle irgendwann einmal – „Aber ja, wenn man die Augen ein wenig schließt, nur halb, dann *könnte* es beinahe sein!" Und der kleine Mann im dunklen Anzug mit seinem kreideweißen Gesicht und dem spitzen Bärtchen könnte gar nicht tot sein, nur schlafen ... Und so sind wir aus religiösen Gründen hierhergekommen, wir warten geduldig darauf, an dem wundersamerweise erhaltenen Leichnam des Heiligen vorübergehen zu dürfen. Wir sind Pilger in Anoraks.

Der Glassarg auf seinem Sockel, dieser Quader aus sorgfältig kontrollierter Luft, das akribisch restaurierte Meisterstück der Revolution! Die Ehrenwachen stehen reglos mit aufgepflanztem Bajonett. Dann, ohne Vorwarnung, wird die große Konzentrationsanstrengung, die man aufbringen muß, wenn die Dinge ewig erscheinen sollen, verraten: Eine frische Wachabteilung kommt im Stechschritt ins Sanktuarium, und wir werden hinausgedrängt, denn keiner darf innehalten oder sich umwenden.

Als Stalin 1953 starb, wurde sein Leichnam mumifiziert und neben den Lenins gelegt. Das erwähnt niemand. Er wurde 1956 von Chruschtschow bloßgestellt, und 1961 wurde die Leiche entfernt. Die, welche sie beide hier sahen, können beschreiben, wie sie Seite an Seite lagen, zwei furchteinflößende kleine Männer. Man darf annehmen, daß dieses Gebäude damals das Lenin-Stalin-Mausoleum hieß. Wenn die Führer der Sowjetunion ihre Plätze auf dem Dach des Mausoleums einnehmen, um den Jahrestag der Oktoberrevolution zu feiern, ist dabei vorausgesetzt, daß sie allein durch das Stehen an diesem Ort eine Art apostolischer Sukzession nachweisen.

Dann weiter zu der Nekropole, den Ehrengräbern, dem Garten der Erinnerung, der hinter dem Leninmausoleum liegt. Eine seltsame Demokratie der Toten herrscht hier. Man kann sich dem heiligen Ort nicht nähern außer durch das Leninmausoleum hindurch. An der Kremlmauer liegen Parteiführer begraben, Astronauten, Piloten, verehrte Ausländer, Mörder, Apparatschiks, Helden und Scharlatane; ihre Ruhestätten sind mit kleinen schwarzen Plaketten bezeichnet. Eine Reihe von Blautannen verstärkt die Friedhofsatmosphäre. Direkt gegenüber den schwarzen Plaketten an der Mauer liegt eine Reihe grabähnlicher Denkmäler, ein Tal der Könige *en miniature*, Reihen von marmornen Grabsteinen, bekrönt von bemerkenswert unähnlichen Porträtskulpturen der Führer des Landes. Hier zum Beispiel sehen wir einen sehr jugendlichen Tschernenko, einen extrem gütigen Andropow; idealisiert, edel – denn dies sind die Gräber der sowjetischen Pharaonen. Stalin ist dabei und erfreut sich eines strammen Kinns und eines beinahe jugendlichen Aussehens. Alles deutet darauf hin, daß diese kleine Versammlung der Guten, der Bösen und der Monströsen schon bald ein immer größeres Problem darstellen wird, durch ihre bloße Existenz. Die Skelette warten in den Schränken. Manche hätten hier niemals begraben werden dürfen. Und wieviele andere, die vielleicht einen Platz verdient hätten, sind anderswo verstreut? Kein Wunder, daß die Schulkinder im letzten Jahr aufgehört haben, ihre Geschichtsbücher zu lesen, wenn die Geschichte in so raschen Zuckungen verläuft, wenn sie heute hier und morgen verschwunden sein kann. Wer den Unterricht aber fortsetzen möchte, braucht nicht auf die revidierten Texte zu warten; er kann, wenn er will, hingehen und die Friedhöfe lesen.

Die Photographien von Tschechows Begräbnis 1904 gingen mir nicht aus dem Sinn. Sie sind in seinem kleinen Haus in der Sadowaja-Kudrinskaja-Straße aufbewahrt, das zwergenhaft zwischen Hochhäusern steht, bonbonrosa zwischen den Mastodons. Tschechows Leichenzug, wie er die Kusnetzkijstraße herunterkommt, die gedrängt ist voller Geistergesichter, die sich umgewandt haben, um dem Leichenwagen nachzusehen – Gesichter, wie man sie in Moskau nicht mehr finden kann, völlig gewöhnliche Gesichter des frühen zwanzigsten Jahrhunderts. Männer mit Hüten, dunklen Augen, die Bourgeoisie; dünne Gesichter, Uhrketten, Stöcke, hohe Kragen, Stiefel. Die Pferde, die Tschechows Leichenwagen zogen, trugen weiße Schabrakken mit in das Tuch geschnittenen Augenlöchern, Phantompferde mit schwarzen Augen, die durch Menschenmengen der ausgerotteten Klasse ziehen.

Viktoria, eine Bibliothekarin und Übersetzerin, sinnt der Frage nach, wohin sie gegangen sind, diese Gesichter. Stalin, sagt sie, ist es gelungen, eine Generation von Leuten zu schaffen, die keine Leute waren, und sie erinnert sich an eine Bemerkung von Dostojewskij, daß es zwei Generationen braucht, um eine Nation zu zerstören. In der Sowjetunion sind es seit Tschechow drei Generationen, mehr als genug Zeit, um mit den zivilisatorischen Fortschritten von Jahrhunderten aufzuräumen. Die menschlichen Tugenden der Würde und Geistigkeit wiederzugewinnen, ist beinahe unmöglich, meint sie, weil es nichts gibt, worauf man aufbauen könnte, denn Stalin hat nicht nur die Menschen getötet, es ist ihm auch gelungen, das Erdreich zu töten, in dem diese Zivilisation einst gewurzelt hat.

Viktoria ist wie Hamlet voll verzweifelter Phantasie, voll einer rastlosen Ungeduld, die jüngsten Reformen und zunehmenden Freiheiten erhalten und erweitert zu sehen, aber in ihre Hoffnung frißt sich die ätzende Angst, daß das Tauwetter abrupt enden könnte. Ihr überwältigendes Begehren, die Veränderung zu unterstützen, fordert seinen Preis und raubt Zeit und Energie, die sonst ihrer Arbeit gehören würden. Sie redet mit starkem Gefühl von den Überlebenden der Lager Stalins, und sie zitiert einen Zweiundachtzigjährigen, der „es fertigbrachte zu überleben“ oder, wie er sagte, „den vielen Versuchen, ihn zu töten, entgehen konnte“. Sie hat über die Möglichkeit der Auswanderung nachgedacht und sie verworfen, wenn sie auch zugibt, daß es sie reizen würde, Amerika zu besuchen – aber nur „um kurz auszuruhen“. Amerika, sagt sie sehnsüchtig, muß so ruhig und friedlich sein.

Sie erinnert sich an Stalins Tod 1953, als sie fünf war, erinnert sich an das Toben eines häßlichen Kummers im Zentrum Moskaus, den Himmel, erleuchtet von einem riesigen Bild des toten Diktators – „ein Porträt von Stalin flog durch die Luft“ –, an von den hysterischen Massen zertrampelte Menschen, daran, daß ein Junge, den sie kannte, in dem Tumult totgedrückt wurde. Sie fühlte sich krank, hatte eine erhöhte Temperatur, und ihre Großmutter saß an ihrem Bett und sagte: „Man sollte sich nicht freuen, wenn jemand stirbt, aber daß er gestorben ist, das ist sehr gut. Vielleicht, *vielleicht* wird es jetzt nicht mehr so viele Tragödien geben.“ Ihre Großmutter gestattete sich noch einen Krümel Trost nach Chruschtschows Abrechnung mit Stalin 1956: „Jetzt haben wir eine Chance.“ Ihr Großvater, ein von Stalin geschätzter Architekt, war trotzdem auf alles vorbereitet und hatte in einer Ecke seines Arbeitszimmers immer einen kleinen Koffer stehen. Sie spielte darauf, wie sie sich erinnert. Erst viel später wurde ihr klar, daß darin das Handgepäck des Großvaters war, das bereitstand, wenn es spät in der Nacht an der Tür klopfen sollte.

Viktoria gibt zu, daß den meisten Leuten die Reformen so oder so egal sind, und sie führt den Kampf um die Änderung des Namens für den Bezirk an, wo sie arbeitet. Er heißt Schdanow, was an Stalins berüchtigtsten „Kulturkommissar“ erinnert. Von den 650 Personen, die an ihrer Arbeitsstätte befragt worden sind, sind hundert gegen eine Änderung, etwa zweihundert wollen, daß der Bezirk wieder seinen alten prästalinistischen Namen bekommt, und zwei sind dafür, ihn nach Stalin zu benennen. Der Rest steht der Frage mit kalter Gleichgültigkeit entgegen und will nichts davon hören. Leute Anfang zwanzig und in noch jüngerem Alter wissen nichts von Stalin und interessieren sich für diese Fragen nicht – diese Gleichgültigkeit wird von einer ihrer jungen Kolleginnen zusammengefaßt, einer Vierundzwanzigjährigen, die ihre schönen grauen Augen auf Viktoria richtete und sagte: „Warum soll ich mir da Sorgen machen? Es war vor meiner Zeit!"

Viele der Vorkämpfer für die Reformen sind Frauen. Viktoria meint: Einfach deshalb, weil Frauen sich nicht von etwas abbringen lassen. Für die Familie kann es hart sein. „Mein Mann überlegt sich, ob er einer Gruppe ‚Ehemänner gegen die Perestroika' beitreten soll. Ich bin eine Feministin, das heißt, eine russische Frau. Wenn eine Feministin aus dem Westen hierherkäme und vierzehn Tage als russische Frau leben würde, dann wäre keine Spur mehr da von ihrem Feminismus."

Ihr beeindruckender Glaube an die Notwendigkeit einer offeneren Gesellschaft wird von einer tiefen Skepsis hinsichtlich der Motive für die jüngsten politischen Reformen begleitet. Wenn sie von der Perestroika redet, dann gebraucht sie das Wort wie mit der Pinzette, vorsichtig, nervös, mit ausgestrecktem Arm und abgewandter Nase.

„Es erinnert an Lenins Neue Ökonomische Politik in den zwanziger Jahren. Boris Pasternak hat darüber eine Zeile geschrieben, die Bände aufwiegt. Er schrieb, die NEP sei ‚eine kolossale Manifestation politischer Heuchelei'. Uns wird gesagt, wir müßten eine neue ökonomische Politik aufbauen. Aber *worauf?* Wie soll man ohne Steine bauen? Sie sind in unseren Läden gewesen. Sie haben gesehen, wie schlimm es ist. Und es wird nicht besser, es wird schlechter."

An Straßenecken sind die fliegenden Händler im Geschäft, sie erscheinen plötzlich von nirgendwoher, von einer Menge erfreuter Käufer überrannt, die vor einem Augenblick noch lediglich Passanten gewesen waren. Ägyptische Orangen werden vom Lastwagen herunter verkauft, rollen aus Pappkartons, von wilder Farbe, wie gestohlenes Gold.

An der nächsten Ecke erbaut sich aus Flaschenkästen ein Bierlokal im Freien; eifrige Kunden stehen in der Moskauer Abenddämmerung und setzen die großen Flaschen an den Hals, im jagenden Schnee.

Allen wird eingeschärft, sich an Stalin zu erinnern; als Held entging man ihm nicht, als Ungeheuer ist er notwendiger denn je. „Jeder kann sich schlimme Dinge vorstellen", sagte Viktor der Kellner verächtlich, „aber sagen Sie mir noch einen Ort, wo das Schlimmste, was man sich vorstellt, immer wahr wird. War es Tolstoi? Ja, ich glaube, es war Tolstoi – der hat gesagt: ‚Man stelle sich Dschingis Khan mit einem Telephon vor!' Es ist eingetroffen! Wir hatten Stalin."

Stalin war ein kleiner Mann, fünf Fuß zwei Zoll, ein gescheiterter Dichter mit Plateausohlen. Als eingesperrter Seminarist verbrachte er fünf Jahre in einer Theologieschule im georgischen Tiflis, ehe man ihn hinauswarf, weil er bei der Lektüre verbotener Bücher ertappt wurde. Später beraubte er Banken im Kaukasus, um Geld für sein politisches Programm zusammenzubekommen. Die Transformation Stalins in den Halbgott, dessen Volk bei der Nachricht von seinem Tod am 5. März 1953 auf den Straßen tobte, wurde von seinen Ruhmesrednern organisiert. Seine Dichter verglichen ihn mit der Frühlingssonne. Um heutzutage vergleichbare Lobeshymnen zu finden, müßte man an den Hof von Präsident Ceauşescu in Rumänien gehen, „dem Großen Conducator", „der Donau des Denkens". Stalins Hofmaler wurden vorgewarnt, sein rechtes Profil zu nehmen, und Schurpin und Gerassimow zeigen ihn auf ihren Andachtsbildern bei der Trauer um einen gefallenen Kameraden oder in Betrachtung der Weite der russischen Steppe in gebetsähnlicher, kontemplativer Pose. Die Lieder, die er verbreiten ließ, waren entsetzlich, mit Zeilen wie „Hallo, Land der Helden, Land der Träume, Land der Wissenschaftler!" – aber alle sangen sie.

Dichtung war etwas, das Stalin, wie eine Infektion, ziemlich früh überfiel. Er überlebte es, aber wirkliche Dichter hatten nicht so viel Glück. Die Herrscher, so schien es, durften ein wenig dilettieren. Interessant ist es, daß Andropow während seiner Zeit als KGB-Chef Gedichte schrieb; man fragt sich, ob er über das Schicksal vieler großer russischer Poeten nachdachte. Gumiljow wurde hingerichtet; Blok starb unter geheimnisvollen Umständen (seine Bewunderer sagen, er starb „am Tode"); Jessenin und Majakowskij begingen Selbstmord; Mandelstam starb in einem Lager; Pasternak wurde bis zu seinem Tode verfolgt; Zwetajewa erhängte sich; Achmatowa, von dem unermüdlichen Schdanow als die „Dirnennonne" verfolgt, konnte nichts veröffentlichen; Brodsky wurde ins Exil gezwungen.

Unter den unwahrscheinlicheren Opfern der stalinistischen Säuberungen war die Esperanto-Gesellschaft, die 1938, wie es in so einem Falle heißt, „gesprengt" wurde. Sie ist soeben rehabilitiert worden. Stalin und seine Anhänger bleiben ihrerseits immer noch Mitglieder der Kommunistischen Partei, der man, als einer ewigen Organisation (ziemlich wie die Universale Kirche), auch nach dem Tode angehören kann. Mehr noch, die Mitgliedschaft kann einem wiedergegeben werden, wenn man einst exkommuniziert worden und nun schon ins große Politbüro im Himmel dahingegangen ist. Das ist vielen von Stalins Opfern geschehen. Manche Leute fordern immer wieder den Ausschluß des Diktators aus der Partei, aber das wurde noch nicht erreicht. Niemand ist je nach seinem Tode aus der Partei ausgeschlossen worden. „Wenn wir da anfingen", fragte ein offizieller Parteihistoriker, „wo wollten wir denn aufhören?"

Fieberhafte Erwartung, mit ein wenig Angst vermengt, verbindet sich bei den Moskauer Intellektuellen mit der ernüchternden Einsicht (wie im *Hamlet*), daß die Korruption so ungeheuer ist, daß vielleicht nichts sie heilen kann. So haben sie sich einem handfesten Problem zugewandt: verborgene Verbrechen müssen thematisiert werden; denen, deren Leben im Stalinismus oft fatal „gesprengt" wurde, muß eine Entschädigung geboten werden, und man muß die Vorfahren wieder versöhnen — deshalb sind die Opfer Stalins so wichtig, und die Forderungen, sich ihrer zu erinnern, so zahlreich. Was diese Forderung so radikal macht, ist die Tatsache, daß bis vor kurzem die Erinnerung ein mechanischer Teil des Staatsapparats war. Das „Gedächtnis“ des Staates war wie das Bewußtsein Gottes: Wenn es dich einen Moment lang vergaß, warst du für immer verschwunden.

Erinnerung ist also Wiedergutmachung, Erinnerung ist die Waffe. Eine Gruppe namens „Memorial“ hat sich der Rehabilitierung der Opfer aus den Lagern gewidmet. Die Anzahl derer, die unter Stalin unterdrückt, eingesperrt, gesäubert, deportiert und ermordet worden sind, geht in die zweistelligen Millionenzahlen, den zugegebenermaßen vorsichtigen Schätzungen von Roy Medwedew zufolge, dem sowjetischen Historiker, der die erste Welle massenhafter Repression in den Jahren 1927–1928 ansetzt, als Stalin sich wütend auf die Anhänger von Trotzki und Sinowjew stürzte. In den *Moscow News* wies Medwedew darauf hin, daß die blutige Unterdrückung schon viel früher einsetzte als angenommen und mit der Depossedierung der Kulaken und dem Hunger in der Südukraine 1933 sich lediglich beschleunigte. Der Terror erreichte seinen Höhepunkt nach der Ermordung Kirows und setzte sich fort bis in das Jahr 1937 mit seinen vielen Hinrichtungen. All dies ist den Lesern von Robert Conquests bedeutender Studie *The Great Terror* wohlbekannt. Doch schon vor 1937, dem Jahr, das viele im Westen als den Beginn des „Großen Terrors“ ansehen, waren mindestens schon 17 bis 18 Millionen Menschen zu Stalins Opfern geworden, und davon waren 10 Millionen gestorben oder ermordet worden. Tötungen und Säuberungen setzten sich bis zum Ende fort, bis in die letzte Phase von 1947 bis 1953. Es war eine Verwüstung, für die es in der Menschheitsgeschichte keine Parallele gibt.

Doch an die Tatsachen heranzukommen ist ein anderes Problem. Der Begriff der „Tatsache“ selbst, der „Fakten“, ist viel mißbraucht worden. Wenn die Stalinisten und die Partei beschlossen, aus jemand eine Unperson zu machen, dann blieb man auch eine. Die Archive der Geheimpolizei, der Tscheka und des NKWD, von deren Existenz man weiß, sind immer noch nicht für die Forschung geöffnet worden, und obwohl viele Opfer der stalinistischen Säuberungen wieder zu „Personen" erklärt worden sind, bleiben sogar ihre Rehabilitierungsakten geheim. Die Überlebenden der Deportationen und Lager werden nun interviewt und ihre Erinnerungen gesammelt. Es ist schon sehr spät. Keine Aufzeichnungen existieren, es gibt keine Briefe aus den Lagern, keine Photoalben, keinen von den körnigen Filmen, deren Bilder wir mit dem jüdischen Holocaust in Verbindung bringen, es gibt nur das Schweigen und gelegentlich einen Acker voller Skelette.

Gespenster der Stalinopfer kommen aus den Verstecken; es hilft ihnen die Bodenerosion ans Licht, die sorgfältige Ausgrabung, der Pflug des Bauern. Manche der Mordfelder sind von Archäologen ausgegraben worden, nach professionellen Prinzipien, mit einer Analyse des Materials, sorgfältiger Erarbeitung von Schlußfolgerungen und anschließendem Bericht, als ginge es um die Gräber einer fernen, mörderischen fremden Kultur. *Literatura i Lastatstwa* hat Berichte von den Grabungen bei Kuropatij, nicht weit von Minsk, abgedruckt. An diesem Ort wurden in einem Wald Tag für Tag die Verurteilten von Spezialabteilungen des NKWD erschossen. Der Lärm des Gewehrfeuers drang zu den Bauern, die auf den Feldern arbeiteten, und wurde ihnen in der Zeit von 1937 bis 1939 vertraut. Die Opfer wurden geknebelt, und es wurden ihnen die Augen verbunden; man war sparsam, der Befehl lautete, mit einem einzigen Schuß zu töten. Schichten von NKWD-Offizieren lösten einander ab; sie arbeiteten bis gegen elf Uhr nachts und gingen dann ins Dorf zum Tanz. Über hunderttausend Menschen wurden in diesem Gebiet in den späten dreißiger Jahren erschossen; sie entstammten verschiedenen Klassen, wie die mit den Erschossenen begrabenen Habseligkeiten zeigten. Tatsächlich wurden die Klassen getrennt. Ausgrabungen förderten in manchen Gräbern Bauernschuhe und Scherben grober Töpferware zutage. In anderen fand man Medizinfläschchen, Brillen, sogar ein Monokel und modische Damenhandschuhe. Zweifellos endeten einige von denen, welche Tschechows Leichenzug zusahen und in seine Stücke gingen, in diesen Massengräbern.

Trifft man solche Überlebende, ist man von ihrer Fröhlichkeit und ihrer beschämenden Bescheidenheit betroffen. Ich saß in der Tschaikowskij-Konzerthalle und lauschte der ersten Aufführung eines Requiems, das zu Ehren dieser kleinen alten Leute geschrieben worden war, welche über all die Umstände ein wenig perplex schienen, sehr höflich waren und ein wenig ruhelos. Drei Chöre, ein Symphonieorchester und eine Rede des Dichters Jewtuschenko schufen eine Atmosphäre feierlichen Ernstes, die im Publikum völlig zu fehlen schien, das eher den Eindruck machte, als sei es auf einem Picknickausflug und sei entschlossen, sich nicht durch düstere Erinnerungen den Spaß verderben zu lassen.

„Nehmen Sie doch ein Plätzchen", flüsterte die alte Dame neben mir – vierzehn Jahre im Lager, keine Überlebenden in der Familie – und reichte mir eine braune Papiertüte mit Honigplätzchen. „Sie sehen ein bißchen hungrig aus. Und es wird ein langer Abend. Kommen Sie, nehmen Sie sich was, und geben Sie die Tüte weiter."

Keine Qual, kein Schmerz, heitere Fröhlichkeit, eine strahlende Freude darüber, eine unerwartete Anerkennung gefunden zu haben, noch zu leben, Plätzchen essen zu können.

Die einzige scharfe Formulierung kam von jemand, der zu jung war, um die Stalinjahre erlebt zu haben, und zornig im Namen der Opfer. Als Jewtuschenko beredt von der Notwendigkeit sprach, sich der Verbrechen Stalins zu erinnern, sagte Nadja bitter im Dunkeln: „Der ist natürlich die Sorte von Dichter, die dazu verflucht ist, unter jeder Regierung zu überleben."

Andere erinnern sich an Stalin aus anderen Gründen, und die Wärme dieses Eingedenkens spiegelt die beinahe hysterische Verehrung, welche er bei Millionen von Sowjetbürgern genoß. Die Intensität dieses Gefühls hat sich heute noch hier und dort gehalten und wird am besten von einem anonymen Leserbriefschreiber zusammengefaßt, der in einer Moskauer Zeitung schrieb: „Wir haben an den Genossen Stalin geglaubt, und unser Leben war gut. Genosse Stalin hat sich um die Menschen gesorgt, und die Läden waren voll."

Es scheint das Schicksal russischer Herrscher zu sein oder zu werden, daß sie wenig vertrauenserweckenden Vorgängen ähneln. Stalin hatte angeblich ein obsessives Verhältnis zu Iwan dem Schrecklichen. Wenn Gorbatschow für seine konservativen Opponenten mit jemandem vergleichbar ist, dann vielleicht mit dem „Falschen Zaren" Dmitrij (1580–1606). Was die Moskowiter erbitterte, war Dmitrijs offene Förderung westlichen Benehmens, seine Skepsis gegenüber religiösem Glauben und die frivolen westlichen Vergnügungen seiner Frau. Der „falsche" Dmitrij wurde brutal von seinen Untertanen ermordet, und seine Überreste wurden auf dem Roten Platz aus einer Kanone gefeuert.

Nur einmal konnte ich Valentin in seinem eigenen traurigen, eleganten Spiel: „Was könnte schlimmer sein?" schlagen. Denn es gibt, wie ich entdeckte, etwas, das schlimmer ist, als in Moskau zu leben oder zu sterben, und das ist es, allein dort alt zu werden. Da die meisten Familien für alte Verwandte noch Platz finden, beschränkt sich die Tragödie auf kaum bekannte Anstalten, die nur die wenigsten besuchen mögen.

Die Aufsichtsdame im Altersheim döste und schnarchte leise, eine Studie in hörbarer Zufriedenheit. Die Parole am Fenster des Versammlungszimmers, das speziell (wie in allen solchen Institutionen) für den Gebrauch der Parteimitglieder unter dem Personal bestimmt ist, mahnte: „Die Arbeiter und die Intellektuellen müssen eins sein!" Es klang vage nach Lenin. Niemand achtete darauf. Das Versammlungszimmer war leer. Ebenso die Korridore des Heims, eines muffigen Gebäudes von neun Stockwerken, das hinter neueren und recht attraktiven Wohnblocks für die aufstrebenden Technokraten der Universität verborgen lag. Die Insassen beendeten das Mittagessen: Manche verließen schon zu zweit oder zu dritt den Speisesaal, an Stöcken und in

Stützrahmen oder Rollstühlen. Stille und Kohlgeruch. Der Speisesaal verfügte über die große Vitrine, das begehrte Möbelstück, das in feineren Haushalten eine „Wand“ heißt. Es stand wenig oder gar nichts in der Wand, aber ihre bloße Gegenwart signalisierte einen gewissen Anspruch, zumindest bei den Planern des Heims damals in den Sechzigern, den heute niemand mehr einzulösen versuchte. Jemand hatte angefangen, die Korridore olivgrün zu streichen, und dann wieder aufgehört.

Der Geruch nach frischer Farbe ließ nach, als ich die Treppen hochstieg. In den unteren Stockwerken wohnten die Alten, die sich noch fortbewegen, noch ihr Zimmer verlassen und in den Speisesaal hinunter kommen konnten. Wenn sie nicht bei den Mahlzeiten waren, dann durchwanderten sie die langen dämmrigen Korridore oder standen in sorgenvollen Haltungen in seltsamen Ecken des Heims herum, als warteten sie auf einen Bus, der nie kam. Das Heim gab ihnen ein Dach über den Kopf, es gab zu essen, und an einigen Türen stand DOKTOR, wenn auch kein medizinisches Personal zu sehen war, nur ein paar junge Schwesternhelferinnen in den unteren Stockwerken. Kein menschliches Detail zu sehen, kein Buch, kein Teppich, kein Radio, und kein Besucher. Dies waren Menschen, die man vergessen hatte. Die ammoniakgesättigte Stille der Flure, gebrochen nur vom Schlurfen von Pantoffeln oder dem rhythmischen Pochen eines Stützrahmens.

Es wurde schlimmer, als ich höherstieg. In den sechsten und siebenten Stockwerken lagen die ans Bett Gefesselten, die Senilen, die Inkontinenten. Die beiden obersten Stockwerke verbargen die Todkranken, ausgemergelte Fetzchen Fleisch und Knochen, die selbst für ihre kleinen Betten zu klein wirkten – manchmal blieb nur noch eine kleine Wölbung unter dem sie bedeckenden Laken übrig: geduldige Leiber, eine hartnäckige Erinnerung daran, daß man selbst unmittelbar vor dem Tode noch warten muß, denn jeder ist seine eigene Schlange.

Wirklich schrecklich war es, wenn man in das falsche Stockwerk gebracht wurde. „Das war das Schlimmste für einen Freund von mir“, sagte Viktoria, als wir durch die Flure gingen.

„Er mußte hierher, weil seine Familie ihn nicht aufnehmen wollte und weil er seine Wohnung verloren hatte, man hatte ihn betrogen. Aber sie haben ihn in eins von den oberen Stockwerken gelegt. Als ich ihn besuchen kam, war er beinahe verrückt geworden. Es brauchte eine Menge Organisation, ihn in ein unteres Stockwerk zu kriegen. Und ein anständiges Bestechungsgeld. Aber ich konnte ihn nicht dort droben lassen. Er war ganz gesund, wissen Sie. Nur alt."

„Sie wollen ein Stück von Beckett sehen, weil Sie glauben, daß Beckett der Sache auf den Grund geht? Dann habe ich eine gute Nachricht." Viktoria gab mir zwei Karten für *Warten auf Godot.*

Es war ein irritierender Abend. Die Schauspieler waren schlank, agil wie Akrobaten, elegante Pierrots. Es war alles sehr stilvoll und poetisch. Ich fühlte mich nachgerade äußerst beunruhigt. Die Tramps waren sorgfältiger gekleidet als die meisten Leute in den Straßen von Moskau, und Becketts Verzweiflung verwandelte sich in anmutige Choreographie.

„Es war zu schön", sagte ich später zu Viktoria.

„Schön? Ach, das meinen Sie." Viktoria war belustigt. „Sehen Sie, wenn man Beckett in den sowjetischen Kontext stellt, dann wird er ganz romantisch." Sie dachte einen Moment nach. „Beckett ist der sowjetische Byron!"

Gerüchte gibt es reichlich in der Politik, wie auch überall sonst, und sie verbreiten sich schnell. Vor den Wahlen fanden in den Fabriken Versammlungen statt, ernsthaft und endlos. Die besten waren, wie bei allem in Moskau, die, welche nicht stattfanden. Boris Jelzin wurde täglich an verschiedenen Punkten der Stadt erwartet. Das Gerücht bestätigte sein unmittelbar bevorstehendes Eintreffen. Die Leute begannen sich zu versammeln. Und die Polizei. Und die Neugierigen, die unbedingt wissen wollten, weshalb sich die Leute versammelten: Gab es finnische Schuhe? Oder ungarisches Huhn? Sie kamen mit Nelken, mit ihren Lahmen und Kranken, wie zum Wunder in Lourdes. Der Verkehr stockte; die Aufsichtsdamen der Gebäude der Umgebung lehnten sich aus ihren Fenstern. Ich geriet in eine solche Massenerwartung und konnte nicht mehr weg. Der Milizionär an der Ecke sperrte die einzige Zufahrtsstraße. Und als Jelzin nicht kam, schluckten wir unsere Enttäuschung hinunter oder vermuteten dunkel, daß „die“ es verboten hatten. Der Milizionär öffnete widerstrebend die Straße.

„Ich bin enttäuscht“, gestand er. „Ich hätte gerne mit ihm über das Verbrechen gesprochen. Gewaltverbrechen nehmen zu in Moskau. In einer einzigen Woche kann es zu bis zu vier Morden kommen. Fast so schlimm wie in New York.“

„Nicht ganz.“

„Letzte Woche gab es fünf Vergewaltigungen und einundfünfzig Einbrüche.“

„Kleinigkeit – wenn man an New York denkt.“

„Vierundzwanzig Autos gestohlen, einundsechzig Delinquenten verhaftet.“

„Läppisch.“

Da kam ihm eine Idee. „Sechstausend Betrunkene aufgelesen! Wie steht's damit? Nicht schlecht, was? Haben sie das auch in New York?“

Ich sagte, daß das, glaubte ich, New York aus dem Rennen warf.

Wenn Beckett in der Sowjetunion byronisch auftritt, ist es nicht überraschend, daß Friedhöfe freundliche Orte sind. Sie lassen das Auge ausruhen, und die Toten erzählen keine Lügen, obwohl ihre Verwandten es manchmal für sie tun. So etwas wie das Pragaprinzip ist auch auf den Friedhöfen in Kraft. Ich versuchte, den Nowodewitschij-Friedhof zu besuchen, wo Tschechow begraben liegt. Man verwehrte mir jedoch den Zutritt mit der Begründung, es sei „voll“. Ich war mit einer Gruppe von Schriftstellern da, und als er die Bitte unseres Führers übermittelt bekam, uns einzulassen, schickte der Friedhofsdirektor eine unerwartete Antwort zurück.

„Sie haben Schriftsteller da draußen. Ich habe viele Leser hier drinnen. Guten Tag!“

Ich ging statt dessen auf den Wagankowskoje-Friedhof. Die wunderschöne kleine Kirche am Eingang hing gedrängt voll mit Ikonen, und am Eingang lehnte an der Wand eine Art großer Übersarg in rotem Tuch, in welchen man den jeweiligen Sarg vor der Beerdigung legte – eine praktische Idee, wie eine wiederzuverwendende Trägerrakete. Die Kirche war eine echte Kirche in Betrieb; die Leute nahmen die Hüte ab, knieten nieder und bekreuzigten sich. Links von der Tür hing ein ausdrucksvolles Bild von Jesus' Erweckung der Tochter des Hauptmanns von Kapernaum. Insgesamt ein Ort, an dem die Hoffnung auf ein späteres Leben nach dem Tode fast hörbar war.

Gleich hinter dem Friedhofstor lag das Grab von Wladimir Wysotzki. Wysotzki, der 1980 starb, erfährt gerade eine Art Kanonisierung, er wird zum säkularen Heiligen. Ein kleiner Stand machte gute Geschäfte mit Photographien seines Grabes – eines großen Bronzedenkmals, das zeigt, wie der Sänger aus einer Art Rohr hervortritt, in sein Leichentuch gehüllt. Die Auferstehungssymbolik ist unübersehbar. Wiedergeboren, ganz so wie das tote Kind des Hauptmanns totenbleich und verwirrt sich aufsetzt, auf dem Bild in der Kirche drüben, oder wie Lazarus aus seinem Grabe wankt, wobei sein Leichentuch sich zwiebelhautartig aufblättert, so erhebt sich Wysotzki aus zerknüllten Bahrtüchern. Er hat eine bloße Schulter schon freibekommen und starrt in die Welt hinaus, der menschliche Schmetterling, der die Verpuppung verläßt. Sein Kopf wird von seiner Gitarre gerahmt, einem kurvenreichen Heiligenschein, und dann sieht man direkt hinter und über der Gitarre die Köpfe von zwei Pferden, modelliert von jemandem, der von den Pferden des Parthenon fasziniert ist – was sich vielleicht auf ein Lied von Wysotzki bezieht oder einen Ausspruch, vielleicht aber auch, bedenkt man die üppige rhetorische Gestik in diesem Lande, einfach auf etwas, das dem Bildhauer eben gefiel – parallele, dreieckige Köpfe mit geblähten Nüstern, Pferde in vollem Lauf, Streitwagenpferde, Kriegspferde. Und um das ganze Grab herum, das eingezäunt ist, stehen feierlich die Bewunderer, dreißig, vierzig, fünfzig vielleicht, und einer nach dem anderen schlüpfen sie in den eingezäunten Bereich und legen weitere rote Nelken auf das Grab, das bereits mit Blumen übersät ist. In solchen Augenblicken möchte man fast mit den Bolschewiki sympathisieren, die den verrückten, unwahrscheinlichen, törichten Versuch unternahmen, die religiösen Instinkte des russischen Volkes auszujäten. Neben dem hier wirken die offiziellen Versuche, Stalin als Demokraten und gütigen Familienvater darzustellen, als geringfügige Form des Wahns.

Hinter dieser Galionsfigur, die sozusagen auf dem Bug des Friedhofs saß, lag dieser nun ausgebreitet — ein friedlicher, verschneiter, freundlicher Ort, sauber, reinlich gefegt und schwatzhaft (wie Friedhöfe es sind) wie ein Buch. Vor der Revolution, als Moskau eine kosmopolitische Stadt war, bettete sich die griechische Familie Sotiriadis neben die Pawlows, jeweils eingeschlossen in einen kleinen Käfig aus Holz oder Draht, mit einer Bank, wo die Familie sich ausruhen konnte, wenn sie einen Höflichkeitsbesuch am Grab abgestattet hatte. Man kann immer noch den kleinen Besen aus Birkenzweigen sehen, mit dem der Schnee fortgefegt wurde. Die frommeren Familien stellten gerne eins dieser kleinen Häuschen auf dem Grund der Dahingeschiedenen auf — sie sehen aus wie Sommerhäuser oder Vogelkäfige. Die modernen Gräber sind funktional, aus Marmor oder Granit, und tragen eine Photographie des Toten. Generäle mit all ihren Ordensbändern — die Gesichter sehen dich wie Babygespenster an; verblassende Männer in steifen Anzügen und noch mehr Orden; gemeißelte Granithäupter mit zornigem Blick, Vettern von Ozymandias, König der Könige — „Seht meine Werke und sinkt in den Staub!“ Nur, daß man das nicht tut, man kann kaum mehr die Namen lesen.

Bei einem anderen Besuch erlaubte man mir, einen Nachmittag auf dem Nowodewitschij-Friedhof zu verbringen: was „voll“ gewesen war, wurde nach der Schrulle des unsichtbaren Direktors nun „leer“, der ein Privileg besitzt, schätzenswerter noch als Reichtum: Macht ohne Verantwortlichkeit. Hier sind die Großen und die Berüchtigten der alten russischen Gesellschaft und der neuen Sowjetmacht bestattet. Auf Tschechows bescheidenem Grab hat man ein Kirschbäumchen gepflanzt. Hier liegt auch Nadeschda Stalin, die erste Frau des Bergsteigers des Kreml. Ein weißer Marmorschwan, dessen Hals sich anmutig in wellenförmiger Linie neigt, das Inbild sanfter Trauer, erinnert an eine große Ballerina. Ein großer kahlköpfiger General, Held der sowjetischen Panzerdivisionen, tritt aus einem massiven Marmorblock hervor, der wie geschmolzene Lava von seinem Körper abbröckelt – mit dem Kopf voran bricht er in die Welt wie eine brutale Insektenpuppe, einen fernen Blick in den Augen und all die Medaillen auf der Brust; und am Fuße seiner Verwandlungssäule steht ein kleiner grüner Panzer wie ein Kinderspielzeug, auf den jemand rote Tulpen und Nelken gelegt hat. Dort drüben, im Viertel der Parteifunktionäre, hebt ein wichtiger Mann den Telephonhörer ans Ohr. Ein sparsames Familienmitglied des wichtigen Mannes hat Vorkehrungen gegen den Winter getroffen und hat ihn in Plastikfolie eingewikkelt und mit Klebeband zugeschnürt, so daß er aussieht wie eine Geisel, die die Polizei anruft. Nikita Chruschtschows Grab ist von allen am unerwartetsten, aus ineinandergefügten Blöcken weißen und schwarzen Marmors. Das Denkmal wurde von dem Bildhauer Ernst Neiwestnij geschaffen, den Chruschtschow in den sechziger Jahren einmal wegen seiner modernistischen Tendenzen zensiert hatte. Die neckisch-makabre *riposte* des Künstlers ist wunderbar: Auf dem Marmorblock liegt ein abgetrennter Kopf – Nikitas breiter, schwarzmarmorner Bauernschädel, der Kopf, den er, metaphorisch zumindest, verlor, als man ihn nach einer Palastrevolution im Kreml absetzte.

Und wo sonst in Moskau kann sich das Auge noch ausruhen? Wo findet man Erholung von den ständigen Angriffen auf die Sehnerven durch eine nicht endenwollende Abfolge gewaltsamer Bilder? Nun, da wäre das Ballett – nicht das Bolschoi, überteuert und unbequem, sondern der Blick von unten, aus der Küche, wo die Kunst gekocht wird.

Hoch über einem Hinterhof in einem Dschungel einst eleganter vorrevolutionärer Gebäude probte das Moskauer Ballett in einem alten Studio. Der Tanzmeister hatte sehr kleine Füße, die kleinsten, die ich je bei einem Mann gesehen habe. Sein Verhältnis zu seinen jungen und enthusiastischen Schülern an der Barre war das einer höflichen, aber erbarmungslosen Geißel, einer sprechenden Peitsche. Eine Reihe von Weihnachtsbäumen, aus Pappkarton ausgeschnitten, hing von der Decke, dahinter eine Reihe von Engeln mit überraschenden chinesischen Augen. Auf einem verstimmten Klavier spielte der Begleiter amerikanische Schlagermelodien von „Dancing in the Dark“ bis „Over the Rainbow“. Der Tanzmeister peitscht seine Zutaten auf: „Hier bereiten wir unsere Gerichte aus Blut und Schweiß.“ Übung und Ehrgeiz hinterlassen auf jedem Tänzer und jeder Tänzerin eine individuelle Kontur, Fingerabdrücke der Zeit, wie die eines Töpfers im weichen Ton; die Disziplin hat die Linie der Leiber fixiert, hat aber auch die Tänzer freigemacht.

„Noch einmal, Falling in Love With Love!“ Russische Tänzer, die französischen Befehlen gehorchen und zu amerikanischer Musik tanzen, unterwerfen sich einer habituellen Tortur, der üblichen unmöglichen Anforderung. Das Ballett ist eine Form der Menschendressur, die Tänzer werden durch ihre Übungen geführt wie anmutige Pferde. Der letzte Wunsch ist es, der Schwerkraft ganz zu spotten, und wo dies nicht möglich ist, sie jedenfalls zu verachten.

Viktoria redet wieder von ihrem Bedürfnis, sich auszuruhen. Ihr amerikanischer Freund hat ihr geschrieben und sie eingeladen: „Komm nach Amerika und entspann dich ein Weilchen.“ Statt dessen gehen wir in den Gorkipark zu einer Protestversammlung. „Der Gorkipark“, erklärt Viktoria, „ist ein sogenannter Park für Kultur und Erholung. Moskau hat Kulturparks, Kulturpaläste, Kulturminister. Das einzige, was fehlt, ist ganz einfach die Kultur.“ Der Anlaß des Protests, den die Memorial-Gesellschaft organisiert hatte, war der sechsunddreißigste Todestag Stalins. Es waren etwa zweitausend Leute da, und Fernsehkameras von allen internationalen Sendern umgaben die Rednerbühne. Eine Stimmung des organisierten Chaos, nicht eine Versammlung, sondern mehrere gleichzeitig, mit Spruchbändern und Plakaten wie „Keine Opfer mehr, keine Mörder mehr". Zwei Männer in der Menge fingen an, sich über Stalin zu streiten, und eine kleine Gruppe bildete sich um sie. Der große Mann sagte: „Das einzige Programm, das ihr habt, ist die Analyse Stalins und seiner Verbrechen — das ist kein Programm. Das ist nicht genug, um eine Argumentation darauf aufzubauen."

Der Dichter Jewtuschenko sprach zuerst und wurde mit lebhaftem Beifall begrüßt, obwohl es zehn Minuten dauerte, bis das Lautsprechersystem so funktionierte, daß wenigstens der ihm zunächst stehende Teil der Menge hören konnte, was er sagte. Sehen konnte man ihn zu keinem Zeitpunkt, da er völlig von den Kameramännern der westlichen Fernsehsender umgeben war. Es folgte eine Minute des Gedenkens für die Opfer. Ich habe einmal gehört, wie der Dichter Wosnessenskij diesen Brauch beklagte. „Ich sage meinen Studenten: Wir haben genug von dieser Stille. Statt dessen, sagte ich, legen wir eine Lärmminute ein. Schreit euch heiser!" Als ich mich während dieser Minute in der Menge umsah, erkannte ich, daß die meisten Menschen hier mittleren Alters oder alte Leute waren, nur wenig Jüngere, keine Arbeiter. Die aus den riesigen Fabriken, aus den trostlosen Wohntürmen sitzen nicht abends in der Küche und debattieren aufgeregt über die Verbrechen Stalins. Das Einkaufen tagsüber hat sie erschöpft, oder der Wodka hat sie abgestumpft, und das System hat sie vollkommen enttäuscht und entfremdet. Sie werden in ihren Fernsehgeräten keine Bilder von der Memorial-Demonstration sehen — diese Bilder sind nur für den Export, sie werden ausländische Fernsehzuschauer ein paar Minuten lang amüsieren oder interessieren. Und selbst wenn sie im Moskauer Fernsehen gezeigt würden, gibt es keine Garantie, daß sie besonderes Interesse finden würden. Im Gegenteil, die Skepsis des normalen Moskauer Fernsehzuschauers ist so groß, was die Nachrichtenmeldungen angeht, die ihm gezeigt werden, daß er wahrscheinlich Schwierigkeiten hätte, daran zu glauben. Ein russischer Ausdruck lautet: Die beste Lüge ist die

Wahrheit. Solche Versammlungen sind wirklich einzigartige Ereignisse in Moskau, doch ist dies in sich selbst noch nicht genug, um den Normalbürger zu stimulieren.

Da es in der Sowjetunion beinahe gar keine Tradition dessen gibt, daß man für sich selbst spricht, und überhaupt keine individueller Verantwortung, ist es wahrscheinlich nicht weiter verwunderlich, daß die neue Freiheit sich nie durch Individuen, sondern stets durch Gruppen artikuliert, offizielle und inoffizielle, mit Namen wie Moskauer Volksfront, Memorial, Gedächtnis (Pamjat), Demokratischer Perestroikaklub; dazu eine verwirrende Fülle von Gilden und Zünften, von Body-Buildern bis zu Ökologen. Die Stalinisten sind nur eine konkurrierende Gruppe, doch ist die Rhetorik, welche sie gebrauchen, ebenso erschreckend wie einst, zusammengesetzt aus Klischees, Drohungen und der Betonkeulenprosa, wie sie Tyrannen lieben. So werden die augenblicklichen Unterstützer der Perestroika, das heißt die Kritiker Stalins, in einem Brief an die *Moscow News* folgendermaßen bezeichnet: „... Skeptiker und Winsler, direkte und indirekte Abkömmlinge der Klassen, welche die Revolution besiegt hat ... welche versuchen, die ernsten ökonomischen Schwierigkeiten heutzutage auszunutzen, um das Vertrauen der Massen in die große historische Vergangenheit des Landes zu unterminieren."

Stärker und beunruhigender sind Gruppen auf der nationalistischen Rechten. Im Büro der Zeitschrift *Unser Zeitgenosse*, einer streng russisch-patriotischen Publikation, empfing mich ein untersetzter kleiner Mann mit einer schwarzen Mütze, die er sich ominös übers rechte Ohr geschoben hatte. Ähnliche Individuen findet man im Hauptquartier der militanten Nationalistenorganisation Pamjat, zusammen mit gerahmten Nazi-Accessoires, die, so wird einem höflich mitgeteilt, lediglich als „Erinnerungen" (und welches Wort könnte besser passen?) aufbewahrt werden. Ihr Glaube ist ein Nationalismus, der im Chauvinismus aufgeht und schon Züge des Kryptofaschismus hat, mit stark antisemitischen Tönen, die hier bequemerweise antizionistisch genannt werden. Organisationen wie Pamjat und *Unser Zeitgenosse* unterstützen die anwachsenden nationalistischen Bewegungen in den baltischen Republiken und auch den Kampf um Unabhängigkeit in Armenien (aus ziemlich denselben Gründen, aus welchen rechte weiße Gruppen in Südafrika getrennte Homelands für verschiedene Völkerstämme unterstützen). Sie vertreten ökologische Positionen und agitieren gegen Chemiefabriken, welche die Atmosphäre zu verschmutzen und die Muttererde weiter zu schänden drohen. Gewiß liegt in solchen Gefühlen ein Zug von genuinem Nationalismus. So vieles ist abgerissen worden, soviel Geschichte ist pervertiert und verformt und unterdrückt worden, daß einen ein Gefühl des Zornes ergreifen kann und der Entschlossenheit, die Vergangenheit zurückzuerobern. Die Leute wenden sich dagegen, daß Straßen und Städte nach Verbrechern und brutalen Mördern heißen: Sie hassen es, daß der vorrevolutionäre Name eines Flusses oder eines Viertels von den ältesten Bewohnern der Gegend vergessen wurde.

Wie aufrichtig solche nationalistischen Gefühle auch sein mögen, es erstaunte mich, als mir ein Priester erzählte, der Antisemitismus sei in der Sowjetunion kein Thema mehr und die einzige religiöse Antipathie existiere zwischen Christen und Moslems. Es brauchte eine Weile, bis ich begriff, daß er meinte, die Christen töteten heutzutage keine Juden mehr, sondern würden selbst in Aserbeidschan von Moslems getötet. Nichts in seinem Tonfall deutete darauf hin, daß er das für eine positive Entwicklung hielt.

Unser Zeitgenosse hat etwa 200 000 Abonnenten, von welchen etwa 30 000 in Moskau leben; er vertritt ein Programm, das man als strategischen Chauvinismus bezeichnen könnte. Die Herausgeber nennen sich nicht gern einfach Nationalisten – Nationalismus ist ein Tabubegriff. Alle Nationalisten in der Sowjetunion sind „Internationalisten". Sie geben zu, daß sie russische Patrioten und Slawophile sind, aber leiten ihren „Internationalismus" daraus ab, daß Rußland, das heilige Heimatland, seine nationale Identität ebenso bewahren sollte wie

Frankreich oder Holland oder England. In einem halbherzigen Versuch, ihre Ideen mit dem Marxismus in Verbindung zu bringen, legen sie großes Gewicht auf eine vorrevolutionäre Bewegung, welches sie die landwirtschaftliche Kommune oder Brigade oder Assoziation Gleichgesinnter nennen, die sich auf dem Lande zusammenschließen, um einander zu unterstützen. Sie sehen dies als rein russische Idee, die Marx vorausgeht. Das ist natürlich alles Unsinn, sie sind Nationalisten, so wie Le Pen in Frankreich oder Eugene Terre-Blanche in Südafrika Nationalisten sind, und sie stehen – trotz sorgfältiger Distanzierung – in Verbindung mit so schrillen Gruppen wie Pamjat. Engstirnig, unbeherrscht, laut, aber effektiv wirken diese russischen Nationalistengruppen kaum überraschend – tatsächlich lösen sie in einem Afrikaner im Ausland Gefühle starker Nostalgie aus. Stammesdemagogen, Antisemiten, antikapitalistische Rhetoriker mit einem sozialistischen Hang zur Scholle, die alle alten Krankheiten im Namen der „modernen" Heilmethode rechtfertigen und immer dieselbe Sprache sprechen: Reinheit des Blutes, ausländische Infizierung, Rassenreinheit, heiliger Boden, geliebte Muttererde; Tränen der Wut, schwarze Mützen, Muskelpakete, Stiefel.

Die russische Rechte genießt es, darauf hinzuweisen, wieviele führende Kommunisten Juden waren. Trotzki, Bucharin, Kaganowitsch und andere. Es gibt eine Richtung, welche glaubt, daß die Revolution das Werk jüdischer Intellektueller oder, wie es auf den Bannern von Pamjat bei den politischen Demonstrationen heißt, „wurzelloser Kosmopoliten" war, ein Begriff, den man aus der Nazi-Vergangenheit gerettet hat. Diese Zeloten marschieren unter der Fahne des russischen Patriotismus und fordern zum Beispiel die Restauration der großen Erlöserkirche und anderer russischer Denkmäler. Als authentische Forderung von Patrioten mit Bürgersinn maskiert, ist dies doch nur eine Chiffre, eine Art Kampfsprache, der nur – denn es herrscht hier zorniger Mangel an Originalität – der Haß auf die Juden zugrundeliegt.

Doch die mitgenommenen kleinen Gruppen wahrer Nationalisten werden rasch abgebürstet. Eine Gruppe Krimtataren, Überlebende und Nachfahren jener, welche Stalin mit Gewalt von der Krim deportieren ließ, hielt eine Demonstration auf den Stufen der Leninbibliothek ab. Sie hoben ein säuberlich beschriftetes Spruchband hoch: „Wir fordern das Recht, auf die Krim zurückzukehren." Die Polizei trieb sie zusammen, konfiszierte die Transparente und fuhr mit ihnen in Bussen davon. Die ganze Demonstration kann nicht länger als zehn Minuten gedauert haben.

Um die Wohnblocks herum stehen die Birken einsam, anorexisch, albinofahl. Die Krähen machen Lärm. Die heimkehrenden Pendler trotten die schneeigen Wege entlang zu ihren anonymen Wohngebäuden, Taschen in der Hand, Köpfe gesenkt. In den zwanziger Jahren waren die Bolschewiki überzeugt davon, daß die Mehrheit der Bevölkerung ihnen feindlich gesinnt war. Stalin und Trotzki glaubten beide, daß das Volk, welches ihnen schaden wollte, zum Gehorsam gezwungen werden mußte. Heute hat sich die Haltung der herrschenden Partei gegenüber verändert, und die Regierenden versuchen, das Volk zu erreichen – nur um zu entdecken, daß die große Mehrheit der Bevölkerung mit totaler Gleichgültigkeit reagiert. Perestroika, politische Reform – das heißt: jetzt ist es legal, mehr zu verlangen. Aber im Endeffekt zeigt sich nur, wie wenig zu vergeben ist.

Die meisten Leute ziehen eine Soap Opera der Politik vor. Einige Wochen lang war eine brasilianische Soap Opera mit dem Titel *Escrava Esaura* in der Stadt zur Obsession geworden. Die Telephonleitungen waren nach jeder täglichen Episode blokkiert, wenn die Fans sich austauschten und die feineren Nuancen besprachen. Als die letzte Episode ausgestrahlt wurde, versammelten sich die Fans stadtweit in Läden, Büros, Hotels, wo immer ein Fernseher stand, und alles kam ganz einfach zum Stillstand. Die Klimax war besonders aufregend. Die junge Heldin, welche mit Gewalt mit einem buckligen Idioten verheiratet werden sollte, wurde in letzter Sekunde gerettet, als der Schurke, der verdächtig rötliches Haar hatte und, wie wir alle wußten, nichts Gutes im Schilde führte, auf dramatische Weise demaskiert wurde. Aber das Drama war noch nicht zu Ende, denn es sah so aus, als sollten die glücklichen Liebenden von einem eifersüchtigen Feind vergiftet werden. Im letzten Moment wurde das fatale Glas mit dem Gift vertauscht, und in einer Szene gerechter Vergeltung trank sich der Giftmischer selbst den Tod. In ganz Moskau wischten sich die Hausfrauen, Aufsichtsdamen und Verkäuferinnen, Türsteher, Angestellten, Kellner, Polizisten und die jungen Frauen an den Intouristschaltern sämtlicher Hotels die Tränen aus den Augen, während sie zusahen, wie die Liebenden den Ehebund schlossen und die Sklaven dazu auf den grünen Feldern Brasiliens tanzten und die Hüte in die Luft warfen. Dann, mit einem Stöhnen, einem Ächzen, einem Knacken der Gelenke, ging ganz Moskau wieder an die Arbeit.

„Es waren die Kleider", sagte Alja in ihrer Unterführung, „und die Sonne!"

„Nein, nein, es war ihre Fähigkeit, ihr ganzes ökonomisches Potential zu verwirklichen", sagte Viktor der Kellner.

Valentin war wie immer näher an der Wahrheit.

„Es war voller hübscher Sachen. Selbst die Sklaven hatten hübsche Sachen."

Wenn Hamlet heute in Moskau etwas lesen würde, dann wäre es wohl der Einkaufskatalog *Westnik*, hundertfünfzig Seiten stark, fünf Rubel das Exemplar, voller Schuhe, Kosmetika, Radios, alles darauf angelegt, die Herzen der sowjetischen Konsumenten zu entfachen. Das Problem ist, daß die hübschen Kleider und die Stereoanlagen, die so reichlich abgebildet werden, nicht mehr verfügbar sind. Manche waren es, sind es aber nicht mehr. So bekommt man für fünf Rubel ein Buch voller Bilder und „Worte, Worte, Worte". Valentin sah es traurig an. Für zwanzig Kopeken konnte er in die Ausstellung Ökonomischer Leistung gehen und dieselben nicht erhältlichen Waren zu wesentlich günstigerem Preis sehen.

Er hatte seine Samisdatliteratur aufbewahrt, kostbare Ausgaben einst verbotener Autoren, Nabokov, Pasternak, Achmatowa. Der größte Teil seiner Sammlung bestand aus Photokopien russischer Editionen aus den USA, wirklich hübsch eingebunden in grünes und braunes Leder, so daß die einst illegalen Objekte nun schön waren, von der etwas verblaßten Schönheit einer Reliquie. Seine Bemerkung über den Samisdat überraschte mich. Es war wohl ein Fehler gewesen, sagte er, das zu sammeln, weil die Wirkung eine selbstzerstörerische gewesen war.

„Indem wir die verbotene Literatur gelesen haben, indem wir das Gefühl hatten, anders zu sein, haben wir uns von den meisten Leuten entfernt und standen allein da."

„Vielleicht sollten Sie diesmal, bevor Sie uns verlassen, sich daran gewöhnen und eine Probeabreise aus Moskau machen", schlug Valentin mit byzantinischer Logik vor, da er – zu Recht – vermutete, daß ich nun einige Zeit nicht mehr zurückkommen würde.

So fuhr ich zu einer geschlossenen Stadt in der Moskauer Region. Man sagte, sie sei vor kurzem geöffnet worden. Ich war der erste Ausländer, der den Ort seit der Revolution besuchte. Niemand wußte, weshalb er geschlossen worden war, und niemand, warum er nun wieder offen war, niemand wußte irgend etwas, und sie wußten es auf jene zarte, wehmütige Weise nicht, die schon weiter zurückreicht, als irgend jemand sich erinnern wollte. Wir gingen von dem Gerücht aus, der Ort sei nun „offen", und fuhren mit dem Auto von Moskau ab, das ein gewisser Wassilij lenkte, der nur Autorennen und Eishockey im Kopf hatte. In sportlicher Hinsicht war er ein Mann der groben Reize. Die Zusammenstöße auf dem Eis verschafften ihm eine Art rohes Vergnügen. Und bei den Autorennen schätzte er nicht die Geschwindigkeit, sondern die Unfälle. Er beklagte ihre Seltenheit bei den meisten Rennen, und er seufzte oft und lang, ein wehendes Ausatmen von Langeweile, Resignation und Reue um verschwendeten Ehrgeiz, erloschene Träume. Wassilij erzählte mir, er wolle sein Leben ändern, aber dann „passierte etwas", und seine Pläne schlugen immer fehl. Er las eine Sportzeitung, schlief länger und länger, lenkte seinen Wagen mit müder Präzision die langen pfeilbemalten Ausfallstraßen aus Moskau hinaus, besser gesagt, zielte mit seinem Wagen auf die Straße, in sein eigenes undurchdringliches Schweigen eingeschlossen, eine Art endgültiger Schlaffheit, die seine Schultern unter dem Gewicht seines großen harten Kopfes zusammensinken ließ wie eine Holzplanke, die sich schon allzulange unter einem Kürbis gebogen hat; so, wie – ich erinnerte mich – Afrikaner die Wellblechdächer ihrer Hütten beschweren. Mögen die, welche von Glasnost und Perestroika reden, Wassilij betrachten. Ich sah ihn nur einmal lebhaft, und das war, als ich ihn nach seiner Meinung über die neuen Reformen fragte. Er ließ seine Zeitung fallen und schlug sich mit der Faust vor die Stirn, wie jemand, der an eine Tür klopft, aber so stark, daß ich dachte, er würde sich selbst verletzen; dann, als er keine Antwort erhielt, hörte er auf und kehrte zu seiner Zeitung zurück. Ich fragte ihn nie mehr.

Neben Wassilij saß der Mann, der mich eingeladen hatte, seine geschlossene Stadt zu besuchen. Er war Englischlehrer am lokalen Lehrerseminar. „Eine drittklassige Institution", erklärte er fröhlich, „aber mir gefällt's dort."

Diese Äußerung von Glück beunruhigte Valentin, der sich angeschlossen hatte. Das Schicksal hatte ihm gerade eine sehr russische Karte zugeteilt. Man hatte ihn eingeladen, einen längeren Besuch in der DDR zu machen. Als wäre sein zitterndes Begehren, in den äußeren Raum der „Welt" hinauszureisen, bekannt, hatte man ihm die dubiose Freude eines kleinen Besuchs in einem der nahegelegenen Satelliten von Mütterchen Rußland offeriert. Er hatte beschlossen, abzulehnen. „Wenn ich wohin gehe, dann zählt es nur, wenn es auch irgendwo ist, wo ich hin möchte."

„Und wo wollen Sie hin?"

„Barbados."

„Na, die DDR ist vielleicht ein Anfang."

„Barbados oder nichts."

Die Straßen, die wir hinunterfegten, waren gerade und schienen sich endlos fortzusetzen. Auf ihnen floß ein langsamer, massiver Strom von schwerem Verkehr, Lastwagen mit Holz und Textilien, Ziegelsteinen und Zement. Private Autos gab es nur wenige zu sehen. Moskau glitt hinten davon, und man konnte die kleinen Ferien genießen, die der Anblick der Holzhäuschen mit ihren bemalten Augen bot, eines einsamen Birnbaums, eines Gemüsefelds. Als sie verschwunden waren, waren die einzigen Zeichen menschlicher Ansiedlung die Polizeiposten, kleine Bunker am Straßenrand, wo ein Polizist wartet und dich scharf ansieht, wenn du vorbeifährst – und wenn man es bedenkt, gibt es auf dieser Strecke so wenig Privatautos, daß der Polizist die Zeit hat, bedeutungsvoll jedem nachzustarren, der vorbeikommt, und die Fahrer blicken starr geradeaus; dies war eine motorisierte Identifizierungsparade. Die Russen haben die Angewohnheit, Automobilwracks auf Plattformen am Straßenrand aufzustellen, etwa so, wie man in England früher Delinquenten am Galgen faulen ließ, um die Bevölkerung vom Verbrechen abzuschrecken. Seltsamerweise sind es immer Privatautos, die da Aufstellung finden, obwohl der größte Teil des Verkehrs offiziell ist, schwere Lastwagen, die ebensoviele Unfälle verursachen müssen – aber sie sind nun einmal offiziell, gehören dem Staat, ihre Fahrer sind staatliche Angestellte, und ihre Unfälle sind privat, geheim, abgesichert. Keinen trifft eine Schuld. Die Lektion, die man der Aufstellung dieser privaten Stahlskelette entnehmen kann, lautet: Individuen schaffen Probleme.

Die geschlossene Stadt war die Schöpfung eines einzigen Mannes, eines Textilmillionärs, dem sie in den ersten Jahren des Jahrhunderts buchstäblich gehörte. Seit der Revolution waren noch einige Fabriken gebaut worden, Wohnblocks und die Parteizentrale, massig, stolz, vulgär. Die ursprüngliche Fabrik des Millionärs existiert noch und wird noch in Betrieb gehalten, sehr schön mit ihrem krümelnden roten Backstein und sehr imposant, da sie sich, so weit man sehen kann, durch die Ortsmitte erstreckt. Der Englischlehrer erzählte mir, der Millionär habe die Revolution unterstützt. Er hatte daran geglaubt, und sein ganzes Geld für die bolschewistische Sache gegeben. Ein paar

Minuten später formulierte er dies um: „Tatsächlich ist alles beschlagnahmt worden, aber weil er die Revolution gestärkt hatte, wurde er später für das Geld entschädigt, das er verloren hatte." Ich dachte darüber nach. „Also, genau gesagt, der Millionär hat kurz nach der Revolution Selbstmord begangen. Aber seine Erben wurden für seine Verluste entschädigt. Sie waren da schon nach England ausgewandert."

Der Millionär war ein aufgeklärter Arbeitgeber gewesen und hatte sogar ein Altenheim für seine Arbeiter bauen lassen. Dieses Altenheim war nun das Lehrerseminar, und man hatte wenig für das Gebäude getan seit seiner Errichtung. Man zeigte mir, wo ich Hut und Mantel hinhängen könnte.

„Bitte legen Sie hier ab", sagte der Englischlehrer ermutigend, „dann zeige ich Ihnen die Toilette. Dort werden wir uns erleichtern."

Einmal erleichtert, wurde ich in die Vortragshalle geführt. Wie ich unter den Schulkindern in Moskau gelernt hatte, sind die Kinder aufgeweckt, freundlich, sarkastisch, skeptisch und warmherzig. Wenn es für die Zukunft irgendwo Hoffnung gibt, dann bei den jungen Leuten der Sowjetunion. Sie verlangten Informationen über alles von den amerikanischen Wahlen bis zur Verbreitung von Aids. Sie füllten den Raum und drängten sich noch auf den Korridoren, und die, welche Englisch sprachen, kamen einfach, um sich den ersten Ausländer anzusehen, der seit der Revolution in die Stadt gekommen war.

„Wo sind Sie so lange geblieben?" fragte ein Mädchen mit rotem Haar und erstaunlichen porzellanblauen Augen.

Der Englischlehrer erzählte mir von den „Veränderungen", die stattfanden. „Wir werden alle zum ersten Mal wählen. Wir stellen unseren Rektor zur Wahl auf. Nun, es ist eine halbe Wahl, weil es keinen Gegenkandidaten gibt. Aber er ist ein guter Mann, also werde ich sicher für ihn stimmen. Ich glaube, eine richtige Wahl ist das noch nicht, wie?"

„Eher so etwas wie ein Vertrauensvotum."

„Genau!" Er strahlte. „Und wir werden alle Vertrauen zu ihm haben."

Ich aß mit den Studenten zu Mittag. Huhn von der Farbe des Schnees und beinahe ebenso kalt.

„Solche Vögel zu töten, scheint fast ein Verbrechen", bemerkte ich zu dem rothaarigen Mädchen.

„Sie zu töten, war ein Akt des Erbarmens", antwortete sie sanft. „Sie zu essen, das ist das Verbrechen."

Als ich ging, nachdem ich in der Garderobe „meine Kleider angelegt" und weitere Angebote, mich zu erleichtern, abgelehnt hatte, bemerkte ich große schwarze Automobile, die neben Wassilijs zerbeultem Moskwitsch vor dem Haus des Rektors parkten. Der Herausgeber der Studentenzeitung, ein sehr engagierter junger Ukrainer, erklärte mir, daß die örtlichen hohen Partei-Tiere sich im Seminar trafen, um den Hagel von Direktiven aus Moskau zu besprechen, in denen Umstrukturierung und Demokratie angeordnet wurden. Wassilij döste, gelegentlich aufschreckend, hinter dem Steuerrad; seine Sportzeitung über dem Gesicht, träumte er zweifellos von Zusammenstößen auf dem Eis und blutigen Autounfällen. Die schwarzen Parteilimousinen murrten leise vor sich hin im fallenden Schnee: Die Fahrer machten es sich warm.

„Glauben Sie, daß es Änderungen geben wird?" fragte ich den jungen Herausgeber.

Er zuckte die Achseln. „Wie wollen Sie demokratische Änderungen durchführen, mit nur einer Partei?"

Ich sagte zu Valentin: „Vielleicht könnten Sie irgendein osteuropäisches Land besuchen, Ungarn etwa."

„Ich ziehe Paris vor."

„Budapest *ist* ziemlich wie Paris."

„Ich habe schon immer alles gehaßt, was *wie* Paris aussieht oder *wie* Kaviar schmeckt oder *wie* eine Rose riecht!"

Moskau zu verlassen, ist arg, vor allem, weil man so viele Moskowiter zurückläßt. Das Bewußtsein, daß sie in das Land eingeschlossen sind, quält und verhöhnt die Träumer. Sie träumen von Barbados und Belgien und Kalifornien, aber sie kriegen bestenfalls ein paar Wochen am Schwarzen Meer. Abreisende ausländische Touristen sind beunruhigend – sie nehmen in den Augen derer, die es sich nicht nehmen lassen, sie zum Flughafen zu bringen, das massive, extraterrestrische Aussehen mutiger Raumfahrer an, als trüge man einen dicken Raumanzug ...

Als ich mich das letzte Mal verabschiedete, sah Felix, ein Filmemacher, in den ziehenden Schnee hinaus und rief: „Am besten geht man im Frühling oder Sommer nach Moskau." Dann, mit leiser Stimme und der Meinung, ich könne ihn nicht hören oder würde ihn nicht verstehen, fügte er bei sich auf Russisch hinzu: „Oder am besten geht man gar nicht ..."

Felix machte Filme für Kinder. „Ich bin so berühmt, wenn ich einen Strafzettel kriege, dann sage ich meinen Namen, und der Milizionär winkt mich weiter! Sie kennen mich alle."

Spezielle Privilegien stehen speziellen Gästen zu. Wenn solche Arrangements manche bevorzugen – nun gut, so ist das Leben. Wenn privilegierte Arrangements platzen – nun, wie man in Moskau sagt, so ist die Perestroika!

Der Zollbeamte weigerte sich, mich durch die spezielle Schranke für privilegierte Ausländer zu lassen. Er studierte meine schriftliche Genehmigung, ohne die üblichen Formalitäten den Zoll zu passieren, das heißt, ohne die übliche Wartezeit – und dann trat die Perestroika dazwischen, und ich wartete wie alle anderen auch. Aber ich wartete am Kopf der Schlange. Ein sehr betrunkener Holländer schrie mich an, dies sei das demokratischste Land der Welt, es gab hier keine Klassenunterschiede – eine Schande, daß ich mich jetzt in der Schlange vor Leute drängte, die geduldig gewartet hatten. Ich fühlte mit ihm, selbstverständlich, ich verstand seinen Standpunkt. Ich hatte den Eindruck, daß er nicht selbst auf einen Flug wartete – er kam nur auf den Flughafen, um sich über Ausländer aufzuregen, die besonders behandelt wurden. Er brachte den Ausländern Gefühle entgegen, die denen des Möchtegern-Überläufers in dem georgischen Restaurant für die Schwarzen entsprachen. Vielleicht war der Holländer zu lange in Moskau gewesen. Er wußte Bescheid. Ich schlug ihm vor, er solle mit seinem Protest ganz nach oben gehen. Vielleicht sollte er vor dem Flughafen demonstrieren? Oder sich beim Minister beklagen? Oder seine Empörung direkt dem Zentralkomitee mitteilen? Der Holländer hielt eine kurze Rede über Gleichheit. Den russischen Reisenden war es peinlich. Die Zollbeamten blieben ungerührt. Meine Freunde, die zum Abschied gekommen waren, waren in die Tiefen amüsierter Melancholie versunken.

Valentin kam immer zum Flughafen, wenn ich wegging, und Nadja die Philosophin, Viktoria, Wassilij, und Viktor der Kellner, nunmehr Arbitrageur, und Felix der Filmemacher. Irgendwie kamen alle: die ungarischen Hühner, die Aufsichtsdame, die mich geküßt hatte, der verschwundene Muezzin und Alja die Hure und alle meine Freunde. Und wenn sie auch nicht wirklich kamen – oder schon vor Jahren im Traum, in der Phantasie das Land selbst verlassen hatten, ich hatte das Gefühl, daß mich zum Abflug alle die begleiteten, die mich an Moskau banden. Und natürlich wollten meine Gefährten immer wissen, was „auf der anderen Seite“ war, wenn ich durch die Schranke gegangen war, wenn ich drüben angelangt war?

Und was konnte ich sagen? Wie konnte ich ihnen erklären, daß nicht viel geschah? Daß die Abflughalle langweilig war, bis einen der Duty-Free Shop zusammenzucken ließ, ein schwindelerregender Blick in das Königreich von Hermès und Aquascutum, als stiege einem plötzlich das Blut in den Kopf; daß die irischen Verkäuferinnen unerwarteterweise rote Kittel trugen, vielleicht als Zeichen des Respekts vor den Mitbesitzern des Duty-Free Shop; daß der Berjoska-Laden geschlossen war; das Restaurant keinen Kaffee mehr hatte; die Augen der abreisenden Passagiere leer vor Erleichterung. Daß ich einmal gehört hatte, wie ein Amerikaner einem Freund erzählt hatte: „Man wird in Moskau wahnsinnig und hat dann das Vergnügen, bei der Abreise seinen Verstand wiederzufinden.“ Daß das Flugzeug schwer auf dem Asphalt hockte und aussah, als sei es ganz unwahrscheinlich, daß es je vom Boden loskommen könnte; daß jedes Mal ein Mann mit einem Besen oben an der Treppe stand; ein Mädchen im Blaumann blaue Plastiksäcke aus der Ausgangsluke fallen ließ; Männer in Regenmänteln ohne Grund die Treppen hinauf und hinunter liefen, vielleicht als gymnastische Übung; daß ein schmutziger gelber Volvo unter dem Flügel der Maschine parkte, jedesmal, und daß wir alle damit rechneten, daß der Start sich verschieben würde.

Davon konnte ich nichts erzählen, weil sie mir nicht glauben würden, und wäre ich an ihrer Stelle gewesen, hätte ich es auch nicht geglaubt. Statt dessen würde ich nach dem Durchgang durch die Paßkontrolle zwei Finger zum Siegeszeichen heben, ich würde die Erwartungen erfüllen, ich würde winken wie ein Kosmonaut.

Vor dem Zoll wartend, schaute ich zur Anzeigetafel hoch und las die Ziele der startenden Maschinen ab; mit einer Stimme, die niemand hörte, wie ich glaubte, murmelte ich vor mich hin: „Tokio, Paris, London ..."

Dann, mit einem so leisen Flüstern, daß ich dachte, es dränge aus meinem eigenen Kopf, setzte Valentin die Litanei fort, die ich unvernünftigerweise begonnen, selbstgefällig beendet hatte. „Mars", flüsterte er, „Venus, Jupiter, Alpha Centauri ..."